謀略!大坂城

なぜ、難攻不落の巨城が敗れたのか

加来耕三
Kaku Kouzo

さくら舎

はじめに

戦国最後の戦《いくさ》となる大坂の陣は、慶長十九年（一六一四）の冬に徳川氏と豊臣氏が戦い、二十万の大軍を動員した徳川家康が、大坂城を囲み、一度は講和したにもかかわらず、翌年（一六一五）の夏、再び戦闘をおこない、ついに豊臣氏を滅ぼした戦闘である、と通史は述べてきた。

なるほど、歴史の流れ＝結果論からみれば、その通りである。

が、歴史は本来、物事の起こるたびに、立ち止まって考えてみなければ納得のえられないもの。まして歴史学は、科学的でなければならず、歴史にくり返される原理・原則を明らかにしなければ、そもそも意味がない。筆者はこの、わずか七ヵ月にもみたない大坂の陣を詳細に検証するだけで、戦国時代の全般を通しての――より俯瞰《ふかん》していえば、今日につづく日本史全体の――法則性、くり返される日本人の思考と行動のメカニズムのすべてが、〝感慟《かんどう》〟できると信じている。

また、日本人の類型を探ることも不可能ではない。

試しに、読者諸氏には次の設問にお答えいただきたい。

一、豊臣方は、大坂落城をまぬがれる手立てをまったく持たなかったのだろうか？　もし、あったとすれば、なぜ、それは実行されなかったのか？

二、〝三国無双〟、日本一の難攻不落の城といわれた大坂城は、具体的には何をもって難攻不落といわれたのであろうか？　そもそも、大坂城のモデルとなった城は実在したのだろうか？　秀吉はこの巨城に、空前の防禦《ぼうぎょ》システムを施していたのだが、それはどのようなもので、なぜ、それは活かされなかったのか？

三、ふり返って慶長五年（一六〇〇）九月の、関ヶ原の戦いのあと、なぜ、西軍は大坂城で籠城《ろうじょう》し、東軍を迎え撃たなかったのだろうか？　西軍の総大将・毛利《もうり》輝元《てるもと》は、伝えられるような凡庸《ぼんよう》なだけの好人物であったのだろうか？

四、真田信繁《のぶしげ》（俗称・幸村《ゆきむら》）は、なぜ、大坂城の総大将になれなかったのか？　そもそも彼には名将として、自らを証明するものがあったのだろうか？　併せて、大坂方に勝機はなかったのか？

今一つ、というよりは戦国史上最大の謎について――。

五、戦国の最盛期ともいうべき、元亀《げんき》（一五七〇～一五七三）から天正《てんしょう》（一五七三～一五九二）にかけて、武士は「討死《うちじに》」という言葉をめったに口にはしなかった。武士はみすみす負けると決まっていた戦は、極力避けた。避けられない場合は、玉砕ではなく降伏をしている。
降伏しても、生き残ることを最優先とした。真田昌幸《まさゆき》に向けられた「表裏比興《ひょうりひきょう》の者」という言葉は、それを象徴的に表わしている。死をもって美しいなどと考えるようになるのは、江戸時代に入って、しばらくしてからのことであり、〝滅びの美学〟は無事泰平の世が生んだ、特異な思想といってよかった。

武士は勝つために、家名をあげるために、主家を幾つもかえながら、世間を渡り歩き、生き残ることのみを願って、明日を生きることを第一とした。

ところが、大坂の陣――とりわけ夏の陣では、壮烈なる敗北と死がまっていることを、すべての大坂方は知りながら、それでも彼らは逃亡もせず、この大戦《おおいくさ》に臨んだ。結果、日本戦史において、日清戦争を凌駕《りょうが》し、日露戦争にいたるまで、類を絶した戦死者を出した。

なぜ、彼らは敗北が明らかであるにもかかわらず、それまでの戦国武将からすれば、頽廃《たいはい》精神としか映らない、自滅の道を選択したのであろうか。大坂の陣には、今日につながる二種類の日本人が、新旧混在していたことに、読者は気がつかれているであろうか。

この謎がとければ、なぜ、〝武士道〟が生まれたのか、も明らかとなる。

本書を読みながら、読者諸氏の見解と、筆者の検証を比べていただければと思う。

――大坂の陣は、歴史の一コマではあるが、決して他人事《ひとごと》ではなかった。

読者自身と重ねて考えていただければ、歴史学の応用・活用の術《すべ》もわかるはずだ。

たとえば、大坂の陣――あなたならばこの時、何処にいたであろうか。性格・年齢・立場・物事の考え方、日常の言動などを思い合わせると、居場所は限定、特定されるに違いない。興味のある人物にくっついていても、その人物になりきってもよい。

歴史は大河の流れるように、方向を定めてゆっくりと流れていく。

中世は再び中世とならず、近世、近代へとむかった。歴史上の人物の最期は、すでに定まっている。

その時、その場所に、自らを重ねることで、見えてくる世界があるはずである。

当然、疑問も多々わいてくるであろう。それが歴史学には、何よりも重要なのだ。

「なぜ、そうなったのか」との問い、「もしも、そうでなかったならば――」との仮説、「本当にこうだったのか」との疑いの中で、あなた独自の〝史観〟がめざめてくる。

哲学者ヘーゲルは『歴史哲学講義』の中でいっている。

「経験と歴史が教えてくれるのは、民衆や政府が歴史から、なにかを学ぶといったことは一度たりともなく、また歴史からひきだされた教訓にしたがって行動したことなどまったくない、ということです」

くれぐれも、このようなことのないように――。

平成二十八年　十二月吉日　東京練馬の羽沢にて

加来耕三《かくこうぞう》

目次◆謀略！大坂城

はじめに　1

序章　なぜ、西軍は大坂城へ籠らなかったのか

〝不敗の将〟立花宗茂　14
宗茂、千慮の一矢　17
不可解な毛利家の事情　20
無能なうえに、貪欲な大老　23
家康と輝元の駆け引き　26
家康の論功行賞と大野治長の登場　30
大坂城の第一人者へ　32
宗茂のｉｆとその後　35
秀吉の工夫と家康の誤算　38
家康の突きつけられた現実　42
家康の「鎌倉幕府構想」と「室町幕府構想」　46

第一章　大坂城はいかにして難攻不落となったか

最大の課題は大坂城　52
日本最強の仏城　55
本願寺の大坂退城から秀吉所有まで　59
大坂城普請の秘密　62
「惣構」こそが、大坂城を〝三国無双〟とした　65
大坂城のモデルとなった城　68
人物像を創りかえられた大坂城の家老・片桐且元　71
「実録」という文学　74
『難波戦記』に描かれた忠臣　77
淀殿の不思議さ　81
相談相手のいない女城主　84
馬鹿のつくほどのお人よし　87
信長の弟・有楽　90

第二章　戦略なき豊臣方の怒りにまかせた開戦

秀頼を殺したくなかった家康　96

タイミングの良い〝死〟と他力本願の日本人　100
家康の犯罪計画　104
「曲学阿世」と本物　108
利休の後継者・古田織部　112
乱舞する民衆とひしゃげた茶碗　115
風雲急を告げる大坂城　120
大坂冬の陣、勃発す　124
牢人たちの大坂城　127
昌幸最期の逸話は本当であったのか　130
大坂城の本当の狙い　134
もう一人の信繫、毛利勝永とその妻　136

第三章　大坂城の将星と偽りのエピソード

期待はずれの将・長宗我部盛親　142
主君との確執に泣いた豪傑　146
隠し玉・氏家行広　150
夜討ちの大将・塙団右衛門　154
「奉公構」の大物、小物　158
後藤又兵衛の描かれ方　160

傅人子・木村重成の真実　164
美丈夫の最期　166
橙武者から鬼武者へ・薄田隼人正　170
講談の岩見重太郎と大坂城の現実　175
〃七手組〃の実体　177
大坂方の背中を押したもの　180

第四章　大坂冬の陣——家康の仕掛けた陋劣《ろうれつ》なトリック

藤堂高虎という切り札　184
ついに、開戦へ　188
緒戦のあんばいと明石全登　191
名誉挽回の鍵〃真田丸〃　195
〃真田丸〃勝利す　199
虚々実々の駆け引き　203
家康の秘密兵器　207
運命の一発　211
家康がもっとも愛した女性　214
口約束の代償　218
もう一戦して、滅亡へ　222

真田信繁への説得、その覚悟 226
真田家の別れ 230

終章 大坂夏の陣——裸城と乾坤一擲《けんこんいってき》の赤備《あかぞな》え

夏の陣開戦 236
女城主・井伊直虎の実力 239
大坂方、緒戦を落とす 242
八尾・若江の諸将 246
もう一つの〝赤備え〟、戦場に現わる 249
決戦当日 253
信繁率いる〝赤備え〟と〝天祐神助〟 257
〝戦わざる集団〟 260
あと一息、信繁の最期 264
哀れなる秀頼 267
大坂城、炎上す 271
去り逝く人々 274
石川丈山の生き方 277
人生の〝達人〟 280

謀略！大坂城

——なぜ、難攻不落の巨城が敗れたのか

序章　なぜ、西軍は大坂城へ籠らなかったのか

〝不敗の将〟立花宗茂

（はたして、どれほどの長丁場になるものか……）

さしもの立花宗茂《むねしげ》（初め統虎《むねとら》）も、自らが担当した近江大津城（現・滋賀県大津市）攻めを、首尾よく開城に導きながら、東西決戦の行く末を思ったことであろう。

戦国日本史の奇跡ともいうべき、〝生涯不敗〟の勝率をあげてきたこの武将をもってしても、同じ日――慶長五年（一六〇〇）九月十五日――関ヶ原（現・岐阜県不破《ふわ》郡関ケ原町）でおこなわれた戦いの、その後の展開は容易に読めなかった。

かつて宗茂は、あなたはなぜ、それほどに敗けないのか、と聞かれ、次のように答えている（岡谷《おかのや》繁実《しげざね》著『名将言行録』）。

「諸将の敗を取る所以《ゆえん》、我之《これ》を知れり。彼の為す所を以《もっ》て、之を我に為せば、則《すなわ》ち克《かた》ざることなし」

なあに、わたしは諸将がなぜ、敗けるのかを知っている。そのうえで、敵が仕掛けてこようとすることを、こちらが先にやればいいのだ。どうして、勝てないはずがある――。

しかし、関ヶ原に集結した軍勢は、宗茂荷担の西軍が八万二千。東軍は七万五千――。兵力の規模が空前のものであり、わずか一合《ひと》戦でどうにかなる、というものにはとうてい思えなかった。

かつて、実質すでに天下人となっていた豊臣秀吉が、宗茂とはじめて対面したおり、

「その忠義、鎮西一《ちんぜいいち》。その剛勇、また鎮西一」

と、居並ぶ諸侯の前で激賞したことがあった。鎮西は九州、あるいは西国といった意味である。このときに宗茂は、わずかに二十一歳でしかなかった。秀吉は重ねていう。

「――上方にも、汝《なんじ》ほどの若者はいない」

九州征伐を終えたばかりの秀吉は、よほどにうれしかったのだろう。無理もない。九州を怒濤《どとう》の如く北上進撃して来た島津勢を、わずかばかりの手勢で博多近郊にこれを迎え撃ち、宗茂は秀吉の大軍＝九州征伐軍が到着するまで、みごとに己れの城壁を守り抜いたのだから。

まさに、万人が認める若き天才戦術家の出現であったが、この宗茂の寡兵《かへい》をもって大軍を敗るという戦術は、大会戦における用兵とは、まったく別次元の戦術理論に拠っていた。

生涯敗け知らず――これは大雄小傑《たいゆうしょうけつ》雲の如く、といわれた九州にあって、彼が十代から戦場を往来してきたことと、決して無縁ではなかった。加えて宗茂は、一時は全九州を制覇するのではないか、といわれた豊後《ぶんご》（現・大分県の大半）の大友宗麟《そうりん》（諱《いみな》は義鎮《よししげ》）の重臣・高橋紹運《じょううん》（諱は鎮種《しげたね》）を父に、現在の大分県豊後高田市に生をうけていた。永禄《えいろく》十年（一五六七）のことである（異説あり）。これは意義深い。

幼名を千熊丸（千鶴丸とも）と名付けられた宗茂が、身近にみて育った父・紹運は、「度量寛大にして、高義真実の士」と絶讃された人物（出身は吉弘《よしひろ》家）。大友家中の人々に、この人こそ英雄なるべし、とまで評されていた。敵味方の心の中を、掌《たなごころ》をさすように読み取る名人でありながら、本人は決して〝利〟を省みず、〝義〟のみをもって愚直に生涯を貫いている。

宗茂はこの父に薫陶《くんとう》を受け、武将としての基本を学び、天正九年（一五八一）十月、十五歳のおりに、同じ大友家の名門・戸次《べっき》道雪《どうせつ》（鑑連《あきつら》）にたってと望まれ、その娘の誾千代《ぎんちよ》を娶《めと》り、養嗣子《ようしし》となった。なお彼には、統虎のみならず、鎮虎・宗虎・正成・親成・尚政・俊正・経正・信正といった諱も伝えられているが、本書ではまぎらわしいので、宗茂で統一している。

宗茂が道雪の養嗣子となったことが、のちの不敗の名将を創りあげた、といっても過言ではなかった。この養父道雪がまた、実父紹運に勝るとも劣らぬ名将であったのだ。

なにしろ、主君宗麟から、大友家の名門中の名門＝「立花」姓の名乗りを、たってと許されたほどの武功の将であり、道雪は生涯三十七度の合戦に、一度も負けたことがない、といわれた男であった。それでいて彼は、「立花」姓は畏多《おそれおお》し、と自身は一度も名乗らず、次代の宗茂にこの姓を与えている。

しかも道雪は、かみなりに打たれて歩行が困難となってからは、自らは駕籠《かご》に乗って戦場に出、それでいて采配をあやまることがなかったという。戦局がここ一番の難所にいたると、彼は常に、

「我を敵の中へ舁入《かきい》れよ、生命惜《いのちおし》くば、其後《そのあと》逃げよ」

と大声で呼ばわり、それによって退勢を挽回し、もり返して勝たざることなし、といわれた。

その勇猛果敢さは紹運と並び、しかもこの道雪は、部下の将士の心を摑む名人でもあった。

「士に弱き者はなきものなり、若《も》し弱き者あらば、其人《そのひと》の悪《あ》しきにあらず、其《その》大将の励《はげま》さざるの罪なり」（『名将言行録』）

と常々語り、心憎いほど家臣に細やかな配慮を示したので、将兵たちは「この人のためなら、いつでも生命《いのち》を捧げよう」と思い定めていた、と伝えられている。

鑑連（道雪）の武勇、山陰・山陽・南海までも、鬼の如く沙汰《さた》せり。又《また》東国にては、武田晴信（信玄）、鑑連の人となりを聞き、数百里の所を、書を贈り対面を欲すと言越《いいこ》せり。（同右）

〝生涯不敗〟の宗茂は、つまるところ、この稀代の二人の〝父〟が創りあげた芸術といえようか。

だが、九州にあってその名を轟かせた、宗茂も含めた〝三将〟も、さすがに後年の関ヶ原のような、二十万人規模の合戦など、経験したことはなかった。宗茂は十代半ばから、養父について筑後《ちくご》（現・福岡県南西部）各地を転戦。将来を大いに嘱望《しょくぼう》されたが、皮肉なことに全九州を制覇しつつあった主《しゅ》家《け》の大友氏が、天正六年の耳川《みみかわ》（現・宮崎県日向市）の戦いで、宿敵・薩摩《さつま》（現・鹿児島県西部）の島津氏と戦い、致命的な敗北を喫《きっ》して、その威望を大いに失墜させてしまう。

二人の父も宗茂も、各々、筑後に出兵中で、直接、この大会戦には参加していなかったが、三人はまさにそのあと、命運尽きんとする大友氏を懸命に支え、以後、七年間も北上してくる強兵・島津勢を向こうに回して、奮戦することとなる。だが、ここには政略の駆け引きはなく、彼らはひたすら目の前の、敵を倒す戦術に終始、創意工夫していたといってよい。

それでも連日、宗茂の技量は実戦のなかで、磨かれてはいったが――。

宗茂、千慮の一矢

秀吉の直参《じきさん》となった宗茂は、攻勢に転じるや島津勢を豊後に討ち、卓越した殊勲を立てて、戦後一躍、筑後国柳河《やながわ》（現・福岡県柳川市）に十三万余石を与えられる大名となった。

自領の経営にあたりながら彼は、一方で秀吉傘下の大名となった佐々《さっさ》成政《なりまさ》の、不手際から起こった肥《ひ》後《ご》（現・熊本県）の一揆鎮圧のために、休む間もなく八百騎を率いて参陣している。

一日に十三回の戦闘をおこない、敵の柵（野戦の城砦《じょうさい》）を抜くこと七ヵ所、討ち取ったもの六百余人という殊勲をたてたのは、このときのことである。

宗茂は笑っていう。

「善《よ》く兵を用ふる者は衆寡《しゅうか》（多少）常形《つねかたち》なく、奇正《きせい》（奇襲と正攻法）常勢なし」

天正十六年（一五八八）七月、宗茂は従五位下《じゅごいのげ》に叙せられ、「侍従《じじゅう》」に任ぜられた。

この頃、宗茂は徳川四天王の一《いっ》・本多忠勝《ほんだただかつ》と東西無双と比べられている（この時、忠勝は四十一歳）。ますます高まる宗茂の武名を、さらに史上に喧伝《けんでん》したのは、文禄《ぶんろく》元年（一五九二）の文禄の役であった。軍役より多い三千の兵を率いて、彼は第六軍の一翼を担《にな》い出国。破竹の勢いで朝鮮半島を進軍し、漢城《ハンソン》（現・ソウル）を占領して、巧妙な戦術、手腕を遺憾なく発揮した。

なかでも翌年の碧蹄館《ビョクジェグァン》の戦いでは、明《みん》の名将・李如松《りじょしょう》が十万と号する大軍（実数四万八千）を率いて来襲。小西行長《こにしゆきなが》、大友義統《よしむね》（宗麟の子、一時、吉統《よしむね》を称す）らの陣が崩されたおり、宗茂は自ら反撃の先鋒をつとめ、五百人近い犠牲《ぎせい》者を出しながらも、明の大軍を見事に打ち破っている。『天野源《あまのげん》右衛門覚書《えもんおぼえがき》』（別名『立花朝鮮記』）に、立花勢が三千をもって明軍三十万を斬り崩した、と述べられている名場面である。

余談ながら、この覚書の語り手・天野源右衛門は、もと明智光秀の家来で安田作兵衛と名乗った。後世の講談本では、本能寺で織田信長に槍をつけた人物とされ、史実では羽柴秀勝《ひでかつ》―同秀長《ひでなが》―蒲生《がもう》氏郷《うじさと》と仕えた武辺《ぶへん》者で、この頃、宗茂の配下にあった。源右衛門は歴戦の将といってよく、〝稀代〟を謳《うた》われた合戦巧者《こうしゃ》の氏郷（文禄四年、四十歳で没）につづいて、〝不敗〟の宗茂に仕えたところが興味深い。のち、肥前《ひぜん》唐津十二万石の寺澤志摩守広高に仕えて八千石を拝領している。

その後、二度目の慶長の役は秀吉の死によってうやむやとなり、宗茂も慶長三年（一五九八）十二月に日本へ帰国。ときに、三十二歳であった。文禄の役で、すでにその名は不動のものとなっていたが、その宗茂が生涯でただ一度、大きな判断ミス、失敗をしたのが、関ヶ原の戦いであった。

秀吉の死後、台頭した五大老の一《いっ》・徳川家康に対して、五奉行の一・石田三成がその勢力拡大を懸念し、両者は風雲急を告げた。いずれ決戦になる、とみた両陣営は、争うように常勝宗茂を獲得すべく動いた。家康方の陣営からは、

「勝利の暁《あかつき》には、五十万石を進呈する」

とまで誘われている。

しかし宗茂は、自らの戦術眼をもって西軍勝利を確信、西軍へ参画した。前哨戦となった東軍側の大津城攻撃を主導し、みごと城主の京極高次《たかつぐ》（妻の初は信長の妹・お市の次女であり、徳川秀忠の正室の姉）を降参させ、開城させることに成功している。

主君・豊臣秀頼は、その母・淀殿とともに、天下一の堅城《けんじょう》、難攻不落の大坂城にあり、これを五大老の一《いっ》・毛利《もうり》輝元《てるもと》が守護しているのだ、どのように思慮しても、西軍が負けるはずがない、と宗茂は考えた。

ところが、肝心の関ヶ原の本戦＝大津城開城と同じ慶長五年九月十五日において、宗茂不在の西軍は、「まさか」の完敗を喫してしまう。もし、宗茂が大津城攻めを担当せず、関ヶ原の主力戦に参加していたならば、日本の歴史は大きく方向を変えたかもしれない。

実に悔やまれる結果だが、関ヶ原敗戦を開いても、宗茂本人には屈託がなかった。彼はまだ、西軍

の敗北必至とは考えていなかったのである。十二分に巻き返せる、と信じて疑わなかった。

その根拠こそが、大坂城であった。

「三国無双の、あの城があるではないか――」

敗走中の宇喜多秀家《うきたひでいえ》、長宗我部盛親《ちょうそかべもりちか》、島津義弘などを速やかに入城させれば、まだまだ西軍は有利であり、秀頼公を手中にしているかぎり、最終的勝算はこちらにある、と宗茂は悠々と大坂まで自陣を撤収《てっしゅう》している。

途中、瀬田《せた》の大橋（現・滋賀県大津市瀬田）にて、日下部《くさかべ》与右衛門（西軍の別部隊の将とも、宗茂の部下ともいわれる）が、大坂城からの通達によって、橋を焼き落とそうとしていた。

宗茂は言う。

「古《いにしえ》より、関東勢の上京に、橋を落して利に成りたることはなし」

焼かずとも、伏見にてわれらが三日逗留《とうりゅう》し、攻めてくる東軍を迎え撃ち申さん、と。

宗茂は当然のごとく、西軍の総大将・毛利輝元《もうりてるもと》に、大坂城への籠城策を進言した。天下一の堅城に、豊臣秀頼をいただいて立籠《たてこも》れば、その大老である家康は手も足も出ないはず。宗茂はあたり前のように、勝利への道筋を説いたが、どうしたことか肝心の輝元が、一向に煮えきらない。

不可解な毛利家の事情

それもそのはずで、頼りの毛利家は幹部の安国寺恵瓊《あんこくじえけい》が西軍の三成と謀議を重ねる一方で、東軍の家康方にも内通していたのである。さしもの宗茂も、これには眼が届かなかったようだ。政略の次元と戦術の次元の差異といえようか。

　九月十四日の時点で、徳川家の四天王――本多忠勝と井伊《いい》直政《なおまさ》が吉川広家《きっかわひろいえ》、福原《ふくはら》（正しくは、ふくばら）広俊《ひろとし》の二人――事実上の、関ヶ原における毛利軍の総指揮官――に対して、家康は決して輝元を疎《おろそ》かに扱わないこと、領国はすべてこれまで通りに安堵すること、などを約束した起請文を提出していた。併せて東軍の黒田長政・福島正則《まさのり》も、忠勝・直政の起請文に嘘のないことを保証する起請文を、広家・広俊に提出している。

　ちなみに右の吉川広家は、中国地方に覇を唱えた毛利元就《もとなり》の次男・吉川元春《もとはる》の三男であった。長兄・元長《もとなが》はきわめて優秀な人物であり、一門からは将来を嘱望され、大切にされていたのに比べ、広家はいささか性格的に陰があり、あまり人とうちとけることがなかったようだ。

　それゆえか、天正十年十二月に、元長が家督を継いだのに比べ、広家は羽柴（のち豊臣）秀吉が織田家の中国方面軍司令官として来攻し、本能寺の変を挟《はさ》んで、毛利家と和睦、亡き主君・信長の仇を討つべく〝中国大返し〟をしたおり、羽柴方への人質にあっさりと差し出されている（すぐさま、帰されたが）。そんな広家だったが、父と長兄が九州征伐の最中、相次いで死去（元春・五十七歳、元長・四十歳）。気がつけば、吉川家を継げる条件を有する者は彼だけとなっており、毛利家の次代の、〝両川《りょうせん》〟の一翼を担うこととなった。

　このいささか屈折した広家とともに、両軍を裏切る密約を交わした福原広俊は、〝両川〟の一方・小《こ》早川《ばやかわ》隆景《たかかげ》亡きあと、輝元が代役として、最も信頼していた重臣であった（生没年不詳）。

　この頃の毛利家は、右の二人に毛利秀元《ひでもと》と安国寺恵瓊が加わって、全体を動かしていたといえる。

残念ながら輝元は、彼ら四人に担がれた神輿《みこし》にしかすぎなかったわけだが、宗茂は恵瓊と三成の西軍に、目をむけすぎていたのかもしれない。否、輝元の庸愚《ようぐ》（愚かでおとる）を知りつつ、毛利秀元に期待していたとも考えられる。秀元は、大坂城に胡坐《あぐら》をかく輝元の養子であった。

現に、関ヶ原における毛利軍の総大将は、この毛利秀元であった。彼は毛利元就の四男・毛利（穂《ほ》井田《いだ》）元清《もときよ》の子に生まれ、毛利の〝両川〟——吉川元春・小早川隆景の二人——をして、

「父元就に似たり。如何様《いかよう》尋常の人にあるべからず」

と期待され、世継ぎのなかった輝元の養子となった。

毛利家はこの秀元が、次代の当主と定められたことにより、活気をとりもどしたといってよい。

ところが、文禄四年（一五九五）十月、輝元に実子松寿丸《しょうじゅまる》（のちの秀就《ひでなり》）が誕生してしまう。このことにより、毛利家は大いなる苦悩を抱え込むこととなる。

四十三歳にして実子を授かった輝元は、わが子・松寿丸を溺愛した。だが、当時存命中であった小早川隆景は、この世継ぎは許せぬ、と珍しく怒りを露わにしている。なるほど、人格者で名将の誉れ高い隆景にすれば、松寿丸誕生の経緯《いきさつ》は容認しがたいものであったろう。

松寿丸の母は毛利家の家臣・児玉元良《こだまもとよし》の娘で、のち「二の丸」と呼ばれることになる女《ひと》であったが、彼女はこの時すでに、杉元宣《すぎもとのぶ》（大内氏旧臣）の妻であった。それに横恋慕《よこれんぼ》し、懸想《けそう》したあげく、拒絶されるや怒りにまかせて、この人妻を略奪したのが輝元であったのだ。しかもこの重みのない神輿は、彼女の夫の元宣をも殺害していた。

隆景ならずとも、まともな人間ならば、この行為は許せまい。隆景は松寿丸を、毛利家の後継者と

は認めなかった。厳しく甥の輝元を折檻《せっかん》し、「二の丸」を側室とは認めず、彼女を実家の児玉家に送り返すよう、輝元に命じている。

ところが慶長二年（一五九七）六月十二日、六十五歳で隆景が病没してしまった。よくよく考えれば、この時、のちの関ヶ原の西軍は、敗れるべき運命を選択していたのかもしれない。

助かった、と胸を撫でおろした輝元は、いささかも懲りていなかった。人妻を奪ったことへの反省心もなく、むしろ抵抗した「二の丸」とその夫を恨み、責任を転嫁し、あげくには心から諫言してくれた叔父の隆景にさえ、死後になって己れの権威が失墜したではないか、と恨み言をいうありさまであった。

このことを知っていれば、宗茂は決して西軍に荷担しなかったに相違ない。

無能なうえに、貪欲な大老

隆景を失った輝元の驕《おご》り、高ぶり――その暴走を止めることのできる人間は、すでに単独では毛利家に存在しなくなっていた。おそらく三成と輝元の交際は、一度は隆景によって否定された松寿丸を、毛利家の世継とするため、豊臣政権に認めてもらうべく輝元が運動した過程で、二人が結びついたものと考えられる。その良好な関係が、三成による輝元を西軍の総大将に祭り上げる、そもそもの原因になった、と筆者はみてきた。

ブレーキのかからなくなった自動車のように、それでいて輝元の恐ろしさ――否、歴史の世界にはよくあることだが――は、己れの器量不足に自覚のない点にあった。彼は西軍の総大将に自分が選ばれたのは、己れの実力だと錯覚していた。

そして輝元は、西軍総大将の立場を利用するように、毛利家の家臣を使って四国・九州地方への、独自の侵略・占領を企てる。

「これで毛利家の領地も増え、経済的基盤も強化されよう」

程度の低い〝中国の覇王〟は、関ヶ原の戦いと軌を一にして、西国への進攻を開始していた。

四国へ攻め入り、東軍についた阿波（現・徳島県）の蜂須賀《はちすか》氏を武装攻撃し、この地を占拠している。伊予《いよ》（現・愛媛県）にも調略の手を伸ばし、かつてこの地を支配していた旧勢力へ働きかけ、たとえば中予《ちゅうよ》（現・愛媛県中部）の加藤嘉明《よしあき》（よしあきら、とも）、南予《なんよ》（現・愛媛県南部）の藤堂高《とうどうたか》虎《とら》の、留守居の者たちを各々、離反させるべく、人と策を配していた。

軍勢もくり出し、水軍で名をはせた村上武吉《たけよし》や曽根景房《かげふさ》（戸田勝隆《かったか》から小早川隆景、さらには毛利家臣団となった）を投入。彼らが戦死したのちも、輝元は侵攻の手を緩《ゆる》めず、関ヶ原の敗戦の報が伝わったことで、ようやく毛利軍は四国から撤退している。

九州しかり。朝鮮出兵のおり、臆病行為を指弾され、父・宗麟が懸命に残した豊後一国を豊臣政権に没収された大友義統《よしむね》を、輝元は積極的に支援。軍資金と軍船、将卒《しょうそつ》まで貸し与えて、九州へ上陸させていた。

八月半ばに大坂を発した義統は、周防《すおう》の上関《かみのせき》（現・山口県熊毛《くまげ》郡上関町）を経て、郷里の豊後へ上陸。大友軍は歴世《れきせい》の旧支配者としての権威もあり、三千ほどに膨れあがった兵力は、九月十三日、石《いし》垣原《がきばる》（現・大分県別府市）において黒田如水《じょすい》（諱は孝高《よしたか》・通称は官兵衛）と細川忠興《ただおき》（藤孝《ふじたか》＝幽斎《ゆうさい》の長子）の留守居・松井康之《まついやすゆき》らと戦ったものの、大敗を喫している。

余談ながら、この間、大友軍にあって大活躍し、壮絶な戦死を遂げた吉弘統幸《よしひろむねゆき》は、立花宗茂の従兄弟にあたった。

豊後攻略は失敗したものの、毛利軍は関門《かんもん》海峡を隔てた豊前《ぶぜん》（現・福岡県東部と大分県北部）――企救《きく》・田川の二郡を領有していた小倉《こくら》六万石の、毛利（森）吉成《よしなり》（勝信《かつのぶ》）の門司《もじ》（現・福岡県北九州市門司区）領内に進駐、味方であるにもかかわらず、関ヶ原の戦いが終わるまで、ここを占拠しつづけていた。

輝元は己れに都合よく、かつて秀吉が述べたことのある構想――秀頼を補佐するため、家康に東国を任せ、西国を輝元と小早川隆景に任せる、を思い浮かべていたのかもしれない。

おそらく輝元と重臣たちは、かつて毛利家が握っていた瀬戸内海の制海権を、このドサクサに奪還しようとしたのではあるまいか。その野望の先には石見銀山《いわみぎんざん》を含め、東アジア貿易への進出、交易による利益の獲得が、一方的に想定されていたはずだ。

こうした行為は明らかに、亡き秀吉が定めた惣無事令《そうぶじれい》や海賊停止令に背《そむ》くものであり、筆者は西軍総大将の輝元も東軍総大将の家康と同じく、豊臣家の簒奪《さんだつ》を狙っていた可能性がある、とみている。

が、それにしては輝元には、家康のような灰汁《あく》の強さが見咎《みとが》められない。輝元には西軍圧勝の工夫をした様子もなければ、重臣たちの分裂をも都合よく解釈し、あたかも己れが毛利家生き残りのバランスをとっているかのような、錯覚をもちつづけていたのではあるまいか。

関ヶ原における毛利家の不戦も、実のところ輝元は、事前に知っていた可能性が小さくない。

吉川広家が毛利秀元、福原広俊、安国寺恵瓊に不戦の密約を話さなかった、というのが正しかったとしても、残りの三将がこのことに、まったく気づかなかった、とはいえまい。それでは三人ともに、無能を誹《そし》られても抗弁ができまい。知っていたとすれば、輝元に注進に及んでしかるべきであったろう。

興味深いのは、立花宗茂も大いに期待した毛利軍の総大将・毛利秀元である。

彼は関ヶ原における毛利軍の不戦の密約を知らなかった、と一般には伝えられてきた。が、本当にこの大いなる企てを、関知していなかったのだろうか。また、関ヶ原の戦いにおける西軍総勢十万人の結集＝大老輝元の担ぎ出しを、実際に演出したとされる毛利家の安国寺恵瓊も、正反対の立場ゆえに不戦の密約を知らなかった、知らされなかった、というのはどうであろうか。

筆者はここが、どうにもひっかかるのだ。

家康と輝元の駆け引き

——少し整理してみたい。

大坂城に留守居していた毛利秀元が、それまで家康の居住していた大坂城西の丸に押し入り、徳川家の留守居を力づくで追い出して、西の丸を武装占拠したのが七月十六日であった。輝元が大坂城に入城したのが、その翌日である。この鮮やかな行動は、あらかじめ三成をはじめ五奉行たちと、毛利家においての事前謀議なしには不可能であった、と筆者は考えてきた。

言い換えれば、この時点まで毛利家の総意は、西軍の大兵力を担う覚悟をもっていた、とみるべきではないか。なるほど輝元自身は、関ヶ原の戦いが終結するまで、大坂城からは一歩も外へ出ていない。だが、一方の秀元・広家・恵瓊らは、毛利軍一万八千を率いて、近江瀬田の普請《ふしん》、東軍の伊勢国安濃津城《あのつ》（現・三重県津市）攻撃を経て、九月十日頃には南宮山《なんぐうさん》（現・岐阜県不破郡垂井町）へ着陣している。この間、明らかに西軍として、東軍を攻撃していた。

しかもこの南宮山へ登ったのは、家康が九月一日、江戸を出発し、西上していることに対応したものであり、毛利軍はこのまま西上する可能性のある家康を、ここで食い止める心づもりであったことは明白であった。

――このあたりまで、毛利家の西軍裏切りはなかった、と筆者はみている。

四国・九州への出兵も重ねて考えた場合、吉川広家と福原広俊の結んだ東軍との密約は、どのような意味を持ったのだろうか。関ヶ原の戦いをこの先、まだまだつづく長期戦と、彼らは思い描いていたのだろうか。その可能性は否定できない。が、それにしてはあまりにも、戦略・戦術に統一性を欠いていた。

ここで玉突きのように浮上するのが、小早川秀秋《ひであき》の存在であった。凡庸な輝元からみてさえ、愚か者に見えるこの人物は、秀吉の正室・北政所《きたのまんどころ》の兄・木下家定《いえさだ》の子で、幼少の頃に秀吉の養子となりながら、秀頼の誕生で小早川隆景の養子となった。

秀吉は当初、輝元の養子にと考えていたのを、小早川隆景が自らの養子とすることで、毛利家入りを阻止したといわれている。秀秋の立場も複雑で、西軍についたものの、西軍を裏切る可能性が高く、このことを輝元が事前に、つかんでいたことは十二分に考えられた。つまり輝元は、秀秋の心中を慮っていたのではないか。

東軍西軍いずれにつくべきか、なんとしても勝ち馬にのりたい、という秀秋の心中の迷いを想像して、輝元は一方で関ヶ原における西軍敗戦の場合を考え、自己保身を固めるために密約を吉川広家に結ばせ、それでいて南宮山の布陣は解かなかった。おそらく秀秋が西軍として動けば、それに同調して下山し、すでに弱っている東軍を叩き潰せばよい、と思慮していたのであろう。

史実の毛利軍は、南宮山に陣取って東西決戦を傍観し、西軍の敗北を見届けたあと、戦場から退去している。九月十七日に広家が記した書状によれば、彼らは決戦の前日に密約を仲介した黒田長政・福島正則らと談合のうえ、西軍敗北のあと、近江筋を東軍の堀尾忠氏《ただうじ》の案内・警護で、無事に大坂へ退却したという。

この撤退のおり、不慮の戦闘は起きていない。からくも西軍に勝利した東軍は、無傷の毛利の大軍を、そもそも相手にできるだけの余力を残していなかった、ということかもしれない。

大坂に引き上げた毛利軍は、なぜか大坂城にそのまま入城せず、町中に駐屯している。

すでに、十七日付の長政・正則の書状では、

今度、奉行どもに逆心の相構《あいかま》えについて、内府（家康）公濃州表《のうしゅうおもて》御出馬について、吉川殿、福原、輝元御家御大切に存ぜられるにつき、両人まで御内府、則ち内府公へ申し上げ候処、輝元に対し、少しも御如在《じょさいな》無きの儀候間《そうろうあいだ》、御忠節においてはいよいよ、これ以後も仰せ談ぜらるべきの旨、両人より申し入るべき御意候。

関ヶ原を制した家康は、輝元との良好な関係を望んでいるという。

「殊《こと》に分国中相違あるべからずのとおり、御誓帋《せいし》預り安堵この事に候」（毛利家文書）

所領は安堵するから、速やかに大坂城西の丸から退去してほしい、と長政や正則は毛利家へ語りかける。二十五日頃、輝元は家康の履行を確認することもせず、家康自身の誓紙も受けとらぬまま、そそくさと大坂城を退去し、木津の毛利屋敷へ入った。

ではこの間、家康の行動はどうであったのか。

関ヶ原で圧勝した次の日＝九月十六日から翌日にかけて、東軍が石田三成の居城・佐和山《さわやま》城（現・滋賀県彦根市）を攻め落とすのを、家康自身は平田山（現・滋賀県彦根市平田町）で見守っていた。西軍の大垣城も開城され、九月十八日には家康は近江八幡に到着している。翌十九日に草津へ（この日、小西行長が伊吹山中で捕らえられた）。

九月二十日、家康は立花宗茂が一度は落とした大津城に入城。この翌日には、三成が伊吹山で捕らえられている。安国寺恵瓊は京都まで逃げたものの、二十三日に捕らえられた。

こうしてみると輝元は、恵瓊が捕縛されたことを知ったうえで、大坂城西の丸を退去したことになる。西軍につきながら自家保全のみならず、拡大を策したことがことごとく露見するかもしれない局面であった。おそらく輝元は、家康の心中など何一つ押しはかることもしないで、スタスタと舞台を退場したのであろう。

家康が大坂城西の丸に入ったのは、九月二十七日のことである。

そして十月一日、石田三成・小西行長・安国寺恵瓊の三人が、京都の六条河原《ろくじょうがわら》で斬首となった。

この処刑を追うように十月十日、家康はいきなり、毛利家に周防（現・山口県南東部）・長門《ながと》（現・山口県北西部）の二国への減封《げんぽう》を言い渡す（正確には、輝元の全領土を没収し、一応の功労者である広家に、二国を与える、との処置であった。広家はそれを、主君輝元に詫びつつ譲った）。

家康の論功行賞と大野治長の登場

同月十五日、今度は関ヶ原における東軍諸将への論功行賞《ろんこうこうしょう》が発表された。

家康はよほど、嬉しかったのであろう。自ら取り潰した大名家が九十、毛利家のように減封処分とした大名家が四つ、没収した総石高六百六十九万九千五百石を大盤振る舞いして、東軍諸将に気前よくばらまいた。

黒田長政は十八万石から五十万石、池田輝政は十五万石から五十二万石、加藤清正は十九万石から五十二万石、福島正則は二十四万石から四十九万石、浅野幸長《よしなが》は二十一万石から三十七万石と大増封となった。わずか一日、否、半日の決戦がもたらした空前絶後の恩賞であったろう。

「大坂城に入城できたのだから、安いものよ」

あるいはシブチン（けち）の家康は、そう自らに言いきかせていたかもしれない。

家康は心底、輝元が秀頼を奉じて、天下一の堅城・大坂城に籠城することを恐れていたのである。

それにしても輝元は、なんといううつけであったろう。彼は明らかに、毛利家の野心から兵を九州・四国に入れていた。関ヶ原の本戦以前においても、家康への敵対軍事行動をしている。それらことごとくを、あの家康が水に流す、と本当に信じたのであろうか。

あまりにも軽率、独善的としかいいようがない。立花宗茂の進言を入れて、大坂城にそのまま立籠《たてこも》っていたならば、みすみす八ヵ国を二ヵ国に削られることもなかったろうに。

家康の底意地の悪さは、徹底していた。輝元を大坂城から退去させるための毛利氏所領安堵の起請文は、徳川家家臣の井伊直政・本多忠勝や、味方の黒田長政・福島正則に署名させても、決して自らは花押を述べていない。家康は当初から、輝元の所領を安堵するつもりなどなかったのである。

この俄《にわか》天下人は、はやくも大津城に入城した時点で、大坂城の淀殿―秀頼母子に対して使者を送り、石田三成や安国寺恵瓊は今度のことを、秀頼公の命によって企てたといっているようだが、幼少の秀頼（この時、八歳）が、命令を下しているはずもない。まして、淀殿は婦人であり、いささかも三成らの企てに関係のないことはわかりきっている。少しも心配されることはない、と母子に安心させるべき配慮をみせていた。

興味深いのは、このおりの使者をつとめたのが、東軍に与《くみ》して一廉の戦功をたてたとされる大野治《はる》長《なが》であったことだ。

のちに大坂城の宰相となり、大坂方の、事実上の総帥となる大野治長は、大坂冬・夏の両陣において、自身で手勢を率いて最前線に立ち、打物を取って奮戦するといったことがなかったため、怯懦《きょうだ》であったとか、武事に疎《うと》かった、といった江戸時代を通じての、悪評が生み出たが、これらはいささか的はずれではあるまいか。

意外に思われる方もあるかもしれないが、治長はむしろ、一個の〝武辺者〟としては、見事な人物といえる一面をもっていた。

——残念ながら、その生涯の大部分は今日、伝わっていない。

ただ、淀殿の乳母で、大坂城内で別の権勢を振るっていた大蔵卿局《おおくらきょうのつぼね》が、その実母であったことは間違いなさそうだ。そこから考えて、大野氏は淀殿の生家である浅井《あざい》家の旧臣でもあったのだろう。

確かに大野姓は、奈良時代の大野東人《おおののあずまびと》以来の名家であり、後世に伝わる傍系も多岐にわたっていた。が、治長がそのいずれに連なるとの確証も見出せてはいない。治長の父は朝倉家に仕えていた、との説もあるから、あるいは越前《えちぜん》の大野（現・福井県大野市）が、その出身地である可能性もなくはない。

実は、治長自身の年齢もさだかではなかった。ただ、文禄元年（一五九二）の朝鮮出兵の際に、名《な》護《ご》屋《や》城下に独立して陣屋を構えていたことなどから、その生年は遅くとも、天正元年（一五七三）を下ることはなく、大坂落城時には五十歳前後だったのではあるまいか。つまり、淀殿や真田信繁《のぶしげ》（いずれも四十九歳）と、ほぼ同年配であったように思われる。

大坂城の第一人者へ

治長が歴史の表舞台に急浮上したのは、慶長四年（一五九九）九月、前田利長《としなが》（利家の嫡男）、浅野長政が首謀した、家康暗殺の陰謀——これを長政と同じ豊臣家の五奉行のうち、増田《ました》長盛《ながもり》、長束正《なつかまさ》家《いえ》によって、密告されたとき——であった。

直接、家康を殺すべき刺客として治長は、土方雄久《ひじかたかつひさ》とともに名指しにされたという。

この陰謀の真相は、今もって詳細は不明のままだが、かつては織田信雄《のぶかつ》（のぶお、とも。信長の次男）の侍大将《さむらいだいしょう》を勤めた老巧の将・雄久と並んで、治長の名が挙げられたことは、この人物の評価を根本的に再考する必要に迫られそうだ。

ただ治長はこのおり、雄久ともども常陸《ひたち》（現・茨城県の大半）の佐竹義宣《よしのぶ》のもとに禁錮となっている。それが二人ともに、関ヶ原で従軍を許され、治長は西軍の宇喜多秀家の軍勢と戦い、名のある侍の兜首《かぶとくび》を挙げて首実検《くびじっけん》に供し、家康から、

「御《ご》褒美《ほうび》斜《なのめ》ならず」（太田牛一著『慶長記』）

と記されるような褒賞を得ていた。

戦後、治長は家康の旗本に取り立てられている（一方の雄久は、下総《しもふさ》田子《たこ》〈現・千葉県香取郡多胡町〉に一万五千石を拝領、慶長十三年に五十六歳で死去している）。

もっとも治長の場合、その武功が確かなものであったことのみならず、大坂城の豊臣家にとって信頼できる人物として、家康の大坂入城を助けた功績も含まれていたのではないか。その証左の如く、治長は徳川家の旗本となっていくばくもなく、改めて大坂城に赴き、豊臣家に仕えている。

これは、母・大蔵卿局の引きもあってのことだろうが、それにしても、主君たる家康の了解がなければ、円満におこなえる移籍ではなかったろう。むしろ、家康のことだ。自ら積極的に、この人事を働きかけたのではないか。治長は、大坂城中の城門警備から財政出納の一切にいたるまで、ひとりで切りもりするような才覚を発揮。徐々にではあるが、城内で頭角を顕《あらわ》していく。

やがて、三成亡きあと、いつのまにか家老となっていた片桐且元（詳しくは後述）の信頼も、治長は得たようだ。

うに取り計らいたい」（『山本日記』＝片桐且元の家臣・山本豊久の日記）にもよくよく御奉公できるよ
「我が子同然に引き回し、御前（秀頼）にも、また江戸駿河（徳川方）にもよくよく御奉公できるようと、且元は治長のことを、秀頼の奥小姓・土肥庄五郎に語ったほどだ。

関ヶ原の三年後、自ら征夷大将軍となり、慶長十年に嗣子秀忠へその跡を譲った、駿河（現・静岡県中部）の大御所家康のもとにも、治長が大坂城中で且元に次ぐ地位を得たことは伝えられていたであろう。慶長十九年六月には、家康は秀頼に意を伝えて、治長に五千石の加増をおこなっている。

むろん、これは家康に、治長を懐柔しようとする意図があったこと、且元同様に、治長をも豊臣家中における制御可能な親徳川分子に、仕立てあげようとする策謀にほかならなかった。

ところが、のちの東西手切れ＝大坂の陣に際して、治長は断固、豊臣家の忠臣たる道を選んだ。有名な方広寺鐘銘《ほうこうじしょうめい》問題（詳しくは後述）で、幕府の難癖に対して、豊臣家の釈明使として駿府に向かった且元は、なんら成果を上げ得ず、それどころか大坂の国替えか、秀頼の参勤・淀殿の江戸での人質の、択一を迫られる。

豊臣家中の反徳川の気勢は、この時、沸点に達し、その憤懣《ふんまん》はまず且元に向けられた。かねてより方広寺造営に反対していた治長は、且元糾弾の急先鋒となる。且元が大坂城を追われ、居城の茨木城（現・大阪府茨木市）に引き籠ったことを受けて、治長はついに大坂城中の第一人者となる。

それはさておき、治長は武辺者、律儀者であったかもしれないが、後世から検証した場合、とても家康の向こうを張れるような人物ではなかった。

——結局、大坂城籠城戦は受け入れられず、立花宗茂は失意のまま九州柳河に帰った。

もしあの時、宗茂が大坂城に入城して指揮をとっていたならば、その後の日本史はこれまた、大きく流れを変えたに違いない。が、すでにみてきたように、西軍の総大将が毛利輝元であるかぎり西軍の勝利、大坂城に籠城しても、徳川家康を倒すことはかなわなかったようにも思われる。

無念の帰国をとげた宗茂を、周囲の黒田如水や加藤清正ら東軍方の諸将は、その武勇を惜しんで、あえての合戦をしかけず、懸命に降伏を勧めている。

蛇足ながら、宗茂の留守の間、柳河城はその妻・立花誾千代《ぎんちよ》が見事に守り抜いていた。さすがは、戸次《べっき》道雪（鑑連）自慢の娘であった。そもそも立花城の女城主であり、文禄四年（一五九五）には柳河城を出て、宮永村の新館に別居していたようだが、才色兼備の細腕は、女城主の凄味を周囲の大名たちにみせつけた。皮肉なことに、誾千代は東軍勝利を確信していたようで、さしもの宗茂も、養子の立場もあり、この妻には頭があがらなかったようだ。

残念なことに、彼女は慶長七年（一六〇二）十月、三十四歳の若さでこの世を去っている。

宗茂のifとその後

関ヶ原のあと、大坂籠城を執拗《しつよう》に主張した宗茂は、なぜか自らの柳河城は、いともあっさりと明け渡して、自らは牢人の境遇となっている。

西軍荷担で牢人しても、彼の〝不敗〟の戦歴は輝いていた。それこそ、降るごとく大名クラス（一万石以上）＝侍大将待遇の仕官の話は持ち込まれたが、どうしたことか宗茂は、ことごとくを蹴って、なにを好んでか京、江戸での牢人生活をおくる。

この間の挿話として、主人宗茂と牢々の日々を共にした家臣・由布《ゆふ》惟信《これのぶ》、十《と》時《とき》連貞《つれさだ》らとの話が伝えられている。彼らは主人を養い、衣食住の面倒をみていたのだが、ある時、欠乏した食事代を補《おぎな》うために、少量の米を工夫して雑炊《ぞうすい》を作ったことがあった。

すると宗茂は、それを目にするなり、

「こんなものが喰《く》えるか」

椀をひっくり返したという。家臣たちにすれば、腹が立ったに違いない、と思いきや、彼らはこれでこそわが殿よ、とうれし泣きしたという。

宗茂主従は、復活をあきらめていなかった。しかも、侍大将級ではなく、一個の大名としての再興を信じて疑っていない。根拠は何か。誰のおかげで、関ヶ原の戦いが勝てたのか――宗茂には家康がほどなく、自分を迎えにくることが、掌《たなごころ》を指し示すように読めていた。

もし宗茂があの時、大坂城に強引に入城して、とりあえず退去することを輝元に思いとどまらせ、あの城を西軍の本拠として、天下六十余州へ改めての檄を飛ばしていたならば、家康はどう対処したであろうか。

大坂城は東軍が一丸となっても、すぐには抜くことは敵《かな》わなかったに違いない。内戦は応仁の乱のように、それこそ十一年にも及んだ可能性がある。否、それ以前に家康のことだ、攻めかからずに講和となって、双方は決着のつかないまま、東西決戦は痛み分けで終了となったであろう。

そうなれば、六百六十九万九千五百石の封地は家康の手には入らず、全国の豊臣家直轄領も奪えず、摂津《せっつ》（現・大阪府北部と兵庫県南東部）・河内《かわち》（現・大阪府南東部）・和泉《いずみ》（現・大阪府南西部）の三国（六十五万石）に、秀頼を封ずることもできなかったはずだ。

関ヶ原で自刃《じじん》した大谷吉継《よしつぐ》に加え、石田三成、小西行長、安国寺恵瓊の西軍三将は処刑されたとしても、五大老の一・宇喜多秀家は生存している。

上杉景勝《かげかつ》─直江兼続《なおえかねつぐ》主従も健在であり、毛利輝元の領地がもとのまま残ったとすれば、歴史の歯車は天下人の秀吉が死に、武断《ぶだん》派と文治《ぶんち》派の争っていた頃に戻ることとなったろう。しかも三成が処刑されていれば、そのあと加藤清正や福島正則は改めて家康を担ぐこともなくなる。もともと犬猿の間柄であった文治派の首領・三成を倒すために、武断派の諸侯が秀頼の名を奉じて、家康に従ったのだから。

「向後《こうご》も秀頼公、疎意《そい》はない」

との誓約を、家康が東軍諸侯に約束したればこそ、豊臣恩顧の大名たちはこぞって、家康に犬馬《けんば》の労をとったにすぎなかった。武断派後援の大老――これこそが、家康本来の立場であった。

講和となれば、理数の才にめぐまれ、築城にも才覚を発揮した清正が、三成にかわって奉行職につけば、五大老・五奉行は再編されて一応は治まる。

そうなった場合、家康は再び〝天下分け目〟の決戦を、戦うことができたであろうか。筆者はそれ以前からの戦略＝各個撃破――大老を一つずつ潰していくやり方――を、家康は再び選択し、その工作・実践の途中で、寿命が尽きたのではないか、と推測している。

いずれにせよ、大坂城落城の悲劇は、関ヶ原の戦いの十五年後には起きなかったであろう。

このように想像してみれば、当然、史実の家康は牢人・立花宗茂を粗略には扱えまい。否、現実の流れにおいても、大坂の陣を前に、〝生涯不敗〟の宗茂に大坂城へ入城されれば、やっかいなことになる。なにしろ相手は、勇猛果敢な島津軍五万を相手に、立花城を守り抜いた籠城の名人である。果たして家康は、勝てたであろうか。

徳川幕府の次期将軍（二代）となると目されていた秀忠は、慶長九年に、牢人宗茂を五千石の幕府相伴衆《しょうばんしゅう》（御伽衆《おとぎ》）に取り立て、ついで奥州南郷《なんごう》（棚倉《たなくら》・現在の福島県東白川郡棚倉町）一万石の大名へ。つまり、自軍へ引き入れた。大坂冬と夏の両陣には、宗茂は徳川方として参戦。その感謝も含めて徳川幕府は、戦後の元和六年（一六二〇）になって、宗茂を十一万石余の柳河の城主に復帰させている。

三十四歳で柳河を去ってより、実に二十年目の帰国であった。

その後、宗茂は寛永十九年（一六四二）十一月二十五日まで生き、家康より一歳長い寿命＝七十六歳をもって、江戸に没している。戦野にあけくれた武人にしては、どこまでも穏やかな死に顔であった、と伝えられている。

奇跡のような常勝将軍、そして関ヶ原に敗れながら返り咲いた稀有《けう》の存在――さらには、もしも大坂城に彼が入城していたならば、と夢想させる魅力――これこそが宗茂の真骨頂であった、と筆者は思いつづけている。

秀吉の工夫と家康の誤算

通史――歴史記述法の一様式・全時代、全域にわたって総合的に記述した歴史――は、ときに道筋のうそをつき、平気でそのうそを拡散する。

たとえば、関ヶ原の戦いで圧勝した東軍の総大将・徳川家康は、すぐさま天下を取ったような印象を、通史は後世の人々に与えたが、これは明らかな誤解であった。幕藩体制が整った、百年後の徳川の世を見てからの振り返り、逆算、結果論でしかなかった。

なるほど家康は、関ヶ原の三年後に征夷大将軍となっている。しかし、彼の目の上のコブ＝豊臣政権は、もともと武家の棟梁《とうりょう》ではない。創業者の豊臣秀吉は、公家の代表として関白（引退して太閤）の位につき、国政をとりしきっていた。

征夷大将軍となった家康が、江戸に幕府を開き、天下の諸侯がこぞって、その幕府の系列に直ったとしても、関白と征夷大将軍は本来、政治の筋道が異なっていた。豊臣家が武家として孤立したとしても、それはそのまま、家康傘下の諸大名と肩を並べなければならない、ということにはならなかった。豊臣家は、武家の出身ながら――その前は百姓だが――秀吉の晩年は公家、それも最高位の公卿であった。

ついでながら、「豊臣」以前の武家政権において、秀吉は本能寺の変後、逆臣・明智光秀を討滅すると、柴田勝家《かついえ》をはじめとする織田家中の反対勢力を一掃して、突然、「平《たいら》」の姓を称している。

天正十年（一五八二）十月に「従五位下《じゅごいのげ》」に叙爵《じょしゃく》し、「左近衛権少将《さこのえごんのしょうしょう》」に任官。翌年には「従四位《じゅしいの》下参議《げさんぎ》」となり、天正十二年十一月には「従三位権大納言《じゅさんみごんのだいなごん》」に昇進。さらにその翌年三月には、「従《じゅ》二位内大臣《にいないだいじん》」に昇っている。

この間、叙任に関する口宣案《くぜんあん》（勅命を記した文書の形式、口頭で勅命を伝える代わりにメモ風に記したもの）などは、いずれもが、

「平　秀吉《たいらのひでよし》」（あるいは、「平秀吉朝臣《あそん》」）

となっていた。

なぜ、平氏を称したのか。「藤原」姓から「平」姓に直った織田信長の、跡を襲う意味でもちいたのであろうが、これまた戦国時代の風潮として、通史が喧伝してきた思い込み＝〝源平交替〟の思想にもとづいて、平姓を称したことになっている。戦国時代以降の思い込みとしては正しいが、過去の歴史には源平以外の、皇族や別姓の征夷大将軍は幾人も存在していた。

いずれにせよ「平」姓だった秀吉は、内大臣に任官した四ヵ月後の七月十一日に、今度は唐突に、人臣の最高位である関白宣下《せんげ》を蒙《こうむ》る。

この珍事は、近衛信輔《このえのぶすけ》（のち信尹《のぶただ》）と二条昭実《にじょうあきざね》――ともに、「藤原」の本流・五摂家《ごせっけ》の二家――が、関白職をめぐって争っている隙《すき》に乗じて、秀吉とは以前から気脈を通じていた、ときの右大臣・菊亭《きくてい》（今出川《いまでがわ》）晴季《はるすえ》の画策によっておこなわれた、と伝えられている。

が、これまた通史のいい加減なところ。

秀吉は五摂家筆頭の近衛前久《さきひさ》の猶子《ゆうし》（兄弟・親類や他人の子と親子関係を結ぶこと）となるべく運動し、ついに「藤原秀吉」として、関白宣下を受けたが、朝廷政治はこれで通すとしても、もう一方の武門の棟梁として、天下に号令する立場では「藤原」姓は説得力に乏しい。

そこで考えあぐねた秀吉は、文武両方を統率するために、自ら新姓を朝廷に奏請して、下賜《かし》される

ことを考えた。「豊臣」の新姓誕生は、関白任官からわずか三ヵ月後（閏《うるう》八月を含め）の、九月九日のことであった（『押小路文書《おしこうじもんじょ》』ほか）。

ときおり、この誕生を天正十四年十二月十九日とするものをみかけるが、これは誤りである。この日は秀吉が太政大臣に任官した日であり、『公卿補任《くぎょうぶにん》』も改姓《かいせい》の日付は明記していない。

それにしても、「豊臣」という姓は何によって名づけられたのであろうか。

秀吉の御伽衆《おとぎしゅう》・大村由己《おおむらゆうこ》の『関白任官記《かんぱくにんかんき》』では、新姓撰定にあたっては、菊亭晴季が中心的な役割を担い、有職故実《ゆうそくこじつ》や諸家の系図などを調べて、諸氏の姓から「豊」「臣」の二文字を選んだようだ。

〝豊臣〟には、「天地長久、万民快楽」の願いが込められていたという。

その関白「豊臣」は、征夷大将軍よりはるかに上位であり、公武の棟梁《とうりょう》として誕生していた。

慶長十年（一六〇五）、家康は征夷大将軍＝将軍職を息子の秀忠にゆずり、この地位が徳川家の世襲であることを、天下に印象づけた。そのために、十六万騎という凄まじい人数をくり出して、京都における秀忠の将軍宣下《せんげ》の儀式をとりおこなっている。これは『吾妻鏡《あずまかがみ》』を愛読する家康が、平家を掃蕩《そうとう》し、異母弟《いぼてい》の義経を討ってのち、畠山重忠《はたけやましげただ》を先陣にして、大軍を率いて相模国鎌倉（現・神奈川県鎌倉市）から上洛した、源頼朝をまねた演出であった。

デモンストレーションの仰々しさに色めき立った人々の中には、

「右大将殿（秀忠）上京、昔頼朝の京入りの例を引き候て也。大坂には御ひろい様（秀頼の幼名）御用心也」

と記した、在京中の島津家の家臣のような見方をする者もなくはなかった。

だが、新将軍秀忠は征夷大将軍であっても、朝廷の位は内大臣《ないだいじん》でしかない。一方、秀吉の忘れ形の秀頼《ひでより》は、慶長十年四月には右大臣に進んでいた。朝廷における序列では、秀忠より秀頼の方が上である。

それにもまして秀忠も、その父・家康も、形式上では依然、公武をすべる豊臣家の家来のままであった。

「しかたあるまいのォ」

おそらく真実の家康は、あまりに見事に勝利した関ヶ原の己れに、いい聞かせていたに違いない。

考えてみれば明らかなように、関ヶ原の戦いを最初に企画・立案した西軍の主将・石田三成は、二十日間、東西両軍をにらみ合いの状況におき、そこへ西軍総大将の毛利輝元に擁された秀頼を持って来て、両軍の均衡を破り、一気に西軍勝利を勝ちとりたい、との抱負をもっていたが、参加した日本中の大名の大半は、この東西戦を長期にわたるものだと考えていた。

天下を九州から狙っていたとされる謀将・黒田如水や、東北の最上義光《もがみよしあき》の領地を切りとり、併合して、上杉領の拡大を策した上杉景勝《かげかつ》の家宰・直江兼続にしても、すでにみた凡将・毛利輝元ですら、中世最大の内乱＝応仁・文明の乱を、おそらくは念頭に置いていたのであろう。

家康の突きつけられた現実

応仁・文明の乱は五月雨《さみだれ》の如く、降るかと思えば止み、停戦したかと思えば散発的な戦闘が繰り返され、延々と十一年つづいている。

その前の、源平争乱はどうであったか。源氏挙兵から壇ノ浦の戦いまで、四年六ヵ月を費やしていた。そもそも誰が、関ヶ原の戦いを半日やそこらで結着がつくもの、などと考えていたであろうか。秀吉の朝鮮出兵でも、足掛け六年六ヵ月に及んでいる。

それでなくとも家康は、無理をしないで無難な手法を、忍耐強く積みあげていく選択を、生涯を通じて実行してきた人物である。〝天下分け目〟の関ヶ原にしても、彼は幾つもの保険をかけて臨んだ博奕《ばくち》――投資というべきか――であった。

まず、ときの政権である豊臣家を二つ――武断派と文治派――に割り、その一方の武断派を後援する形で、美濃関ヶ原へ押し出している。しかもこの時の、家康の参加資格は豊臣家の筆頭家老であり、主人である豊臣秀頼に拝謁し、黄金二万両、米二万石もの軍資金・軍需物資を下賜されて、多くの豊臣恩顧の大名をしたがえての出陣であった。

すでに述べたように、家康の当初の作戦は、自らと同列の五大老の、残り四大名を各個撃破し、その間に天下の人心に、新しい天下人が自分であることを諄々《じゅんじゅん》と認知させ、勝利を積み重ねながら周知徹底するという策であった。

第一の標的にあげた五大老の一・前田利長《としなが》（利家《としいえ》の長子）は、母の芳春院《ほうしゅんいん》（まつ）の諫言《かんげん》もあり、戦う前に家康に降参。母を人質として江戸へおくって、のちの幕藩体制における、大名の参勤交代の前例を創ったものの、世間に与えた影響は小さかったといえる。

次に狙ったのが、これまた五大老の一人・上杉景勝（謙信の甥でその後継者）であったが、畿内を留守にして政敵で文治派の実力者・石田三成を挙兵させる企ては持っていたものの、家康の読んだ三成与党の文治派勢力は、上限がせいぜい二万程度のものでしかなかった。

ところが蓋《ふた》をあけてみると、文治派の実兵力は予想を大いに上回り、三成は総勢十万人規模の兵力を集めてしまう。

「まさか、そんなことが……」

家康が茫然自失《ぼうぜんじしつ》したのも無理はない。なにしろ、上杉氏の次はと考えをめぐらしていた残る五大老の二人、毛利輝元と宇喜多秀家がともに、西軍に参加。輝元は総大将にまつりあげられ、副将の秀家は西軍の主力を担っていた。

もともと、上杉征伐を名目に出陣したこともあり、家康は急遽《きゅうきょ》、征伐軍を東軍に編制替えしたものの、彼にはその総大将としての確たる根拠がなく、いわば東軍諸将の三成への〝感情〟をあおりながら、その怒りの神輿《みこし》の上に乗って、戦ったにすぎなかった。

――次のようなことが、関ヶ原の大勝後に起きていた。

佐和山城を落として、いよいよ大坂城を接収すべく軍を進めた家康は、途中大津に滞在した。このことは、すでに述べている。その滞在中のこと、家康の家臣で能吏ともいうべき伊奈昭綱《あきつな》（図書《ずしょ》）が、切腹する事件が起きた。

昭綱は小田原攻めにも従軍し、二千五百石取りの旗本として、上杉景勝謀叛の実否確認に派遣されるなど、家康の信任を得ていた人物。関ヶ原の戦いのおりは、日岡（現・兵庫県加古川市）で関を設け、軍勢の京都乱入を防ぐ役目についていたのだが、このとき彼の部下と東軍の福島正則の家臣が争いごとを起こし、正則の家臣は憤慨して自ら腹を切ってしまった。

昭綱の家来に、多少の行き過ぎがあったようだが、正則はカッとなって、このことを強硬に家康に抗議した。すると家康はどうしたか、正則の機嫌を損じてはならず、と涙をのんで昭綱に切腹を命じ、その御首級《みしるし》を正則の陣所に届けて、詫びを入れている。

家康の侍医《じい》で、その場にいた板坂卜斎《いたざかぼくさい》は、日記の中で次のようにコメントしていた。

「この時分まで、家康公を主《あるじ》とは大名衆も存ぜられず、天下の御家老と敬《うやま》い申すまでに候。御主は秀頼公と心得られ候。諸人下々まで御家老と心得、主とは存ぜず候」（『慶長年中卜斎記』）

関ヶ原で大勝しても、家康は自らの思い通りに、何ごとをも決することができなかった。

その姿はとても、天下人といえるものではなかったのである。

「あたり前であろうよ」

当の家康は内心、意気消沈しつつ、つぶやいたに違いない。

関ヶ原で戦って勝利したのは、豊臣恩顧の大名たちであり、なるほど彼ら＝東軍は、自分を神輿に担いで結束し、必死に戦ってはくれたが、それは徳川家のためではなかった。彼ら東軍主力の総意は、一《いっ》に石田三成憎し！　につきていた。

確かに、黒田長政（如水の長子）や細川忠興、藤堂高虎といった大名は、秀吉の死後、家康と豊臣政権内で勢力を二分していた前田利家が亡くなる過程で、旗色を鮮明にして、家康支援を表明してくれていた。が、関ヶ原の戦いにおける最大の功労者・福島正則などは、戦後、征夷大将軍となった家康は、豊臣家を簒奪《さんだつ》するのではないか、と疑念を抱いていたのである。

この生来、感情の起伏過剰な男は、秀吉の母方の縁戚で、太閤秀吉にはいとこにあたり、その盟友で関ヶ原にはいなかった加藤清正《きよまさ》は、秀吉のまたいとことなる。この二人の豊臣家に寄せる愛情は、家康からみた場合、凄まじいものがあったといえる。

正則は尾張清洲《きよす》（清須とも。現・愛知県清須市）の二十四万石から、関ヶ原の功名により一躍、安《あ》芸《き》一国（現・広島県西部）に備後《びんご》（現・広島県東部）をそえて、広島城主四十九万八千石の主《あるじ》となった。

清正は肥後（現・熊本県）半国十九万五千石から、肥後一国五十二万石の太守と成りおおせている。

しかし、この二人は、決して家康に心服しておらず、もし家康が豊臣家を覆そうとしたならば、かならずや牙をむいて、立ち向かってくるのは必定であった。

家康の「鎌倉幕府構想」と「室町幕府構想」

「福島正則、加藤清正、二人だけではありませぬ。あやつらも、あやしゅうござる」

と家康の謀臣・本多正信が、おそらく指をおったであろう人物には、浅野幸長や池田輝政も含まれていたはずだ。

幸長は五奉行の一・浅野長政《ながまさ》の長子にあたり、関ヶ原の前は甲斐府中《かいふちゅう》（現・山梨県甲府市）二十一万五千石（うち長政が五万五千石）、戦後は論功行賞で紀伊和歌山（現・和歌山県和歌山市）三十七万六千石への加増となっている。

この浅野家は、秀吉の正室・北政所《きたのまんどころ》（高台院《こうだいいん》）の養家にあたり、幸長は彼女の義理の甥にあたる。

今一人、と指を折られた輝政は、池田勝入斎《しょうにゅうさい》（信輝《のぶてる》、のち恒興《つねおき》）の息子であった。その父・恒興は、織田信長の乳母の子＝信長の乳兄弟《ちきょうだい》にあたる人物。秀吉を天下人にするために、助力した人であった。

家康は輝政に、己れの次女で一度は北条氏直《うじなお》の正室に出した督姫《とくひめ》を、小田原征伐ののち、未亡人となっていたのを嫁《か》していた。つまり輝政は、家康の婿となったわけだ。三河吉田（現・愛知県豊橋市）に、十五万二千石を拝領。それが半日の勝ち馬に乗って、播磨《はりま》姫路（現・兵庫県姫路市）に五十二万石となっている。

もし、本多正信が数えた彼らが文字通り、秀頼の〝藩屏《はんぺい》〟となって徳川家に立ち向かってくれば、それこそ家康は苦境の淵に追いつめられることになったろう。

だからこそ彼は、戦後、東日本を可能な限り自家の部将を大名にとりたてて堅め、豊臣恩顧の大名を西日本へ、意図的に集めたのである。なぜ、西日本なのか。大坂に秀頼がいたからだ。

そのため、当時の大名のみならず、朝廷の公家たちも、庶民も、日本には新しい支配構造――豊臣関白家と徳川将軍家が並立した形――が誕生した、との認識をもったものは少なくなかった。

わかりやすくいえば、西日本を秀頼が采配し、東日本は家康が支配する――そのモデル・ケースとして、歴史を知る人々は二つ前の幕府＝鎌倉体制を思い描いたに違いない。

治承《じしょう》四年（一一八〇）、平家打倒をスローガンに挙兵した源頼朝は、相模国鎌倉を拠点として、日本最初の武家政権を樹立した。だが、この政権は日本統一の政権ではなかった。のちの江戸幕府とは比べものにならない、脆弱《ぜいじゃく》な地方のそれでしかなかったのである。

なにしろ、京都の朝廷は鎌倉幕府から依然、独立した政権として運営されており、神社仏閣も幕府の指揮下にはなかった。第一、全国の武士もすべてが、鎌倉幕府に参加していたわけではない。実体は東国に勢力圏をもつ地方政権であり、事実、朝廷も東国の支配権を承認していたにすぎなかった。

なるほど頼朝は、義経を追討する名目で、全国の軍事・警察権を掌握する「日本国惣追捕使《そうついぶし》」、全国の土地の所有者任免権を持つ「日本惣地頭」の地位と、全国に守護・地頭の設置を朝廷に認めさせはした。奥州《おうしゅう》の藤原氏も滅ぼしている。が、源氏三代——のちは執権北条氏の飾り——に与えられた征夷大将軍の肩書きは、全国津々浦々にまでは及んでいない。

たとえば二度に及ぶ蒙古襲来ののち、九州における軍事統率、訴訟裁判を目的に、鎌倉幕府は博多へ「鎮西探題《たんだい》」を駐在させたが、その実体は九州地域に分布する武家の、喧嘩の仲裁程度のものであり、全国政権の九州統治のイメージからはかけ離れて、貧弱なものでしかなかった。

「せめて、室町幕府に近づけたいものよ」

自ら征夷大将軍となった家康の本音は、このあたりであったろう。

室町体制は、鎌倉のそれよりはましな力をもっていた。鎌倉にあって御家人たちの神輿に担がれ、ぽつねんと浮いているにすぎなかった前の幕府より、室町幕府の権限は広範囲に及んでいる。

京都の室町に幕府が創立したため、同じ洛中の朝廷を統御しやすくなった。半面、東日本に目が届きにくくなる。そこで幕府は、自らの出先機関として、のちに鎌倉公方《くぼう》（関東公方とも）を設置した。

ところが、足利将軍家から関東に派遣された鎌倉公方は、畿内から距離的に遠いことをよいことに、自らを関東の支配者と思うようになってしまった。

同じうぬぼれは、鎌倉公方の下にあって、実務を総覧させた関東管領《かんとうかんれい》もしかり。しかも彼らの勘違いはいつしか、武力を有している分、自分たちの方が鎌倉公方より偉いと錯覚し、上杉氏四家に分かれて覇権争いをはじめるありさま。

鎌倉にあれば西日本は遠すぎてうまく采配できず、京都に武家政権を移しても、今度は東日本が霞の彼方で制御できなくなる。では、江戸に幕府を開いた場合……。

「西は、豊臣家にくれてやるしかあるまい」

家康の心中を忖度《そんたく》すれば、彼はそのように考えていたはずだ。

なにしろ、全国統治権を主張すれば、豊臣恩顧の大名たちと武力衝突するのは必至である。家康ほど用心深く、守勢に立って戦国時代を生きてきた人物が、そのような結果の不透明な勝負など、するはずはなかった。問題は豊臣が上か、徳川がその上に乗るか、であったが、家康はこの支配の構想を、決して明確にはしなかった。征夷大将軍は関白の下位である。が、幼少の秀頼はいまだ、関白とはなっていない。現時点での官位は正二位《しょうにい》内大臣《ないだいじん》であり、家康は従一位《じゅいちい》右大臣《うだいじん》――その上の官位であった。

通史は結論でものをいうが、当事者の家康はこの二重構造の体制をぼかしつづけている。どちらが上とも下ともいわず、己れの政権を公武一体となってのものとも、そうでない、とも明言していない。否、できなかったのである。

くり返すようで恐縮だが、この矛盾をかかえた政体をすっきりさせるためには、豊臣家を徳川家の系列大名に落とし込む必要があったが、残念ながらそれをやり切れるだけの実力と自信が、当の家康にも徳川家にも、いまだなかった。

天下は表向きは平穏であったが、つきつめて物事を考えはじめると、何もかもが一触即発の危険性を孕《はら》んでいた。徳川幕府にとってあやういのは、豊臣家に近い藩屏ばかりではなかった。

関ヶ原で減封処分にされ、家康を恨み、徳川幕府を憎んでいる大名家は少なくない。

主だったところでは、すでにみた毛利輝元の百十二万石から三十七万石への縮小。上杉景勝も、会津百二十万石から米沢三十万石へ、四分の一となった。佐竹義宣も五十四万五千八百石から二十万五千八百へ二分の一以下となっている。

薩摩の島津《しまづ》義久《よしひさ》（名目上の当主は弟の義弘《よしひろ》）は西軍に付きながら、例外的に関ヶ原以前からの表高七十七万石を地勢的特徴――九州の最南端――のおかげで、減封されずに済んだ。が、島津家が家康に含むところのあるのは明らかであり、その証左が西軍で関ヶ原を暴れまわった宇喜多秀家を匿っていた史実であろう。慶長八年、島津忠恒《ただつね》（のち家久《いえひさ》）が秀家に自首をすすめたとはいえ、

第一章　大坂城はいかにして難攻不落となったか

最大の課題は大坂城

豊臣恩顧の大名たちのみならず、諸侯がどのような動きをするか、知れたものではなかった。また、関ヶ原のおり味方についたものの中にも、伊達政宗《だてまさむね》のような曲者《くせもの》がいる。

「やつには、約束の通り恩賞をとらさなんだ。さぞかし、うらんでいような」

家康は、この奥州の〝独眼龍〟が苦手であった。

その政宗が実に興味深い手紙を、関ヶ原から七ヵ月後の慶長六年（一六〇一）四月二十一日付で、堺の今井宗薫《そうくん》（宗久《そうきゅう》の子）に送っていた（『河内観心寺文書』）。宗薫は改めて和泉・河内両国の代官を、家康から仰せつかった側近ともいうべき人物。現代語訳すると、次のようになる。

「我らの願いとしては、秀頼さまはご幼少の間、江戸かもしくは伏見にあって、内府（家康）さまのおそばにしかと置き申して、おとなしくご成人なられたなら、その時はいか様とも内府さまのご分別次第にお取り立てもなされよう。また、いかに太閤さまの御子であったとしても、日本の御置目《おきめ》（法や規律を定めること）などを取りおこなわれるべき御人ではない、と内府さまが考えられたなら、領地の二、三ヵ国も、ないしはその内にでも進められ、豊臣家が末永く続くように、と思うが、唯今のように大坂に置いておくと、やがて奸物共が関ヶ原のときと同じようにあらわれて、秀頼さまをいつなんどき担いで、謀逆を企てないともかぎらない。もしそのようなことになれば、その者のために何もしらない秀頼さまが、お腹を召さねばならなくなり、それこそ故太閤さまの亡魂も浮かばれないことになるであろう」

重複する内容の書状を、政宗は三日前にも宗薫に出していた（大阪城天守閣蔵）。

政宗は、秀吉が主君信長の直孫・秀信（幼名・三法師《さんぼうし》）を育てたように、自分ならそうするのに、といいたかったのだろうが、政宗はつづけていう。

「――秀頼さまのため、ひいては豊臣家永続の基ともなるであろう。わたしが内府さまに信用があれば、直接、申しあげたいところなのだが、あいにくそう信用もないので、あなた（宗薫）から本多佐渡守（正信）あたりを通じて、冗談のように内府さまの耳に入るよう、取り計らってもらいたいものだ」

ともいっていた。家康が自分をどう見ているかを、政宗はよく理解していた。

面白いのは、右の政宗のいい分に、返答したかのような家康の言動が『武徳大成記《ぶとくたいせいき》』（林《はやし》信篤《のぶあつ》、木下順庵《きのしたじゅんあん》らの編纂・貞享《じょうきょう》三年〈一六八六〉成立）に載っていた。

「なるほど将来、その危険性がないとはいえぬ。さりながら、現在は幼少の秀頼さまに何の企てのあろうはずもあるまい。それにいまただちに移封させるというのは、人情においても忍び難いものがある」

この家康の言を聞いた徳川家の家臣たちは、その公明正大にして仁慈にあふれる考えに、心から感服したというが、史実はすでに見てきた通り、大いに異なっていた。

勘繰《かんぐ》れば、政宗も内心、どうだ、やれるものならばやってみてはいかがか、と家康の心底を知っていて、わざと右のような手紙を述べたとも考えられなくはない。

当時の天下六十余州の、総石高は千八百七十二万石余。家康はその三分の一を、自らの懐に得たことになる。が、それでもすべてを己れの思い通りにはできなかった。

「大盤振舞いしてやった豊臣恩顧の加増大名に、減封された者共が荷担したら、いったいどうなるのか」

家康の敵は、ほかにもいた。彼の裁断によって大名家を追われたり、主家改易によって禄を失った牢人たちである。彼らはそれこそ、在野にあふれていた。

一朝、武力衝突というようなことにでもなれば、牢人たちはこのときとばかりに、関ヶ原の恨みを一念に、徳川家に打ちかかってくるに相違ない。

一見のどかにすらみえる、小康状態の泰平の世は、再び戦国乱世に逆もどりしてしまう。

家康にはこうした武力以外にも、恐れているものがあった。否、武力より以上に一番恐れていたもの、といってもよい。それは、己れの寿命であった。関ヶ原の戦いのおり、家康は参加大名のうちでは最年長に近い五十九歳であったが、「人間五十年は、生きたいものだ」といわれた当時の命数からいえば、この覇王はいつ、あの世からお迎えが来てもおかしくはない、切迫感の中にくらしていた。

豊臣恩顧の大名たちは、家康の個人的威望のみを恐れ、関東に臣従していた。その家康が死ねば、彼らはなだれをうって東海道を西へはせ参じ、秀頼のもとへ旧来通りの臣下の礼をとるかもしれなかった。二重構造の支配は再び、「豊臣」の旗のもとに一元化される可能性を秘めていた。

もし、今、己れがこの世を去ったならば——。

家康にはその先が、明解に見えていたはずだ。なにしろ、一発勝負で期せずして転がりこんだ天下である。同じように瞬時にして、主《あるじ》を替える懸念は十二分にあった。

「秀頼が、大坂にいる」

固まっていない徳川の支配体制が、すでに十年（実質的には、秀吉が関白に任じられてから十五年）つづいてきた豊臣政権にスライドされても、何の不思議もなかったろう。

無論、家康とて打つべき手は可能なかぎり打ってきた。

まず、秀頼を摂津・河内・和泉の内に、六十五万石を領有する一大名の地位におとしめた。が、そのすまう城が、問題であった。家康にとって、最大の課題といってよい。大坂城だ。

秀吉が生前に構想した、大明国《だいみんこく》までをもふくむ東アジアの中心にそびえ立つ、〝三国無双〟――由々《ゆゆ》しき巨城が、家康の前に超然と立ちふさがっていた。かつて秀吉の主君であった信長が、そのころ本願寺門徒の籠るこの本拠地＝大坂本願寺を、十年間かけても、ついに落とせなかった歴史もある。その立地に、秀吉が最新の、ありとあらゆる工夫を施していた。

そもそも大坂城は、上町台地と呼ばれる大阪最古の、そして最も堅固な洪積層《こうせきそう》の上――最北端部――に築かれていた。ふるくは聖武《しょうむ》天皇（第四十五代）の難波宮《なにわのみや》が築かれた場所であり、大阪を象徴する地理的、文化的バックボーン＝丘陵地帯にあった。

もとは「をさか」と呼ばれ、「小坂」の字をあてたこともある。今日の大阪城でいえば西方、谷町筋一帯にかけて著しい傾斜があり、それに由来した地名だと伝えられている。

日本最強の仏城

ここに、戦略的価値を最初に見出したのは、本願寺第八世法主・蓮如《れんにょ》であった。開祖の親鸞《しんらん》以来、かぼそく命脈を保っていたにすぎない浄土宗（開祖は法然《ほうねん》）の一派・浄土真宗を、一代で戦国最強の宗門に育成した人物。彼は法線を全国に拡張し、門徒による一向一揆はついに、「百姓の持ちたる国」として、守護・富樫政親《とがしまさちか》を滅ぼして加賀一国（現・石川県南部）を占拠するに及ぶ。その凄まじいばかりのエネルギーは、あたかもヨーロッパにおけるローマ法王のように、戦国日本を本願寺門徒で占めてしまいかねないほどの勢いを示した。

その中心人物・蓮如が、摂州東成《ひがしなり》郡生玉《いくたま》の〝庄内大坂〟と呼ばれたこの地に、「一宇（一棟）の坊舎」を建立する。ときに、明応五年（一四九六）九月のことであった。蓮如は、八十二歳（その後、八十五歳で没）。

「虎狼《ころう》のすみか也。家の一《ひとつ》もなく畠ばかりなりし所也」

と、実悟《じつご》著『拾塵記《しゅうじんき》』（成立年代不明）は述べているが、これはいささかオーバーな表現。この地は難波宮の興亡のあと、難波第一の大社＝生國魂《いくくにたま》神社の社地となっている。生國魂神社の別当職（実務をつかさどる者）が法安寺で、中世九つの子院を擁して、その法燈《ほうとう》を輝かせていた。

いわば、ここに割り込み、やがて浄土真宗の坊舎は「大坂御坊」、「石山御坊」＝石山本願寺——二十一世紀の今日では、大坂本願寺——と呼ばれるようになる。

それにしても、蓮如の目のつけどころは、さすがといわねばならない。上町丘陵の北端の高所を占め、東と北には平野川や大和川（宝永元年〈一七〇四〉につけかえる以前のもの）があり、付属して大小の河川がめぐっていた。そして西は、大阪湾の波浪が迫っている。

申し分のない、要害の地といえた。

当初は法安寺の東側に、その境を接するようにして「一宇の坊舎」は建てられていたようだが（『天文日記』）、蓮如が六人の番匠を選ぶと、彼らは競うようにして御坊を中心とした町屋を形成する。創建以来わずかに三十年にして、「心詞《こころことば》もおよばざる荘厳美麗」と、訪れた三条西実隆《さんじょうにしさねたか》が『高野参詣日記《こうやさんけいにっき》』に、わざわざ書き止めるほどの華やかな仏都と化した。

今日では日本史の教科書から消えた〝石山〟の由来は、蓮如がその景観を近江石山に似ている、と述懐したことから、とする説もあるようだが、蓮如の孫で加賀の光教寺に住していた顕誓《けんせい》が、永禄十一年（一五六八）に書いたとされる『反故裏書《ほごうらがき》』に、大坂御坊の草創期の思い出が述べられており、

「まづ御堂の礎《いしずえ》の石も、かねて土中にあつめをきたるが如し」

と、奇瑞に感動した様子から〝石山〟と名づけられたという説の方が、筆者には正しいように思われる。おそらくは古代の都の礎石なども出土し、坊舎はそれをそのまま活用したのであろう。

実はこの以前のものをそのまま使う建築方法は、豊臣秀吉が大坂城を築いたおりにも採用されていた。なにしろ大坂本願寺も秀吉の大坂城も、急ぎに急いで建築された、という同一の背景を持っていた。

「天下は一揆の世となるべし」（鷲尾隆康《わしのをたかやす》著『二《に》水記《すいき》』・室町後期成立）

と恐れられた浄土真宗の場合、天文《てんぶん》元年（一五三二）八月に、法華宗徒に山科本願寺を焼打《やきう》ちされたころはまだ、乱世の一小宗派の域を出ていない。

山科を焼かれ、這《ほ》う這《ほ》うの体《てい》で第十世法主・証如《しょうにょ》が、祖像を抱えて大坂御坊に移ってきたのが天文二年七月二十五日――この時、大坂の「一宇の坊舎」は本山＝本願寺となり、危機感を強めた門徒たちは、この地を自衛するために、急ぎに急いで城郭化を推し進めた。

加賀から城造りの技術者が招かれ、本願寺には早い時期から専門の城造り職人が抱えられていたようだ。そこへ永禄七年（一五六四）十二月、大坂本願寺が大火により焼失する事態が訪れる。

この復旧工事は、一年を超えずに終了する素早さをみせたが、このおりに哀れを止《とど》めたのが法安寺

であった。ここが大火の火元であり、下剋上の嵐の中、かつての名門の寺はいつしか、生玉庄の土地を京都相国寺の塔頭《たっちゅう》・鹿苑寺《ろくおんじ》（金閣寺）に奪われ、その管理を委託されているにすぎない存在となっていた。が、この火事の責任を問われ、本願寺に立ち退きを迫られ、法安寺は追い出しを喰う。

大坂本願寺の寺域は、これによって一気に拡張されて、より一層の要害化がすすめられた。その本願寺の前に、突然あらわれて、いきなり五千貫の矢銭（軍事拠出金）を要求したのが、織田信長であった。

抑《そもそ》も大坂は、凡《およ》そ日本一の境地なり。其《そ》の仔細は、奈良、堺《さかい》、京都に程《ほど》近く、殊更《ことさら》、淀・鳥羽より大坂城戸口《きどぐち》まで、舟の通ひ直《すなお》にして、四方に節所《せつしょ》（要害）を抱《かか》へ、北は賀茂川、白川、桂川、淀・宇治川の大河の流れ、幾重《いくえ》ともなく、二里、三里の内、中津川、吹田川、江口川、神崎川引き廻し、東南は、尼上ケ嵩《にじょうがたけ》、立田山《たつたやま》、生駒山《いこまやま》、飯盛山《いいもりやま》の遠山の景気を見送り、麓は道明寺川・大和川の流《ながれ》に新ひらきの淵、立田の谷水流れ合ひ、大坂の腰（ふもと）まで三里四里の間、江と川とつゞひて渺々《びょうびょう》（果てしなく広い）と引きまはし、西は滄海漫々《そうかいまんまん》（大坂湾の青海原に海水が満々）として、日本の地は申すに及ばず。唐土・高麗・南蛮の舟、海上を出入り、五畿七道こゝに集まり、売買利潤、富貴の湊《みなと》あり。

（太田牛一著『信長公記』）

信長は上洛前後から、すでに大坂に注目していた。覇王に注視された本願寺は、この時は戦うよりは、とりあえず矢銭を支払ったものの、寺内を拡張、やがては臨戦態勢を敷くことになる。

本願寺の大坂退城から秀吉所有まで

『信長公記』によれば、大坂本願寺は一段の高台に本坊を構え、水を満たした濠をめぐらす城構えであったことが知れる。ただ、記述にある「方八町」は約七十六万平方メートル——これはいかがであろうか。

のちに秀吉の軍門に降った本願寺が、大坂天満にもらった寺領が、東に七町、北に五町であった（『宇野《うの》主水《もんど》日記《にっき》』）。約四十二万平方メートルになる。主水は本願寺で顕如《けんにょ》（第十一世法主）に仕えた側近で、その日記の中には、「元の大坂寺内より事外広《ことのほかひろ》し」と述べられていた。

七町×五町といえば、三度建てかえられた大坂城の中で一番小規模な、現在の大阪城（七十一万平方メートル）の六割近い領域となる。大坂本願寺の領域は、おそらく「方八町」ほどはなかったろう。

いずれにせよ当時としては、大坂本願寺は巨城であった。そのめぐらされた濠も、宣教師の記述では三つばかりあったという（『耶蘇《やそ》会士《かいし》日本通信《にほんつうしん》』）。また、『陰徳太平記《いんとくたいへいき》』には、「石山の城には柵・逆《さか》も木《ぎ》を五重に付《つけ》、其《その》内に経《へ》り（内側に）五間許りの隍《からぼり》（空堀）を深く穿《うがち》、其後又《また》総堀あり、櫓々《ろろ》鉄砲を配り、諸所の門・堀裏役所《やくしょ》〱を不《ほか》レ外《ならず》、兵卒を増《まし》て置く」「本願寺城」「大坂之城」と『言経卿記《ときつねきょうき》』にあった大坂本願寺は、完全に城郭武装化されており、しかも支城を五十一ヵ所も擁していたという（『信長公記』）。この支城では五万石の耕地を包んだ支城網が張りめぐらされてもいた。なるほど、信長をして十年にも及ぶ苦闘が必要であったはずだ。

その大坂本願寺が、いよいよ天正八年（一五八〇）閏三月六日、大坂退城という厳しい条件を受け入れ、信長からの和睦を承諾する。蓮如の「一宇の坊舎」から八十四年、大坂本願寺となって四十七年後の、事実上の敗北であった。

法主顕如《けんにょ》は四月九日、紀州からの船に乗って鷺森《さぎのもり》へ退去。ところが新門跡の教如は、これにしたがわずにことここにいたっても、まだ大坂本願寺は落城していない、と諸国の門徒に最後の檄を飛ばした。だが、駆けつけてくる者はなく、諸々の支城を織田軍に打ち破られ、あらためて信長に許しを乞わねばならなくなる。

なにやら、のちの大坂の陣――とりわけ、講和をはさんだ夏の陣を思い浮かべてしまう。ただ、大坂夏の陣の豊臣秀頼とは異なり、教如は殺されることなく紀州雑賀《きしゅうさいか》（現・和歌山県和歌山市）へ逃走した。

しかし、よほど大坂退城が悔しかったのであろう、大坂本願寺に放火し、一字も残さずに灰燼《かいじん》に帰した。その炎は昼夜、三日も燃えつづけたという。

「皆々焼了《みなみなしょうりょう》」（英俊《えいしゅん》著『多聞院日記《たもんいんにっき》』）

とあるから、計画的な付け火がおこなわれたことは間違いない。焼跡を手に入れた信長ではあったが、彼はそのことに立腹していない。なにしろ信長はこのときすでに、前年の五月、自慢の安土城を築き終えており、七重の天守も完成して、そこへ移り住んでいたのだから。

大坂本願寺の跡地管理＝城番は、織田家の方面軍クラスの部将・丹羽五郎左衛門長秀《にわごろうざえもんながひで》、一族の津田《つだ》（織田）七兵衛信澄《しちべえのぶずみ》（信長の弟・信行《のぶゆき》の子）の両名に委ねられる。

長秀が本丸預り、信澄は「千貫矢倉《せんかんやぐら》」（二の丸二曲輪《くるわ》）を担当した、と『細川忠興軍功記』にあったから、大坂本願寺は本丸と二の丸から成っていたことが改めて知れる。

ちなみに、「千貫矢倉」というのは、信長を十一年間苦しめた、大坂本願寺最大の威力を発揮した部署で、本丸に迫る織田軍を死角となる方向、高さから、弓矢・鉄砲玉で狙った矢倉で、攻城方の織田軍ではこれに閉口し、誰いうとはなく、

「あのやっかいものの矢倉がうせてくれるなら、千貫文出しても惜しくはない」

といい出し、それがそのまま名前のようになった、と伝えられている（『武功雑記』）。

千貫文は現代の貨幣価値に直すと、およそ一億五千万円ほどにもなろうか。

城番の二将は一応、修復工事はほどこしたであろうが、ここで天正十年六月二日、本能寺の変が勃発する。叛臣・明智光秀に主君信長が討たれ、その光秀を中国方面軍司令官の羽柴秀吉が討つと、織田家はそのあと、筆頭家老の柴田勝家と秀吉の遺産相続戦にもつれ込む。

このとき、織田家では先輩格でありながら、あえて秀吉を支援してくれたのが池田恒興《つねおき》（輝政の父）であった。秀吉はそれに先立つ山崎の戦いで、光秀を討った直後、大坂城をこの恒興に託している。彼は摂津の伊丹城に拠っていたから、大坂本願寺跡の急修復の城は、いわばつけたしのようなものであったろう。なにしろ織田家中は、大坂城どころの騒ぎではなかった。

ようやくこの恐るべき城の威力に、秀吉自身が目を向け得たのは、翌年四月二十一日、賤ヶ岳の戦いで柴田勝家に勝利し、六月一日に京都に入った秀吉が、翌日、大徳寺において亡き主君・信長の一周忌を盛大にとりおこなった頃からであった。ようやく心に余裕のできた秀吉は、その足で大坂へ向い、大坂城への入城を果たしている。

およそ二ヵ月、彼はここで、大坂本願寺の遺構を最大限に利用した、壮大なこれまでの日本にない

——安土城をも凌駕した——巨城の建築計画の構想を漸次《ぜんじ》、拡大強化する方針を決する。

大坂城普請の秘密

近江から職人が集められ、普請がいよいよ九月一日からスタートした。

普請は、「縄張り」から始まる。城の位置を選定し、地勢の高低や広狭を斟酌《しんしゃく》して、何処に堀を穿《うが》ち、土塁あるいは石垣を積むか。さらに、矢倉を何処と何処に構えて、城郭防禦力を最高に引き出すか——築城においては、最も大切な基礎計画が練りに練られた。

そして次には、「縄張り」にもとづいての土木工事。三番目が、「作事」＝天守・矢倉・居館・門塀・倉庫などの建築物を上に建てていく。

「普請はすべて、二ヵ月で完了した」

と秀吉が述べた手紙も現存するが、これは彼特有の誇大宣伝であったろう。天守の土台ができあがるまでで、およそ三ヵ月というのが建築史一般の、見解のように思われる。

天守は天守閣、天主、殿主、殿守とも呼ばれ書かれたが、その城の主《あるじ》の権威の象徴として、城の中枢部に建てられる高層の櫓《やぐら》建築のことを指した。

史料の初見としては、永禄十二年（一五六九）に織田信長が築いた京都二条城＝室町将軍第とされ、その実態が確認されるものとしては、天正七年（一五七九）に完成した安土城といわれているが、『細川両家記』（生島宗竹《いくしまそうちく》著・天文十九〜元亀四年に成立）によれば、永正《えいしょう》十七年（一五二〇）に摂津の伊丹城が落城したおり、城主の伊丹但馬守《いたみたじまのかみ》（時期的に、伊丹大和守親興《やまとのかみちかおき》の誤りか）は城に火をつけ、天守で腹を切ったとある。きわめて簡単な記述だが、その形態は不明のまま。いずれにせよ、初期の天守は技術・財力の面から考えて、きわめて小規模なものであったかと思われる。

それが信長・秀吉の相次ぐ登場により、近世城郭の定番となり、諸国の城に天守は造られたが、多くは火災により焼失。現存する天守は、北から弘前城、松本城、丸岡城、犬山城、彦根城、姫路城、松江城、備中松山城、丸亀城、松山城、宇和島城、高知城——全国あわせて、十二城に過ぎない。

ついでながら、土台の石垣造りの先駆をなしたのも信長であり、前述の二条城が初見とされている。

——なぜ、石垣造りが用いられたのか。鉄砲の影響であろう。

鉄砲の貫通力を考慮し、城の壁は石を入れて補強されるようになったが、そのためにはその重い城館をのせる土台が不可欠となる。また、高さが技術力の向上で可能となれば、上から下への鉄砲による攻撃が可能となった。もとより、それまでの土居造りと異なり、石垣造りには莫大な建設費が必要となる。

本願寺の坊官・下間頼康《しもづまよりやす》が天正十三年四月二十七日に大坂城を訪問し、秀吉によって天守を案内された、との記録がある。序章の冒頭で少しふれた大友宗麟が、秀吉に救援を求めて大坂を訪ねたのは、天正十一年にスタートさせた、大坂城の第一次普請——外観五層で各階を破風《はふ》で飾った天守（大坂夏の陣図屛風に拠る）——の、完成（天正十三年）したあと、第二期の普請に入った頃であった。

秀吉は宗麟を連れて天守にのぼり、四周に勾欄《こうらん》（廊下などにつけた欄干）をめぐらせた最上層にこの老覇王を案内すると、その肩に手をあてがい、大友氏救援＝島津氏征伐を約束した。安堵した宗麟は、そのことの報告を国許《くにもと》に送り、併せて大坂城の威容に感動したことも書き止めている。

「天主重々《ママ》の様子、これまた言説にも及《およぶ》ましく候。〈中略〉橋数以上九つ、奇特神変不思議との申事候、三国無双とも可ㇾ申候哉《もうすべくそうろうや》」（『大友史料』）

宗麟は大坂城を〝三国無双〟、とまでほめている。

蛇足ながら、先の「橋数」とは階段の数のことであり、九つあったとすれば十階建てということになる。あるいは天守の階段を数える場合、土台の石垣内部――つまり、穴蔵（石蔵）は階段の数に入れる場合と入れない場合があるので、入れて十階であったかもしれない。

さて、このおり秀吉は、大友氏を救助する条件として、かねてから武名の響いていた高橋紹運と立花宗茂の二人を、直参《じきさん》の大名に取り立てたい、と宗麟に持ちかけた。

同時期、島津氏が四、五ヵ国の兵十万余の軍勢を率いて北侵し、それを宗茂らがからくも防ぎきったことは序章でふれた。

このおり宗茂は、実父の紹運に立花城（立花山《たちばなやま》城とも、現・福岡県糟屋《かすや》郡新宮《しんぐう》町）にて共に籠城いたしましょう、と申し入れたが、紹運はこれをきっぱりと断り、籠城には不向きな岩屋城（現・福岡県太宰府市）にて、自らは島津の大軍を迎え撃った。

「大将が固まっていては、おもしろからず」

というのが、紹運の真意であった。また、彼は部下に次のようにも述べていた。

　上方からの援軍を待ち果《おお》せずして、当城陥《おちい》らば運の極めと思うなり。しかし、仮令《たとい》落城して切腹するにしても、宗茂さえ恙《つつが》なければ、それでよい。いかな大軍でも、わしは十日は支えてみせる。

寄せても三千許《ばか》りは討つべし。いかに島津勢が鬼神と言おうとも、三千人討たれたならば、重ねて立花城への攻撃は躊躇《ちゅうちょ》しよう。宗茂が二十日を越えて持ちこたえれば、援軍はかならず来る。

（『名将言行録』）

紹運はその通りに働き、自らは壮烈な戦死を遂げた（没年不詳）。さすがに、名将の名をほしいままにした武将だけのことはある。

おそらく大坂城の天守の完成は、土台ができて約一年半ほども要したように、筆者には思われるのだが。以前に読んだ姫路城に関する本に拠れば、姫路城大天守の重量は五千七百トンあった、と記憶しているから、天下一の大坂城の天守を乗せる土台は、慎重なうえにも慎重を期して固められ、時間をかけて「作事」に移されたであろう。

「惣構」こそが、大坂城を〝三国無双〟とした

第一次普請が終わった天正十三年という年は、秀吉にとっては天下人に駆けあがり、王手のかかった一年となった。

三月、根来や雑賀を討って紀伊を平定した彼は、六月に四国征伐をおこない、七月には「関白」に任ぜられている。残すは、九州と関東の北条氏である。大坂城の天守は、この年の四月に完成している。この城は本丸（公式の場）・山里曲輪《やまざとくるわ》（私的空間）・二の丸・西の丸・三の丸の五曲輪から成っており、まさに、天下人へと飛躍する秀吉の威勢を象徴する城であったといえよう（山里と二の丸を一

つに考える向きもあるようだが)。

しかし、無類の城好きで、城造りを趣味にしたような秀吉は、できあがった大坂城に、まだ、満足していなかった。なにしろ普請は、旧大坂本願寺の城域を、そのまま踏襲したものにすぎなかったのだから。

無論、それでもおそらくこの時点で、すでに大坂城は日本一の堅城となっていたであろう。

ところが、天下人を目指す秀吉には、この規模でも不満があったようだ。すでに完成した五曲輪の内部は、いまさらどうすることもできない。さて秀吉は、どうしたか。

彼の慧眼《けいがん》は、その外側へと向けられた。目前に迫った天下人としての威勢にふさわしいものに、大坂城をより磨くように、その外郭をいっそう強化すべく、秀吉は大工事に着手する。

「大坂惣構堀《そうがまえほり》」(駒井重勝著『駒井日記』・文禄二年〜文禄四年成立)

である。

大坂冬の陣で二十万の徳川勢を見事にはねかえし、微動だにしなかった「城の外郭一里余にわたっての塁塀《るいへい》」(『日本西教史』下)であった。この「惣構」は最前線の構えのことで、普段は庶民が生活している地帯。臨戦態勢になると塀をつけたり、矢倉を建てたり、最前線の防御陣地に一変した。

そのため大坂城では、ことごとく濠は石垣造りであったが、惣構だけは土居造りとなっている。

よく「惣構」と、三の丸を同じ曲輪と認識する人がいるが、これは明らかな間違いである。本来、「惣構」は城郭の外側であり、だからこそ大坂冬の陣で講和が成立したおり、「惣構」は攻城方=徳川方で壊し、二の丸、三の丸は城方=豊臣方で打ち壊す、との約定が成り立ったのである(詳しくは後述)。

「惣構」はあるにはあった方がいいが、城としての戦闘に関しては、いわば計算外のものであった。が、徳川方は大坂冬の陣において、その臨時の「惣構」にすら勝てなかったことになる。

逆説にいえば、この「惣構」が備わってこそ大坂城は、〝三国無双〟〝天下一の堅城〟と呼ばれるにふさわしい、秀吉の生涯をかけた未曾有の、豪壮華麗な大城砦《だいじょうさい》となったわけだ。

にもかかわらず、その壮大な大坂城の全貌を、今日のわれわれは知ることができない。幾つかの絵図と屛風絵を除いて、すべてにわたる正確な設計図が現存していないからだ。

大坂の陣で豊臣氏とともに滅んだ大坂城は、ほぼ全焼し、徳川幕藩体制下で再建されたものの、規模は六分の一に縮小され、本丸や二の丸の位置も異なり、なによりも高低差が大きかった。豊臣氏の大坂城を基準にすると、深い所では二十メートル、浅い所でも四メートルの盛り土がなされていた(『日本歴史地名体系』)。まして、その後に造られた=今日、目にする昭和六年(一九三一)造築の大阪城では、秀吉がその生涯をかけて造りあげた大坂城を知る手がかりにはならなかった。

話の角度を、少しかえたい。そもそも大坂城には、モデルとなった城が存在したのだろうか。

筆者の最初の疑問は、大坂城出現以前において、日本一の堅城は何処の何という城であったのか、というものであった。大坂本願寺であろうか、と筆者はこれまで長々と思いつづけてきた。しかし最近、小田原城ではないか、と考えるようになった。

初代の北条早雲《ほうじょうそううん》(正しくは伊勢新九郎《いせしんくろう》、あるいは宗瑞《そうずい》)から五代九十六年——北条氏は代々、旧構を拡張しては本拠地・小田原城を改築してきた。立地は鎌倉以来、要害の位置にあった。

大坂城のモデルとなった城

なにしろ東海道一の難所＝箱根山を背にして、関東地方の入り口を扼《やく》している。それだけにこの〝要害〟をめぐって武家は、史上に興亡交替を繰りかえした。が、この地に城らしきものが築かれたのは、源頼朝の功臣・土肥《どひ》実平《さねひら》の嫡男である小早川遠平《とおひら》が起源とされている。

その後、応永《おうえい》二十三年（一四一六）に〝上杉禅秀《ぜんしゅう》の乱〟がおきた。前に統治がやっかいだ、と述べた室町幕府の出先機関が、そもそもの原因を作ったといってよい。

前関東管領《かんとうかんれい》（四つの内の一つ、犬懸《いぬかけ》上杉氏の当主）であった上杉氏憲《うじのり》（号して禅秀《ぜんしゅう》）が、本来は主人のはずの鎌倉公方の足利持氏《もちうじ》に対して反乱を起こし、一時は持氏を鎌倉から追放。持氏の叔父である満隆《みつたか》を関東公方にすえ直して、新政権を樹立した。ときの室町幕府四代将軍・足利義持《よしもち》は、このままには放置できず、と駿府へ逃れた持氏の許《もと》へ援軍を派遣する。結局、叛将禅秀は敗れて鎌倉で自害したのだが、その後、今度は持氏が関東内乱の契機をつくるありさま。

この追討のおり、駿河から興った大森頼顗《よりあき》が、禅秀に与した土肥氏や小早川氏の勢力を追い、小田原で六代つづく繁栄を築いた。

だが、栄枯盛衰は世の習い。早雲の登場で明応四年（一四九五）、伊豆韮山城（現・静岡県伊豆の国市韮山）から攻め込まれた大森藤頼《ふじより》は、あっけなく滅亡してしまう。

では、立地に恵まれながら、あっさり落城した小田原城が、なぜ、秀吉の大坂城のモデルと考えられるのか。問題は早雲が本拠とし、代々、城郭を増築・修理したおりの、この城の特徴にあった。

従来の北条氏の小田原城は、平城の巨城ではあったが、防禦力はそれに相応しいレベルでしかなかった。だが、永禄四年（一五六一）には上杉謙信が電光石火の素早さで、十一万三千余の連合軍を引き連れて来襲・攻城したおりも、小田原城はこれを防ぎきり、永禄十二年、今度は謙信の宿敵・武田信玄が攻めかかったおりも、見事に籠城戦を貫徹して甲州軍団を撃退している。

筆者は大坂本願寺になくて、小田原城にあったものに注目した。壮大な総曲輪《そうくるわ》である。

三の丸の外側に、城下町を囲む大外郭＝総曲輪《そうくるわ》が五里（約二十キロメートル）に及び、天正年間（一五七三〜一五九二）には築かれていた。臨戦態勢になるや堀が現われ、矢倉が組みたてられ、これらの防禦力が謙信や信玄の攻撃からも城を守り、小田原城はびくともしなかった。

天正十八年（一五九〇）、秀吉は十五万の大軍でこの城を包囲したが、結局は大坂の陣の家康と同様、攻め込んで、落としてはいない。それ以前、大森藤頼の小田原城も、早雲が精鋭の数百人を勢子《せこ》（狩りのとき、鳥獣をさそい出す役の人夫）に仕立てて、小田原城を眼下に見下ろす山地まで侵出させ、夜、合図とともに奇襲を仕掛けて入城を果たしている。

秀吉はこの小田原城の総曲輪のシステムを、大坂城の「惣構」にそのまま取り入れたのではないか。畿内にも、「寺内町《じないまち》」が惣曲輪のような機能をもたせた「惣堀《そうぼり》」をめぐらせて存在したが、規模も小さく、寺院による信者の保護と自治的な意味合いの方が、防禦より優先された。

この時代、小田原城のようなスケールをもつ総曲輪は、日本のどこにも存在していない。総曲輪内に水源を確保し、南側は相模湾に面していたため、海上さえ封鎖されなければ、籠城戦となっても物資の補給は海から十分に可能であった。秀吉が大坂城築城のおり、参考にしたのも自然のなりゆきであったかと思うのだが。

信長・秀吉による石積みの城塞建築が流行するまで、城の土台は文字通り「土」であり、「惣構」に関していえば、土をいかに深く掘り、その掘り出した土でいかに高く土塁として積むか、「横矢土塁《よこや》」のようなものを作るかが、城の難攻度を決したといってよい。叩き土塀、版築土塀といわれるのが、それである。

小田原城に現存する「惣構」の一部や、北条方に属し、小田原を守る役割をおびた支城・山中城(現・静岡県三島市)の岱崎《だいざき》出丸の堀を実見すると、それまでの城にはみられない、創意工夫をこらした仕掛けが散見された。

——とりわけ、「畝堀《うねぼり》」のみごとさである。

「惣構」を構成する巨大な空堀には、幾重にも「畝堀」が深く、急角度で設えられていた。畑の土を細長くもり上げ、本来は作物を植えつける「畝《うね》」を城の防禦用に開発、発展させたものが「畝堀」である。空堀を降りて「惣堀」をくぐり、内側によじ登ろうとすると、いつの間にか背丈より高い下部へ導かれ、その反対側の急勾配の斜面を登りきらなければ、内側には到達できない仕掛けとなっていた。高さは、二メートルをこえるところも少なくない。しかも、固められた滑りやすい赤土である。

また、この畝の道を重ね、進化させた「障子堀《しょうじぼり》」——阿弥陀くじのような模様——の溝の上を歩いていると、そのまま狙い撃ちされることになり、それを避けるべく細い溝を進めば、いつしか蟻地獄のような底辺に追いつめられてしまう。囲まれ、堀の上から弓や鉄砲の的になる。

小田原城の小型＝山中城は、秀吉軍の猛攻で落城したが、このおりの戦力は城方四千に対して、攻城方は六万七千であった。つまり白兵戦には十六倍の戦力が必要であったことになる(通常は十倍)。

山中城に築かれた障子堀（左）と畝堀（右）

のちの大坂城は十万をこえて籠城者があり、力攻めをするには理論上、百六十万人の兵力が必要であったが、当時の日本にはそれだけの侍はいなかった。要するに、大坂城はまともには落せなかったのである。
北条氏が五代にわたって築きあげた「惣構」の技術を、間違いなく秀吉は採用していた。
平成十五年（二〇〇三）に大坂城大手口前の発掘調査において、「畝堀」と「障子堀」の遺構が確認されている。おそらく、日本最大級のものであったに違いない。
「惣構」には「物見櫓《ものみやぐら》」や「井楼矢倉《せいろう》」も臨時に建てられ、土塀の上からも敵の侵入を阻んでいた（これらが、のちの天守となる）。当然のごとく、秀吉とともに小田原攻めに参加した家康も、そのことには気がついていたのではあるまいか。

人物像を創りかえられた大坂城の家老・片桐且元

しかも、この難攻不落の大坂城の蔵には、黄金が満ち満ちていた。戦うための将兵を集めるのは極めて容易であり、とても豊臣秀頼を一足飛びに、一大名の地位へ落とすなどということは、できない相談であったはずだ。落とすためには前提として、あの巨城を有名無実化しなければならなかったが……。

家康の大坂城をみつめる心中は、こんなことになるならば、やはり東西決戦の大博奕などは打たずに、自分らしく豊家《ほうけ》の四大老を順次、各個撃破する方法を選択すればよかった、と後悔していたかもしれない。

その心中を皆目、読めなかったのが、家康に大坂城の家老にすえられたに等しい、片桐東市正且元《かたぎりひがしいちのかみかつもと》であった。この人事は、えてして通史では見落とされがちながら、家康の打ち込んだ、前出の大野治長以上に、巧妙にして繊細な布石といってよかった。

そもそも、片桐且元とはいかなる人物であったのだろうか。

位は従五位下《じゅごいのげ》、官名が市正《いちのかみ》（東市正）であり、その居城は摂津茨木《いばらき》城であった。家禄は一万石にすぎない。彼は福島正則や加藤清正、加藤嘉明《よしあき》などと同じく、秀吉子飼いの小姓から人生をスタート。秀吉が柴田勝家《かついえ》と主君信長の遺産を争った賤ヶ岳の戦いでは、世にいう〝七本槍〟の一人にも数えられていた。

が、同僚たちが国持ちの大大名へと出世していく中、且元は三千石の旗本でありつづけた。天正十三年（一五八五）に、ようやく従五位下東市正に叙任している。

一官吏としてしか、ほとんど秀吉に顧みられたこともなく、忘れられていたような存在であった。なぜか、性格が大名にむかず、気が小さくて多くの人の上に立つ器量に欠けていた。

且元は本来、豊臣家中では武断派に属すべき人物であったが、正則や清正からは仲間扱いしてもらえず、その出身が意外にも近江（現・滋賀県）であり、その父は淀殿の実父・浅井長政に仕えていた、というわりには、淀殿が秀吉の寵《ちょう》を深く厚く受けるようになって、「近江閥」が政権内で幅《はば》を利《き》かせるようになっても、石田三成や長束正家《なつかまさいえ》といった連中から誘われることもなかった。

三成などは、ともに語るにたらない、味方に加えてもしかたがない、との思いが且元にはあったのかもしれない。だが、そのことが且元本人には幸いし、関ヶ原の敗戦で文治派の牙城・五奉行制度が崩壊しても、且元は一蓮托生《いちれんたくしょう》の滅亡からはまぬがれた。三成が四十一歳で処刑されたおり、且元は四十五歳となっていた。それより少し前、秀吉の晩年、文禄四年（一五九五）になってようやく、且元は摂津茨木《いばらき》に一万石を拝領、大名の端に連なった。

今際《いまわ》の近い秀吉は、思い出したように且元に、

「その方が拾《ひろい》（秀頼）の面倒をみよ」

と、傅役《もりやく》を命じた。これはあり得ないことであった。主君秀頼と且元では、両者の地位は天と地ほどに遠い。が、冷静にみれば、これはたわいのないことでもあったのだ。

秀吉は、秀頼の正式な傅人《めのと》＝後見人＝本来の家老を、そもそも且元につとめよ、とはいっていなかった。この大役は、加賀百万石の大納言こと、前田利家がすでに任じられていた。一万石の且元は、その利家の下にあって、日常のこまごまとした雑務の処理にあたれ、といわれたにすぎない。

利家は生前、家康と実力・勢望《せいぼう》を二分していた。秀吉の判断は至極、的を射たものであったといえる。が、頼りにしていた利家は、秀吉を追うように病没し、そのあとに家康が残った。

後見人の利家につづいて、豊臣家は関ヶ原の敗戦で石田三成ら五奉行の制度と彼らの生命《いのち》をも失い、秀頼は天下人から六十五万石余の一大名に落下した。とはいえ、文武の棟梁の家＝豊臣家である。且

元が以前のままに仕えることは、ふつうあり得ないことであったろう。しかるべき人物が五大老・五奉行にかわって、大坂城の家老をつとめるのが当然であった。

関ヶ原の西軍敗戦時、八歳の秀頼に豊臣家を宰領することは不可能である。それを知っていながら家康は、ひきつづき秀頼の家老に且元をすえおいた。家康はこの決定を、豊臣家の大老としておこなっている。

且元は関ヶ原の翌年、大和（現・奈良県）平群郡《へぐりごおり》で一万八千石を加増され、二万八千石の所領持ちとなり、さらに慶長十八年には一万石を加えられた。彼はこうして、実に微妙な立場におかれることになった。実力者家康のご威光で大坂城に存在しながら、大坂城を主宰する「お袋さま」こと淀殿をはじめ、奥の勢力からはその存在を鵺《ぬえ》のようにも怪しまれ、不気味な立場を疑われ、そして疑問視される。

「実録」という文学

この且元が、大坂冬の陣の直接的な原因、すなわち「豊臣」と「徳川」の手切れ＝開戦のきっかけを作ることになろうとは……（詳しくは後述）。

明治になって、評論家で小説家の坪内逍遙《つぼうちしょうよう》が、史劇『桐一葉《きりひとは》』を書き、片桐且元を豊臣家の柱石、忠臣として描き、その心中の苦悩を代弁することになってから、且元は称賛される歴史上の人物となったが、この忠臣の発想は『翁物語《おきなものがたり》』――甲州流軍学の祖・小幡景憲《おばたかげのり》が、その高弟である小早川能久《こばやかわよしひさ》に語った聞き書き――や、それを参考にしたと思われる軍記もの『難波戦記《なにわせんき》』（なんば、ではない）

が創り出した人格にすぎない。

――江戸時代、「実録」という文学があった。実録体小説の略である。顚末のわかりにくい事件について、実はこういう内幕だったのだ、と一応の説明をなし、読者をして、なるほど、と納得させる文学の形式、といえようか。

貸本屋を中心に広く読まれた「実録」は、仇討や俠客伝、怪談などと並んで、軍談及び史談が一つの主流を成していた。『難波戦記』はまさに、『関ヶ原軍記』『真田三代記』『太閤真顕記《たいこうしんけんき》』などとともに、「実録」分野の代表作であり、これがやがて講釈師によって語られる講談へとつながっていく。

豊臣家からすれば、紛《まが》う方《かた》ない（まぎれようのない）獅子身中の虫、極悪非道の片桐且元が、なぜ真逆の人格を後世に与えられたのか、すべての謎を解く鍵は、この「実録」の流布形態にあった。

いささかまぎらわしくて、説明するのに恐縮するのだが、「実録」をタネ本として発達した講釈師の講談は、そのルーツをたどって江戸時代の初期を訪ねると、「軍書読み」と称せられた職業にいきつく。あるいは、軍書講釈とも。

これまた唐突なことをいうようだが、江戸時代、西暦でいえば一七〇〇年代の後期まで、江戸には江戸の独自の言葉が存在しなかった。徳川家康の入封によって開府された江戸は、いわば人工都市であり、京都・大坂のような歴史を持たず、諸国から人々が大量に流入して、この〝都市〟を創りあげたといってよい。

当然、人々は自分たちの国の言葉＝方言を話すわけで、何をいっているのか、お互いがわからない――このコミュニケーションの不足が、〝江戸の華〟に火事と並んで喧嘩が数えられる文化を生んだ、というのが筆者の持論である。

つまり、江戸っ子、江戸文化のなかった江戸時代初期から中期にかけて、現代のような標準語もなく、江戸では専ら書き言葉がその代用をつとめていたことになる。

講釈師や落語家が登場するには、江戸言葉が成立していなければならないが、「軍書読み」にはそれがいらない。軍記をそのまま読めばいいのであり、だからこそこの職業が先に現われたといえる。

彼ら「軍書読み」は、歴史書に区分される「軍記」（軍書）を、人々の前で読み解《と》いて、それを生業《なりわい》としていた。いまのテレビ・ラジオの、ドラマのかわり。聞き手は、知的興奮を感じたことであろう。

その「軍記」とは、たとえば『和漢軍書要覧』（吉田一保《いっぽう》著　明和《めいわ》七年〈一七七〇〉）をみると、時代順に『保元《ほうげん》物語』『平治物語』『平家物語』『義経記』『曾我物語』『太平記』『信長記』（太田牛一の『信長公記』をもとに加筆・潤色を加えたもの）、『太閤記』といった書物が列記されている。これらは歴史書に区分され、漢字に片仮名が使われた。

先述の「実録」は、文学の分野なので漢字に平仮名が用いられている。

ところが、流布の形態がこの二つの異なるジャンルを、混同させることになってしまう。

片桐且元のみならず、徳川家康も豊臣秀頼も、すべては実存の人物であった。江戸時代、実際にこの世にいた人物の物語は、通常、出版が許されなかった。

しかし、軍談及び史談は求める人が多く、貸本屋の主流をなしていた。客がいるのに、出版できない。ここで用いられたのが、手書きの写本で書籍を作る手法であった。

幕府はこの写本に対しては、黙認の態度をとってくれた。役人も読みたかったのであろうが、これがいけなかった。右の『和漢軍書要覧』に、前出の『難波戦記』は載っていないが、ふつうには「近世軍記」の一つと数えられた。「近世軍記」と「実録」は、本来まったくの別ものであったはず。にもかかわらず、ともに写本される過程で、片仮名と平仮名の区別がなおざりにされ、さらに同じ内容、筋立てではおもしろくない、と写本の過程で新たな創作、加筆がおこなわれ、タイトルも新しくして別もの、という印象を読者に与えるべく、似たようなものにつけかえられていく。

この一番の被害者が、「真田幸村」であったろう。正しくは、真田信繁《のぶしげ》である。この世に「幸村」などという人物は、いない。それが「実録」「近世軍記」の混同する中で誤伝され、本人が生涯一度も名乗らなかった名前が、世間を一人歩きするようになった。この世界特有の現象といえるだろう。

したがって本書は、原則として「実録」「近世軍記」はともに採用していない。片桐且元の変身も、同じ原理であった。

『難波戦記』に描かれた忠臣

諱を変えられた真田信繁に比べて、片桐且元は大いに得をした。

『難波戦記《なんばせんき》』は「近世軍記」として「なにわせんき」と読み、のちの豊臣贔屓の同じタイトルの講談「難波戦記《なんばせんき》」とは区別するべきである、との考え方が、一部江戸文学の世界にはあるようだが、もっともなことだ、と思う。

なにしろ『難波戦記《なにわせんき》』は「難波戦記《なんばせんき》」とは正反対に、徳川家康を美化し、徳川家を正統化する立場で書かれており、家康は人命を尊重する立派な人物として描かれていた。

たとえば、これから具体的にみる大坂冬の陣の引き金＝方広寺の鐘銘事件は、秀頼の近臣が武器を調えて合戦の準備をしていることや、大坂方が牢人たちを集めていることとともに糾問され、家康調伏の意図がさも本当にあったかのように描かれている。このとき、大坂城を代表する片桐且元は抗弁ができなかった。

また、冬の陣の最中、作中の家康は味方の大名たちに触れを出すのだが、

「一人も手負い、死人の出ないようにせよ。手負いや死人が多ければ、たとえ城（大坂城）が落ちたとしても、勝ちの敗けである」

という。

無論、諸侯はこの上意に感動する。大坂城の総攻めを将軍秀忠はしきりと進言するが、家康は「力攻めにすれば味方も多くそこねる。手立てを替えて攻め落とするが良将である」と却下している。

同様に、堀という堀をうめつくされ、夏の陣のおりの裸城となった大坂城へ、すぐさま攻め込みましょう、という伊達政宗や藤堂高虎に対しても、家康は不義を行えば天の責めを受ける。関ヶ原のあと、皆が秀頼を討てといったが、わしは太閤の誼《よし》みを思って許した。それなのに、またしても謀叛を企てる。今、討つのはたやすいが、人に不義があっても善をもってこれに報ずるのが人の道と思い、わしは和睦をした。にもかかわらず秀頼が、さらに不義を重ねれば当然、天罰を受けるだろう。

信長、秀吉、信玄も、いずれも天罰を受けた。わしは道を踏みはずすことなく、天道に背《そむ》いていないから、子孫はいつまでも天下を保つであろう、という意味のことを、いけしゃあしゃあと述べてい

る。

確かに、絶望的な状況の中で奮戦した大坂方の後藤又兵衛基次《もとつぐ》や薄田《すすきた》隼人正《はやとのしょう》兼相《かねすけ》、木村長門守《ながとのかみ》重成《しげなり》、真田左衛門佐《さえもんのすけ》幸村《ゆきむら》（正しくは信繁）などは、華々しく描かれているが、読後感としては〝滅びの美学〟――武士の情け的な扱われ方であるが、全文の流れは終始、徳川贔屓であり、家康礼賛といえた。加えて、『難波戦記』はこのあと、徳川方諸侯の軍功を列記するのに、ページを多く割いている。

ただ大野治長・治房兄弟や渡辺内蔵助《くらのすけ》糺《ただす》（秀頼に仕えた槍術家、秀頼の槍術師範とも）が極めつきの愚将として描かれているのに比べれば、家康について豊臣家を裏切った片桐且元は、どこまでも〝忠臣〟として描かれていた。

というより、『難波戦記』では大坂冬の陣にいたるまでは、且元こそが主役といえなくもない書かれ方であった。

家康がくり返してきた三ヵ条（これは史実）――一、秀頼を大坂城から出して他国へ移す。二、秀頼を江戸へ参勤させる。三、淀殿が江戸に留まる、を家康の謀臣・本多正信から迫られた且元は、二つ目の淀殿江戸下向を是非にも秀頼に説得する、というくだりがある。

確かに、太閤秀吉も妹と母を実質人質にして、なかなか臣下の礼を取らない家康に差し出した先例はある。が、物語の世界の且元は、実に知恵者だ。

江戸での人質生活を淀殿にしてもらうため、品川あたりで四、五町四方（一町は一〇九メートル）の屋敷を徳川幕府より賜わり、屋敷を新築したい、と願い出て許されている（そのような史実はないが）。

いずれにしても且元は、三つのうち一つを口にしたことにより、淀殿―秀頼母子に激怒され、織田信雄《のぶかつ》（常真《じょうしん》）によってへ自宅へさがらせられたところで、七手組（豊臣家親衛隊）の一《いつ》・速水甲斐守《かいのかみ》時之《ときゆき》の訪問を受ける。且元の真意を、速水は尋ねにきたわけだ。

それに対して且元は、三つのうち一つを承知しなければ、必ず東西手切れの合戦となる。実は淀殿＝「お袋さま」下向のこと、屋敷地拝領に関して、私にはいささか考えがある、と答えた。

なにより、淀殿にたまわる土地を品川としたのは、きわめて整地にするのが難しい地形だからで、整地に一年はかかる。さらに、ここへ屋敷をたてるにあたっても、大坂から木材を運べば、数ヵ月は要しよう。そして、いよいよ屋敷が完成したならば、「お袋さま」には御病気を理由に下向を延期していただく。

この間に、可能なかぎりの味方大名をつのり、将兵をきたえるのです。家康公はすでに「七旬余」（七十余歳）であるから、余命はそれほど長くはないはず。ご他界されれば、天下は一変いたします。そのうえで謀《はかりごと》をもって……。

おそらく『難波戦記』の作者は、大坂の陣の翌年に家康が死去したことを知って、このように且元に語らせたのであろう。

まさに且元の策は起死回生の名案、それを考えた彼は豊臣家の忠臣となるのだが……。

しかし、この名案も淀殿ら大坂城首脳部には受け入れられず、紆余曲折の末に且元は、弟の主膳《しゅぜんの》正元重《かみもとしげ》（正しくは貞隆《さだたか》）とともに、大坂城を出ることとなる。

『難波戦記』は終始、且元を忠誠無二、楠木正成《くすのきまさしげ》にも劣らぬ人物、との最大級の賛辞を贈っているが、要は家康公は偉大で正しかった。豊臣方は愚かものの集まりだった、といいたいのが本音で、作中で語られる且元の深謀遠慮も、ことごとくは創り話であった。

とんでもない不忠の士、というのが筆者の且元評だが、それはおいおいふれるとして、その前に、この且元を追いおとすことになる「お袋さま」こと淀殿について、みておきたい。

淀殿の不思議さ

女城主として大坂城内にあり、現人神《あらひとがみ》の如くにふるまったのが淀殿であった。

しかし、立ち止まって考えてみれば、この女性ほど不思議な存在も珍しかったろう。なにしろ、その権威の公的な裏づけを、彼女はもっていなかったのだから。

たとえば、秀吉の正室・北政所は従一位《じゅいちい》准三后《じゅさんごう》の立場にあり、朝廷におけるファーストレディとしての資格を有していた。が、一方の淀殿は無位無官であり、公式の場では秀吉はもち論、北政所とも同席することのできない存在であった。

拠《よ》りどころはたった一つ、その産んだ秀頼であったといえる。正二位右大臣（慶長十年に叙任）の秀頼は、豊臣政権の、唯一の正統後継者であり、征夷大将軍の徳川秀忠よりは官位も地位も上にあった（家康よりは下）。

その生母であるということだけが、淀殿の存在をきわだたせていた。あるいは、今は亡き織田信長の姪――信長の妹で絶世の美女と称されたお市の方の、三人娘の長女であったことも、淀殿には矜持《きょうじ》となっていたかもしれない。無論、その素姓は世間も知っていた。

実父は、近江の戦国大名・浅井長政。母の再婚で、二度目の父となったのが織田家筆頭家老の柴田勝家であった。いずれも戦国史にその名を残した、勇将であったといえる。

そのためかどうか、三姉妹の嫁ぎ先は、いずれも絢爛豪華であった。ちなみに、次妹の初《はつ》の夫は名門の武家貴族・京極高次《きょうごくたかつぐ》（立花宗茂に落とされた大津城主）であり、彼女はその正室。下の妹・江《ごう》は二代将軍秀忠の正室であった。華麗なる閨閥《けいばつ》といえる。

江は秀忠との間に、まず一女をもうけたが、これが千姫《せんひめ》であり、慶長八年（一六〇三）七月二十八日、彼女（七歳）は十一歳の秀頼のもとへ嫁ぐことになる。つまり、秀頼は母方のいとこと結婚したことになる。

大坂城の女城主・淀殿には、侍女筆頭の大蔵卿局《おおくらきょうのつぼね》があり、奥には秀頼の乳母である宮内卿局《くないきょうのつぼね》もいた。大蔵卿は近江小谷《おだに》城で淀殿が生まれて以来、乳母をつとめ、淀殿が秀吉の後宮に入ったときも行動を共にしている。大坂城内にあっては、豊臣家の奥むきの家政と侍女たちを取りしきっていたが、どうであろう、たとえば彼女と表の片桐且元と、実際はどちらが〝力〟を持っていたであろうか。

ついでながら、下衆《げす》の勘繰《かんぐ》りのようで恐縮なのだが、そもそも淀殿は通史に伝えられるような、絶世の美女であったのだろうか。なるほど淀殿は、美男・美女の家系である織田家に母が生まれ、この女《ひと》が類稀《たぐいまれ》な美貌の持ち主であったことは間違いない。ならば、その娘の淀殿も、母に勝るとも劣らぬ美人であった、と人々は思いつづけてきたのだろう。が、これこそが通史の思い込み、ワナかもしれない。

「比較的たしかな文献で、彼女のことを絶世の美女と書いたものは一つもないし、秀吉の愛妾《あいしょう》十六人いたなかで、いちばん美貌だったのは、松の丸殿京極氏だったと記している文献がある」と述べたのは、桑田忠親《ただちか》であった（『桑田忠親著作集　第七巻　戦国の女性』）。

しかも桑田氏は、淀殿が二十七歳の冬、疱瘡《ほうそう》をわずらったことを述べている。

「運よく病状は軽くてすんだらしいが、その後、四十九歳で死ぬまで、いくぶんあばた面《づら》だったのではあるまいか」

また、母親のお市の方については、「ほそおもての楚々《そそ》たる美人である。麗容惻々《れいようそくそく》として、胸をうつものがあり、まさに天下一の美女たるに恥じない」と手放しで称賛している。

ところが、現存している唯一の淀殿の画像は、「あまりにも、お市の方の容貌と相違している」と氏はいう。逆に、筆者もみたことがあるが、高野山持明院《じみょういん》に残る父・浅井長政画像の風貌と、淀殿は似ており、彼女が母親よりもむしろ父親似であった可能性は、決して低くはない。

現在でも、父親似の婦女子はありがちなもの。客観的にみて淀殿は、当時の日本における典型的な容姿端麗の美女とはいえそうにない。むしろ肉体派美女といった形容が近いような印象をうける。後世にいう、丸ポチャ系の美人であったのかもしれない。

歴史の課題は、その美醜ではない。この女城主淀殿に、どれほどの世間智があったのか、という点が重要であった。戦国時代がおわって、家康の幕藩体制が完成してのち、お家の相続は嫡男の単独相続制がとられるようになった。男子でも次男以下は、長兄と主従ほどのへだたりを持つようになり、ましで女性は相続の対象外に置かれることとなる。

女性は三界《さんがい》に家なし、といわれるようになり、生まれては父（育っては兄）、嫁《とつ》いでは夫、老いては嫡男に面倒を見てもらう存在となった。戦国女性と江戸女性――ともに武家であっても、何が一番違うかといえば、戦国女性には相続制がいまだ存在したが、江戸女性にはそれが皆無となった点であった。すべては、家康による決定であった。

冒頭の立花宗茂の妻・誾千代《ぎんちよ》は城付の姫であり、婚姻後も独自の家臣団を持っていた。淀殿も規模は比較にならないが、大いなる相続権を秀吉から付与されている。

淀城（現・京都府京都市伏見区）はその一つで、秀吉からプレゼントされたものであり、彼女はその時点で直接の家臣団、知行が与えられてもいた。戦国の世にはむしろ、このような女城主は珍しくはなかったのである。

相談相手のいない女城主

また、女城主ではなくとも、城主の妻たるものは、夫と並ぶほどの発言力を持っていた。家臣の人事権しかり。城をあずかる立場の妻たちは、夫の見過ごしがちな細かい点まで目を配り、その代理がつとまらなければ、城主の妻――大半は正室――にはなれなかった、といった方が正しい。

秀吉の正室・北政所、前田利家の正室まつ（のちの芳春院《ほうしゅんいん》）、山内一豊《やまうちかずとよ》（かつとよ、とも）の正室千代《ちよ》（正しくはまつ＝のちの見性院《けんしょういん》）などは、その代表例といえようか。しかし、愛妾《あいしょう》として秀吉のもとにあった淀殿には、家臣たちをやる気にさせる気配りや、ついていこうと思わせる城主としての演出など、世間を生きていくための〝世間智〟があったようには思えない。何が、いいたいのか。

大坂城には、表も奥もすべてを取りしきることのできる人物がいなかった、ということだ。

唯一の可能性をもっていたのは、北政所であったが、彼女は関ヶ原の戦いの前に、淀殿に追われるように、自らが進んで立ち退くように、大坂城を出て、そのあとに家康を入れている。加えて北政所は、自らの子飼いであった武断派の部将（尾張閥）たちを家康にひきあわせ、各々の後事を託していた。もっといえば筆者は、関ヶ原で家康を勝たせた裏の演出家は、北政所であったと思っている。

彼女は豊臣家を、夫・秀吉とともに自らが築きあげたもの、との認識があり、そのうち自分が相続した分は、どのように始末してもよい、との思いがあったようだ。秀頼がその手中からすり抜けて淀殿のもとで育てられることが決定して以来、筆者は北政所は豊臣政権を見限った、と判断してきた。

今風にいえば、創業家として保有していた株を、ライバル会社に売り渡したようなもので、そこには実に高度な世事に長けた思慮があった。彼女は高台院と号して、京都三本木に隠棲。家康から毎年一万三千余石を賦与されて、寛永元年（一六二四）九月に亡くなっている。享年七十七。

ただ北政所のためにあえて弁明すれば、彼女は豊臣政権の崩壊は予想していたであろうが、秀吉の忘れ形見・秀頼の死までは考えていなかったに相違ない。しかるべき形で、生きながらえる約束を、おそらく家康と交わしていたはずである。それができるのが、戦国女性であった。

しかし一方の淀殿には、そうした手腕がなかった。自らが巨城の主宰者にふさわしくないことを、当の本人が一番自覚していたかもしれない。さらには、彼女は持病になやまされていた。

淀殿を診察した、日本屈指の医師・曲直瀬《まなせ》道三《どうさん》（二代・通称は玄朔《げんさく》）のカルテによれば、彼女はかかえきれないほどの不安に、日々、押し潰されそうになっており、ときに圧迫され、悶絶《もんぜつ》するようなことがあったようだ。「気鬱《きうつ》」（ヒステリー）かと思われる。原因は明らかであった。秀吉亡きあと、たった一つの拠り所、秀頼の行く末を考えると、不安だけが募ったが、淀殿にとっての不幸は、その不安を解消してくれる、秀吉にかわるだけの心の支え、安心が、彼女には与えられなかったことに由来していた。

淀殿の末妹・江は、再々婚にして六歳年下の秀忠と一緒になったが、政略結婚があたり前の戦国時代、一人の女性として彼女は、自らの居場所＝安心を得たのであろう。その証左に、彼女は秀忠とのあいだに二男五女を産んでいる。

だが、ひるがえって太閤殿下の第二夫人は、と考えると、さすがにおいそれと再婚などできるものではないことに気がつく。第一、条件に見合う相手がいまい。さらには、秀頼の母である。彼女は、大坂城以外に自らの居場所がなかった。せめて淀殿が全幅の信頼をもって、相談に乗ってもらえる大人がいればよかったのだが、その可能性を排除したのが、誰でもない家康であった。

厳密には二人、大人の男性が大坂城をとりしきる条件をそなえて、大坂城内にいた。一人は織田信長の次男・信雄《のぶかつ》（常真《じょうしん》）であり、もう一人が信長の弟・長益《ながます》（号して有楽《うらく》〈斎《さい》〉）であった。だが、織田信雄は笑劇の三枚目のように、滑稽味にあふれた人物ではあっても、とても淀殿の相談相手がつとまるような人物ではなかった。とにかくこの人は、馬鹿のつくほどのお人好しであったといえよう。

父・信長と長兄の信忠が本能寺の変で倒れ、何の準備もないまま己れが織田家の相続人になった、と思い込んだのも束の間、気がつけば信雄は、三法師《さんぼうし》（信長の直孫・のちの秀信《ひでのぶ》）の後見人にまつり上げられてしまった。驚きはしたが、信雄は父や兄の仇敵・明智光秀を討った功労者の、羽柴（のち豊臣）秀吉の口ぐるまに、まんまと乗せられてしまう。

「三法師君《ぎみ》は乳飲《ち》み子であり、天下は実質あなたさまのものです」

その耳許での囁《ささや》きの、なんと蠱惑《こわく》的なことか。

信雄はその言葉を信じ、秀吉を援けて、己れよりは多少能力の高い異母弟の信孝《のぶたか》を擁《よう》した柴田勝家《かついえ》との戦いでは、秀吉を支持して、勝利ののちには兄の立場で弟・信孝を切腹させている。

ところが、勝家を討滅した秀吉はそのまま上洛《じょうらく》し、「平」姓を称して従四位下に叙せられ、参議《さんぎ》、公卿《くぎょう》となっていく。

「はて、これはもしかすると、騙《だま》されたのではあるまいか」

ようやく、秀吉の織田家簒奪に信雄は気がついた。

さらにオッチョコチョイの彼は、己れの血脈に加え、尾張清洲《おわりきよす》に百万石を領有していた立場をもって、自分には天下の覇権《はけん》を争う資格がある、と錯覚《さっかく》してしまう。この場合、彼の判断基準には一番重要な、己れの器量がそれに相応しいかどうか、の判断が入っていなかった。

馬鹿のつくほどのお人よし

そもそも、〝天下分け目〟の戦いをやるには、具体的にどういう戦略・戦術を駆使すればいいのか、信雄には雲をつかむような話であったはず。ならば己れの力量不足を反省し、大それた野望は断念すればいいものを、そこがこの人物らしい。己れの持たぬものことごとくを、かつての父の同盟者であった徳川家康に求め、こともあろうにこの梟雄《きょうゆう》を味方陣営に誘ってしまう。狐が狼を、手下にしようと考えたようなものだ。

家康は、織田家中が信長の遺産相続争いに明け暮れているのを幸いに、火事場泥棒のようにひたすら自領拡張に打ち込み、五ヵ国百三十万石に及ぶ大版図《はんと》を築くにいたっていた。

いずれ、大きくなった秀吉とは雌雄を決せねばならない、との覚悟をしていたところへ、薄ぼんやりで頼りない、かつての同盟者——実質は支配者——の息子が、何をのぼせたのか、一緒に秀吉と戦ってほしい、と持ちかけてきたのだ。馬鹿だが、それでも百万石をもっている。己れの領土と足せば、なんとか天下人に近づく秀吉と戦えぬこともない。

加えて、家康には〝関東の雄〟北条氏という同盟者もあった。

——家康は、信雄との同盟話に乗った。

天正十二年（一五八四）三月七日、家康は大軍を率いて浜松城を出陣し、同十三日、尾張清洲に入ると、四日後には秀吉方の池田恒興、森長可《ながよし》らの軍勢を、素早く撃破してみせる。信雄はこの力強い同盟者に、心からの喝采をおくった。

が、この時、相手の陣に秀吉の姿はなく、彼がようやく大坂を離れたのは三月二十一日のことであった。このとき家康は、濃尾平野の拠点・小牧山《こまきやま》を占拠し、陣地の構築を終えていた。四里（約十六キロ）後方には、信雄の清洲城がある。秀吉は正面からの激突を避け、途方もない野戦の城塁《じょうるい》を構築した。両軍が膠着《こうちゃく》状態になりかけたころ、前哨戦で家康勢に敗れた池田恒興が、家康の本拠地である三河を奇襲する大胆不敵な作戦を進言した。

秀吉はこの作戦の無謀さに茫然としたが、一度敗けている恒興が、ここで己れの立てた作戦を拒否され、自棄《やけ》になって家康側（正しくは、旧主君筋の信雄）に寝返られたら、とりかえしのつかないことになる、と判断。秀吉はこの、奇襲になっていない大奇襲戦をしかたなく許可した。

もとより家康は、とんでもない大軍の動きを見逃したりはしない。小牧山本陣をひそかにカラにして抜け出し、敵の奇襲部隊を逆に急襲した。四月九日、家康は森長可、池田恒興を討《う》ち取り、局地戦ながら秀吉に勝利する。さて、秀吉はどうしたか。家康を無視し、動きの鈍い信雄を立ち枯れにする戦法をとった。百万石の領土のうち、瞬《また》く間《たま》に六十万石程度を攻め取り、信雄方の諸将を籠絡。手足をもぎとるように、ついには信雄に単独講和を結ばせることに成功する。

家康は戦闘には勝ちながら、庸劣《ようれつ》な同盟者の信雄に見捨てられたことにより、結局は秀吉に敗れた印象を天下に晒《さら》すことになった。

小牧・長久手の戦いを経て秀吉は関白《かんぱく》となり、ついには家康をも屈服させ、天下統一を成し遂げた。

信雄は一度、家康の旧領への転封を拒否して秀吉の怒りを買い、所領を没収され、下野烏山《しもつけからすやま》（現・栃木県那須烏山市）に配流となり、ここで出家している。以下、法号の常真《じょうしん》で彼を呼びたい。それでいて常真は、文禄元年（一五九二）に肥前名護屋で秀吉のもとへ再出仕し、相伴衆となっている。

彼には、恥という概念がなかったようだ。大坂天満に寓居し、関ヶ原のおりには家康にたいして、おこぼれちょうだい、の情報を送ったものの、家康の評価はあまりにも低かった。

それでも懲りず常真は、その後も大坂にあって、せっせと大坂城の淀殿のもとを訪ね、それなりに相談にのる態《てい》で話を聴き、その内容を手紙で家康のもとへ報告していた。

こののち、大坂の陣が起きると、常真は豊臣秀頼に招かれながら、恐怖に顔を歪めて遁走し、戦後の元和元年（一六一五）七月に、家康から大和・上野《こうずけ》（現・群馬県）に五万石の捨て扶持を与えられている。

信長の弟・有楽

もう一人の、通称・源五《げんご》（源五郎）と呼ばれた、従四位下侍従《じゅしいげじじゅう》の織田長益《おだながます》はどうであったろうか。大坂城の総大将が、彼につとまったか否か。出家後の有楽（あるいは有楽斎如庵《うらくさいじょあん》）の号の方が有名かもしれない。この人物には光の当《あ》て方によって、二つの異なる屈折の影が浮かびあがってくる。

一つは乱世の隠士として、茶の湯をきわめた文化人としての風貌である。今一つは、臆病《おくびょう》で意気地《いくじ》がなく、それゆえか防衛《ぼうえい》本能だけは人一倍強かった文弱な武将としての顔——。

もっとも、この二つの陰影は根のところではつながっていた。そのすべては、戦国の覇王・織田信長の、十三歳年下の実弟に長益が生まれた、というたった一つの巡《めぐ》り合《あ》わせに発していた。

二人の父である織田信秀《のぶひで》は、その生涯に十二男七女をもうけた。信長は次男ながら正室の嗣子。有楽は妾腹の十一男として、天文十六年（一五四七）に生まれている。もし、有楽が〝天下布武〟を志す人物を父代わりの兄として持たなければ、おそらく彼の人生は、まったく異なったものになっていたであろう。

有楽は武功の人とはならず、成人後は兄のもとで内務官僚となり、実務処理にその手腕を発揮《はっき》し、かたわら趣味の茶の湯へどっぷりつかる生活をおくっていた。

信長の天下統一は、目前であった。このまま予定通りに推移したならば、有楽は豊臣政権下の五奉行に相当する官僚機構の長《おさ》ともなっていたに相違ない。が、その人生は天正十年（一五八二）六月二日に一変する。本能寺の変が勃発した。この時、有楽は信長の嫡子・信忠とともに、京都の四条西《にしの》洞院《とういん》本能寺から十一町（約千二百メートル）はなれた妙覚寺にいた。本能寺が紅蓮《ぐれん》の炎につつまれる中、二十六歳の信忠は五百数十の手勢を率《ひき》いて、六町（約六百五十メートル）北の二条御所へ入り、ここに立籠《たてこも》る。

二条御所はすぐにも明智勢によって厳重に包囲され、それから苛烈《かれつ》きわまりない攻撃がおこなわれ、まもなく落城、信忠は父のあとを追う。二条御所には有楽も、信忠と一緒に入城していた。だが、この人物は甥であり織田家の当主でもあった信忠と、その最期《さいご》をともにしていない。

当時、二条御所にあった正親町《おおぎまち》天皇（第百六代）の皇太子・誠仁《さねひと》親王の一行を脱出させるためにもうけられた、わずかばかりの休戦のあいまに、有楽は女人、小者にまじって逃げたのである。

信忠にその子・三法師（のちの秀信）のことを託《たく》されたともいうが、『当代記《とうだいき》』や『武家事紀《ぶけじき》』では家臣たちをも欺《あざむ》いて難を逃れたとある。いずれにせよ、この敵前逃亡は著《いちじる》しく有楽の価値を急落させた。彼は生き延びて、すぐさま信長の弟としての名分をもって兵を挙げ、光秀と決戦することもできたのに、それもしなかった。〝大返し〟で中国から攻めのぼってきた羽柴（のち豊臣）秀吉を助けて、山崎の合戦を勝利に導き、のちには臣従している。

秀吉は朝廷との交渉事《ごと》などを適当に有楽にまかせ、この人物に対しては旧主筋の人としての丁重《ていちょう》な接し方をこころがけたが、官位を従四位下侍従としたものの、領地は摂津味舌《ました》（現・大阪府摂津市）に一万五千石――且元と似た評価のままであった。

有楽も己れの過去や立場を配慮し、出すぎることを極力つつしんで、織田家以来の茶頭《さどう》・千利休《せんのりきゅう》（宗易《そうえき》）に茶の湯を学び、〝七哲〟に数えられるまでに腕をあげている。利休の死後は、秀吉の茶頭もつとめた。

「それがしは、政事《まつりごと》にはかかわりませぬ」

有楽は、利休のような政治性をついに持たなかった。

さらに茶の湯に没頭《ぼっとう》することで、風流人としてのイメージを確立していったのである。秀吉が他界すると、大勢に抗せずに徳川家康を頼《たよ》って、関ヶ原では東軍に参画。珍しく戦場にも出て、石田三成の臣・蒲生喜内《がもうきない》（頼郷《よりさと》）を討ち取り、戦後、恩賞を受けて大和に加増され、三万石を拝領した。

ここでも有楽は、世俗のことごとくを長男の長政《ながまさ》（芝村《しばむら》藩初代藩主）と五男の尚長《なおなが》（柳本《やなぎもと》藩初代藩主）に放り投げてまかせ、三万石のうち一万石を己れのものとし、京に移り住んで茶の湯に磨《みが》きをかけている。浮き世のことは、何もかも忘れたような顔をして暮らしていたが、大坂の陣にあっては家康よりの要請《ようせい》もあり、大坂城へあえて入城。姪《めい》にあたる淀殿を説得する役割で政治工作をおこない、しきりと画策をおこなった。

ともに、かつては信長の支配下にあった「豊臣」と「徳川」が、運命の巡《めぐ》り合《あ》わせとはいえ、有楽を追い使い、周旋役にしてしまったわけだ。皮肉といえば、これほどの皮肉もめずらしい。

だが、有楽は己れに課《か》せられた役割に、興奮《こうふん》したり嘆《なげ》いたりすることなく、淡々とそつなくこなして、冬の陣が講和となるや、その成果をもって、そっと大坂城を出た。そして、何も知らないような顔をして、徳川幕府の世を生きながらえる。元和七年（一六二一）十二月十三日に、京の東山で息をひきとった時、享年は七十五となっていた。

ちなみに、家康が有楽に与えた江戸屋敷の跡が、今日に伝わる「有楽町」（現・東京都千代田区有楽町）である。その茶道は死後、甥の貞置《さだおき》によって一派の開祖と仰がれることになる。

第二章　戦略なき豊臣方の怒りにまかせた開戦

秀頼を殺したくなかった家康

筆者には、織田常真、同有楽のような生き方が、どうにも理解できない。二人の生き方をみていると、心の中にモヤモヤとしたものが鬱積《うっせき》してくる。この思いを、どう表現すればいいのだろうか。

先般、大阪城天守閣における「大坂の陣４００年記念　特別展・浪人たちの大坂の陣」を鑑賞した。目のつけどころといい、切り口といい、実にみごとな展示会であったが、なかでも目をひいたのが、一振の刀であった。とりわけ名刀というのではないのだが、その刀銘を見て、筆者はしばらくその場から動けなくなった。

「生過《いきすぎ》タリヤ廿五《にじゅうご》　都筑《つづき》氏」

その反対側には、

「寛文《かんぶん》八年申《さる》五月吉日」

とあった。

尾張徳川家の家臣である都筑某《なにがし》が、熱田神宮に奉納したものであろう。寛文八年（一六六八）といえば、大坂の陣が終了して五十三年後になる。刀文の二十五年とは合わないが、それにしても、

「生き過ぎたりや」

なんという魅力的な語感か。一見すると、戦場という生きがいの場を失った「傾奇者《かぶきもの》」の、気負った言語のようにも受けとれなくはないが、この刀は神前に奉納されたものである。乱世を生命《いのち》がけで生き残った世代が、幕藩体制の世＝無事泰平の生活を送ったとき、実は武士の多くがこれと同じ感慨にひたっていたのではあるいまいか。

「生き過ぎたりや」には、よくぞここまで生きながらえてきたものかな、という自らへの自負と喜び――そうした感情とは別に、自分は武士として悔いなく生きてきただろうか、との自省の念が込められていた。

アジア・太平洋戦争を経験した日本人の多くが、戦後に抱いた思いと同様に、当時の武士の多くは、心の奥底で真摯《しんし》に自らを猛省《もうせい》していた。死んでいった父や同輩を想いながら。その過去と現在を悔いる気持ち、昔を思いかえす心が、筆者には織田常真・有楽の二人には感じられなかった。この人たちは、よほどの人生の達人というべきか、それとも生涯、〝今〟のみを生きた人なのかもしれない。

常真（信雄）と有楽（長益）――この二人は血統的にも、官位・身分上も、大坂城の総大将として問題はなかったが、一番重要な〝将器〟をもっていなかった。〝至誠《しせい》〟といってもよい。

常真は終始、家康の顔色をうかがい、事実、家康方のスパイとして大坂城での、日常のあれこれを、つてをたよっては関東へせっせと知らせていた。常真は、淀殿と秀頼をどうしたかったのか、皆目、その道筋がみえない。

有楽は常真ほど露骨ではなかったが、大坂城の総意をどのようにまとめ、落としどころを定めて、家康と徹底してやり合うほどの情熱も気力も持ち合わせていなかった。よくも悪くも、俗世を捨てた風流の人でしかなかった、ということになろうか。

それにしても家康は、秀頼と大坂城をどうするつもりでいたのだろうか。最初から滅ぼすつもりでいた、とするのが通史の見解だが、筆者は家康が豊臣家との衝突を避けつつ、なんとか円満に天下泰平へ移行できないか、と懸命に苦慮していたように思われてならない。

――時計を大坂の陣の前へ、少し巻き戻してみよう。

慶長八年（一六〇三）、関ヶ原の三年後、二月十二日に家康は征夷大将軍に任官した。彼は武家の棟梁となり、幕府を開く権限を名実共に得た。

この頃、秀頼も関白に就任するのではないか、との憶測が流れたが、これは沙汰止《さたや》みとなっている。ところが、不思議なことに家康は、この年の五月十五日に、孫娘の千姫《せんひめ》を淀殿の妹で生母である江《ごう》とともに江戸から京都の伏見城へ送り出していた。秀頼との婚礼のためであり、七月二十八日に祝言《しゅうげん》となった（『時慶卿記《ときよしきょうき》』）。

秀頼は十一歳、千姫はようやく七歳であった。この婚礼は慶長三年八月に、病床にあった秀吉が遺言の中で書き残したというが、家康は五年後のこの時点で、その約束をわざわざ履行する必要はなかった。なのに彼は律儀に、約束を果たしている。この一事を、どう解釈するか。家康のこのおりの心中を推しはかることは、決して難しいことではなかった。

翌慶長九年に家康は、諸大名の援助を仰ぎ、江戸城大改築に着手している。これは東西関係なく大名が総動員されたものであり、江戸城の普請は慶長十一年三月から本格化した。

この時、注目の秀頼はどうしたか。通史は無視を決めこんでいるようだが、史実の秀頼はなるほど、自身が普請に参加することはなかった。だが、綿密にみると江戸城の普請奉行八人のうち、二人は家康から、四人が秀忠から出されているのに対して、水原吉勝《みずはらよしかつ》、伏屋貞元《ふしやさだもと》の二人は秀頼からの派遣であった。

つまり、大名と同列に動員に応じたのではなく、秀頼は別格で、普請奉行として彼らを監督する側に人員を出していたとすれば、江戸城大改築も、見方をかえれば豊臣家と徳川家の共同作業という体《てい》裁《さい》となる。

しかも千姫はすでに嫁いでおり、家康は秀頼と良好な関係を築き、支配体制の身内と考えていた、と受けとれなくもなかった。すなわち家康は、秀頼を滅ぼそうとは考えていなかったのではないか。

慶長十六年三月二十八日の、二条城における家康と秀頼との対面しかりである。通史では秀頼が、家康に殺されるのではないか、と大坂城側が面会をしぶり、加藤清正や浅野幸長《よしなが》、福島正則らが淀殿を懸命に説得して、ようやく会見に臨んだ、と伝えられてきた。

清正は懐中に小刀をのみ、いざという時には、家康をこれで刺そうとしたとか、浅野幸長は街道の警固にあたり、福島正則は一朝ことある時は、大坂城に立籠るとか、火をつけるとか——とにかく外野席は喧《かまびす》しい。

ところが、二条城に秀頼が到着すると、家康は自ら出迎えて丁重に応対している。それに対して秀頼は、対面のしきたりを対等の立場ですることを自ら固辞し、家康が正式の場に現われると、自ら率先して礼をおこなった。つまり、秀頼は家康を立てたわけである。

一つは妻となった千姫の、祖父への長幼《ちょうよう》の礼があったろう。二つ目には、朝廷内の官位における上下を厳守したと考えられる。ただ、こうした秀頼の謙譲ぶりを、臣従《しんじゅう》を強要されたものととらえるか、家康とのパートナーシップの現われとうけとめるかによって、歴史の解釈は大きく変わってしまう。

いずれにせよ明らかなのは、こうした会見を開かせた家康のおもわくは、権威としての豊臣家と、権力としての徳川家の差違を、天下に知らしめたかったことに尽きた。

加えて、家康は久しぶりに——十二年ぶりに——秀頼を見たことになる。

大坂城の奥深くでくらす秀頼の姿は、大坂城の侍でもめったに見ることはなかった。愚物・凡庸の小男との説もあれば、偉丈夫《いじょうふ》の可能性のある男児とのうわさもあった。実際に秀頼と会った家康は心中、愕然《がくぜん》とする思いであったろう。秀頼は「大兵にて御丈《たけ》六尺五寸（約一九七センチ）」、性格はおっとりおだやかな若者に育っていた。そして何よりも、彼は十九歳と若かった。

先にみた『難波戦記』では、大変な馬鹿者で、赤ん坊のようだと聞いていたが、全然そうではない、と家康は喜んだというが、史実の彼は困惑した。

タイミングの良い〝死〟と他力本願の日本人

尽きつつある自分の寿命に比べて、燃えさかるように伸びていく秀頼の未来。家康はむしろ、自分の死とともに消滅しかねない徳川家のゆくすえを嘆き、悲しんだのではあるまいか。

十九歳の秀頼に、七十歳の家康は会わすべきではない——皮肉にも、関ヶ原で主従関係が逆転し、感情的となっていた淀殿ではあったが、この重要な一点にのみ、母性の直感は当っていたとみるべきかもしれない。

もしも家康が秀頼に会わなければ、豊臣家の行く末は大きく異なるものとなった可能性はある。

御所柿《ごしょがき》はひとり熟して落ちにけり
　木の下にゐて拾《ひろ》ふ秀頼

京の都には、こうした落首《らくしゅ》が登場する。と同時に、家康がほかの諸大名と同じ席列に、豊臣家を何がなんでも並べようと画策を具体化したのは、まさに秀頼の上洛、二条城での会見からであった。

物語の世界は、前出の事情だけで家康の策謀の証《あかし》とするのだろうが、歴史はそれほど単純ではない。それこそ秀吉が死去した瞬間から、家康の天下取りははじまっていた、と思い込むのに似ている。

すでにみた如く、豊臣の藩屏《はんぺい》となるべき――豊臣家と事を構えたとき、家康にとって面倒な――大名たちが、ここに来て相ついで他界してくれた、という事情が家康にはあった。

こちらの史実の方が、家康の判断材料としては大きかったろう。

浅野長政が慶長十六年（一六一一）四月に、六十五歳で亡くなると、同年六月には最も家康が危惧していた加藤清正が五十歳でこの世を去った（堀尾吉晴も同月、六十九歳で他界）。二年後の慶長十八年正月には池田輝政（恒興の二男・播磨姫路初代藩主）が五十歳で、その年の八月には浅野幸長までが三十八歳の若さでこの世を去っている。そして翌年には、前田利長が五十三歳で他界した。

実に家康にとっては、タイミングの良い〝死〟の連鎖であった。

それだけに多くを、徳川家による毒殺ではないか、『摂戦実録《せっせんじつろく》』（別名『摂戦実録大全』または『平《へい》摂広覧《せっこうらん》』、著者不詳、宝暦二年〈一七五二〉成立）などは述べているが、そんなに都合よく殺せる毒など、この世にはあるまい。興味本位的な、憶測といってよかったろう。

『当代記《とうだいき》』（安土桃山時代から江戸初期までの政治・軍事・社会の状況を記した日記風年代記。作者は姫路城主・松平忠明《ただあき》ともいわれるが不詳）の慶長十八年八月二十五日の項には、浅野幸長の短命についてわざわざ、「唐瘡《とうそう》」（梅毒）を煩《わずら》い、養生の甲斐もなく死去したことが記されていた。

つけ加えて清正、長政、輝政に、家康にとって徳川家の中で最も力を持った重臣・大久保石見守長《なが》安《やす》（家康の金庫番）の名を列記して、その死因について、「偏《ひとえ》に好色の故《ゆえ》、虚の病《やまい》（腎虚《じんきょ》による病《やま》い）と云々」と述べていた。

残る豊臣恩顧の大名といえば、福島正則一人となってしまった。

ここまで述べてきて、それでも筆者は、家康に豊臣家を滅ぼす意図はなかった、と思っている。日本初の天下統一を成し遂げた豊臣秀吉は、自らの主家＝織田家を決して滅ぼさなかった。巧みに実力を奪い、どうしても屈服させられなかった三男の織田信孝《のぶたか》は殺したが、そのおりも形式的には兄の織田信雄（常真）に切腹を命じられた、との体裁を取っている。

世間の目があった。悪逆非道と受け取られては、これからの天下のまつりごとに都合が悪い。かといって、「このようにしたい」という申し出が豊臣家からはもたらされることはなかった。六十五万余石を、もう少し加増してほしい、との願いは、大坂城からことあるごとに家康の耳に入ったが、豊臣家のうかつさは、その生存のための努力、代償を差し出す判断をしなかったところにもあった。

秀頼を擁する淀殿をはじめ、その取りまきの人々はすべて、現実を直視する努力も勇気も持ち合わせていなかったようだ。これは何も、この時期の大坂城に限ったことではない。日本人の大半は、常にいつの時代も同じである。身に迫る危機に具体的な対策を考えず、心の不安と捉えて、その場凌《しの》ぎの都合のよい理屈をさがそうとする。

大坂の陣よりはるか後世の、アジア・太平洋戦争のおりも、日本人はことごとく、四面楚歌の情況の中で、自国の国力・外交力を駆使して、厳しい現状を打破する方策を考えず、ヨーロッパを席捲していたドイツに他力本願し、かの国が勝てば、アジアに置かれている日本の状況も変わるだろう、と期待して、中国一国とすら講和のできぬまま、次はソ連だ、否、対米開戦だとふみ切った。日本人はいつの時代も、同じである。

アジア・太平洋戦争（第二次世界大戦）における、日本人の祈りがヒトラー・ドイツの活躍であるならば、大坂の陣を迎える前の大坂城にとっては、それこそが家康の寿命であった。そのうち、年老いた家康が死んでくれるに違いない。そうなれば諸侯も、豊臣家への恩顧にめざめて、大坂城に参集してくれるはずだ、と淀殿以下、そのとりまきは念仏をとなえるごとく、一心に祈りつづけていた。

豊臣家にとって、生命綱《いのちづな》となるべき恩顧の大名たちが、次々と他界しているにもかかわらず、自らの置かれている立場を冷静沈着にとらえ、具体的に旧主従の絆を結び直す方策も何一つ考えていない。

時勢がすでに、豊臣家から去っていたのだ。家康は関ヶ原のあと、好むと好まざるとにかかわらず、大盤振る舞いで気前よく、たった一回の戦いで旧に倍する恩賞を大名たちにくれてやった。時の勢いを鷲摑みにしようとしたのだ。受け取った方には豊臣家への旧恩より、家康への有り難み＝新恩を強く押し頂いた諸侯も少なくなかったであろう。

そうしたことも、豊臣家は改めて考え直した形跡がなかった。旧恩は新恩にまさる、とでも思い込んでいたようだ。しかし後世のわれわれは、決して大坂城の面々を笑えない。

現実を直視し、これまでの生き方、生活形態を変えるという作業は、常に痛みのともなうもの。頭ではわかっていても、いざ、現実に政治変革がおこなわれるとなると、日本人はパタリと動きをとめる。そんな痛い思いをするぐらいなら、いっそ死んだ方がマシだ、との感情論に支配されながら。それでいて潔く死を貫くかといえば、それも決して徹底できるものではなかった。

大坂冬の陣は徹底抗戦を叫んで突っ込みながら、腰くだけとなって一度は講和の道をとった。幕末の会津《あいづ》鶴ヶ城《つるがじょう》しかり。一億玉砕をさけんだアジア・太平洋戦争末期の、日本人も同様であった。

筆者はこれらを一つ一つあげつらって、非難しているのではない。いつの時代、いかなる国家、境遇にあっても、冷静にものごとを考えられる人間はいるものだ。無論、大坂城にもいたであろう。だが、彼らは常に少数派であり、怒濤のごとく感情論がひと度火を吹くと、それらを消火し、よりよい結果に多くの人々を導くことはできなかった。数は力である。しかもその多数派の人々は、いつも自分たちを善人だ、正しいと思い込んでいる。哲学者のニーチェも、『ツァラトゥストラはこう言った』の中でいっている。

「悪人がいくら害悪を及ぼすからといっても、善人の及ぼす害悪にまさる害悪はない」

家康の犯罪計画

なるほど、史実の淀殿は別段、性格的な極悪人などではなかった。周囲の人々も、豊臣家を守ろうとする正義感には燃えてはいたが、家康の陣営にいる魑魅魍魎《ちみもうりょう》や魔魅《まみ》な人々に比べれば、ことごとく善良な普通の人々であったといえる。

だから豊臣家は滅亡したのだが、後世の人々はこうした史実に学ぼうとはしない。なぜ、そうなるのか。ヒントを、家康が仕掛けた大坂冬の陣の年＝慶長十九年（一六一四）の直前＝三月にみてみたい。家康は自らが居住していた駿府城に、京都五山《ごさん》の高僧たちを呼び、自ら出題して彼らに作文を書かせる、という催しをおこなっていた。これは珍事といってよい。

政を為すに徳を以《もっ》てす。譬《たと》へば北辰の其《そ》の所に居て、衆星の之に其が如《むか》し。（『論語』為政篇）

家康は、この意味を質《ただ》したのだが、高僧たちは言い合わせたように、「今の天下が静かに治まっているのは、あたかも北辰《ほくしん》（北極星）が動かないで、天の中心になっているかのようだ」

との趣旨を述べた。すると家康は、それらの答案をみて、次のように批評する。

「これでは面白くない。余は『論語』の文章の主眼が、〝徳〟によって政治をおこなえば、天下が安定するというところにあるのは承知している。だからこそ、その〝徳〟とはどのようなものであるのかを、論じてほしかったのじゃが……」

いったい京都五山は、まじめに学問をやっているのかね、といった態度で家康は、一同を睨《ね》めつけたのである。このなにげない儀式の、政治的意味合いは大きかった。

もとより家康は、乱世を泰平の世にするには、学問の力が必要である、との認識を持っていた。戦国生き残りの武士たちが、〝節義〟すら理解できぬというのでは、封建制度の統治上、困る。そのため彼は、それまでは国禁扱いとなっていた学問の公開・普及を決断し、自ら推進した。

慶長十年から、家康の許に出仕するようになった林羅山《らざん》（のちの林家の始祖）は、それ以前、京都に在って市中で、学問の公開講座を開いていた。『論語』などを分かりやすく教え、講釈し、幾許《いくばく》かの講演料を貰って生活していたというから、生活様式は第一章でみた「軍書読み」とかわらない。

ただ、学問の一般公開を禁じてきた公家たちの反感反発を一身に受け、とくに儒教を家学とする清《きよ》原《はらの》（舟橋《ふなはし》）秀賢《ひでかた》（細川幽斎《ゆうさい》の従兄弟の孫）からは目の仇《かたき》とされ、羅山の行為は伝統的な国法に触れる所為《しょい》である、と断じて、厳しく家康に訴え出られていた。家康は笑って、これを黙殺したが。

蛇足ながら、槍一筋の戦国武将たちの無学には、情報非公開の壁のあった事実も、忘れてはなるまい。しかし、家康が京都五山の高僧たちを呼びだしたのは、何も学問の公開・普及の推進が目的ではなかった。もう一つ、大きな意味合いが秘められていたのである。威圧、脅し、であった。

五山の学僧たちが呼びつけられたのは、家康の対大坂城攻略――堂々の論戦というよりは、犯罪の色彩の濃い、これこそ悪人家康を決定づけた、その精巧な犯罪計画＝大坂冬の陣の、直接のきっかけとなる京都方広寺《ほうこうじ》鐘銘事件を、彼は念頭に置いていたのである。

京都東山の方広寺は天正十四年（一五八六）に、建築マニアの秀吉が、子孫の繁栄を祈る気持ちから、奈良の東大寺の旧規を模倣して、鎌倉大仏の形を模写して、造営した大伽藍であった。が、文禄五年（一五九六）閏七月に京都を襲った、大地震（マグニチュード七・五）により崩壊してしまう。その寺の再建を、慶長七年四月の時点で、片桐且元を通じて淀殿―秀頼母子に勧めたのは、誰でもない家康本人であった。

この世に聞こえた吝嗇家《りんしょくか》の家康は、大坂城の奥深くに貯め込まれている秀吉の軍用金を、大坂城の鉄壁の守りの次に恐れていた。懸命にこれを減らすべく、全国の神社仏閣の再建に、豊臣家が手を貸すことこそが、秀頼公に神仏の加護の及ぶことにつながるに違いありません、とありとあらゆるルートで説かせた。

秀吉は万一の大坂城での合戦に備え、千枚分銅・二千枚分銅と称する大金塊を大坂城中の蔵にたんまりと貯蔵していた。鋳直せば大判金が千枚、二千枚とできるという金塊である。千枚分銅で一つが約四十三貫余、二千枚分銅ならば、一つで約八十九貫余もあったという。どれほど貯め込んでいたのか、確かな記録は現存していない。が、軍用金は戦《いくさ》の雌雄を決する。

その大切な軍用金が、方広寺の再建だけで千枚分銅十三箇、二千枚分銅十五箇、計一千八百九十四貫余の大仏大判に鋳直されて、その費用にあてられたのである。現在の時価に直せば、二百二十九億円以上となろうか。

「あの千枚分銅が、大坂城にはいったいいかほどあるものか」

さしもの家康も、正確なその数量は摑みきれていなかった。

『当代記』は方広寺の再建で「払底」したかのように述べているが、これはむしろ家康の願望を述べたものであろう。なにしろ大坂城の落城のおり、城内からは金二万八千六十枚、銀二万四千枚が発見され、京都二条城の家康のもとへ運ばれている。

さて、淀殿―秀頼母子が、それこそ金にいとめをつけず打ち込んだ、大仏再建工事はようやく完成した。大仏開眼や堂供養の日取り、慶長十九年八月三日が決定した。この間、片桐且元や大野治長は多忙をきわめたに違いない。

ところが、あと半月と迫った七月二十一日になって、家康の側近・金地院崇伝《こんちいんすうでん》（以心《いしん》）が且元を召して、「大仏鐘銘に関東不吉の語あり」と言い出し、家康が立腹しているというのだ。

大坂城にとっては、晴天の霹靂《へきれき》であったろう。

だが、家康側はすでに武力行使をも視野に入れて、この件を持ちだしてきたのであった。

すなわち、方広寺鐘銘――「右僕射《うぼくや》 源 朝臣《みなもとのあそん》」「君臣豊楽《くんしんほうらく》、子孫殷昌《しそんいんしょう》」「国家安康《こっかあんこう》」を含む、東福寺《とうふくじ》の文英清韓《ぶんえいせいかん》が撰した文字は、「関東不吉の語」である、と。この件について家康はどうしたか。まず、〝黒衣《こくい》の宰相《さいしょう》〟といわれた金地院崇伝を呼び、すぐさま京五山の高僧たちにことの是非を問うている。

「曲学阿世」と本物

具体的には、「右僕射《うぼくや》 源 朝臣《みなもとのあそん》」の句を、右大臣の唐名が右僕射であることを知りながら、これを無視して「源朝臣（家康）を射る」と解した。「君臣豊楽《くんしんほうらく》、子孫殷昌《しそんいんしょう》」も、「君」を無理やり「豊臣」と読み、「その子孫の殷昌（繁栄）を楽しむ」とこじつけた。「国家安康《こっかあんこう》」は文字どおり、国がやすらかに平和に治まることであり、「安康」は「安泰《あんたい》」「安靖《あんせい》」「安寧《あんねい》」と同じ意味にもちいられた、この種の常套語であった。そうとしか読みようがなかったのだが、徳川方の解釈は凄まじい。「家康」の諱を分断して呪詛《じゅそ》した、というのだ。

銘を撰した文英清韓長老は、この時代、最高の博学能文の人であった。難癖をつけた張本人は金地院崇伝と儒者の林羅山の二人であったが、さすがに清韓とは肩を並べられないことは熟知していたのだろう。この局面で、京都五山の高僧たちを使ったわけだ。

彼らはいずれも、はじかれたように鐘銘の不当を鳴らした。家康に阿諛《あゆ》したのである。高僧たちは四ヵ月前に、家康に叱りつけられたことを決して忘れてはいなかった。つまり家康は、己れの犯罪計画に、学問の権威者を荷担させたわけだ。

筆者は加藤清正が死去した時点で、家康は己れの寿命が尽きる前に、現状の二重構造を改めて、徳川の天下を明らかにする、という方針を決定したと考えているが、この用心深い男は、そのためにわざわざ京都五山の学僧までを、事前に脅しつけていたのである。

それにしても、と述べたい。学問の、なんと非力なことか。頼りないものか。この世界のたゆたう実体が、この一事をもって明らかとなったような気がする。

「曲学阿世《きょくがくあせい》」という四字熟語が、これまでも折にふれて使われてきた。時流や権力者にへつらい、阿《おもね》り、真理を曲げた学説を恥ずかしげもなく唱える輩《やから》――彼らは学問を真理追究とは考えず、生活の一部だと思い込んでいるようだ。学問を日々の生活の糧だ、と。

そのためであろう、彼らは常に、己れの生命《いのち》、生活と、学問＝真理をはかりにかけて、世上で発言をする。それでいて自分の主張や意見、発表に責任をとることはなく、後悔、懺悔もなかった。

清韓が家康に難くせをつけられたとき、身をもってこれをかばった学問の府の人が、さて、どのぐらいいたであろうか。筆者が知る一人に、臨済五山のひとつ、妙心寺第百五世の長老・海山元珠《かいざんげんじゅ》がいた。峻烈な禅風で知られるこの禅僧は、俗世の非違を許さず、快刀乱麻を断つような検断を平気でした。

五山の僧たちが家康にへつらい、阿《おもね》っているのを許さず、

「愚にもつかぬひがごと（まちがい）」

と放言してはばかるところがなかった。

徳川幕府任命の京都所司代《きょうとしょしだい》・板倉勝重《いたくらかつしげ》や伏見城代・松平定勝《まつだいらさだかつ》などの前でも、何のはばかるところもなく、衰弱せる病人に、寄ってたかって石を投げるような、酷《むご》いことはなさるものではありませぬ、といい切った。徳川家にも、この禅風を慕うものは少なくなく、そのため元珠は聞こえぬふりをよそおう幕府のおかげで、救われたのかもしれない。

清韓は片桐且元とともに駿府の家康のもとを訪ねるが、申し開きはかなわず、清韓はすぐさま京に戻っての謹慎を命じられる。

この時、一人の茶人が、清韓の心をなぐさめるため、茶を点《た》てた。それは徳川家への面あてなどではなく、ただ惻隠の情からの行為であったが、周到に用意された家康の犯罪計画の中では、海山元珠のようなお目こぼしはなかった。なぜならば、その茶人が著名であり、多数の弟子を持っていたからこそ、家康には見過ごすことができなかったのである。

一服のお茶が、生命《いのち》懸けのものとなった。清韓の言動を見張っていた家康の耳に、このささやかな茶席の話が入り、茶人はそのため家康から生命を狙われることになる。それこそが、古田織部《おりべ》であった。

「ウス（薄）茶ノ時ハセト（瀬戸）茶碗《ちゃわん》ヒツミ候也《なり》。ヘウケモノ也」（『宗湛《そうたん》日記』）

慶長四年（一五九九）二月二十八日に、筑前《ちくぜん》国博多（現・福岡県福岡市）の豪商・神屋《かみや》宗湛《そうたん》が、京都伏見での、古田織部のもとへ赴いたおりに書き残している。

「ヘウケモノ」（へうげもの）――もともとは、ひょうきん者、おどけ者を表わした言葉で、茶器などに置き換えると、ひずんでいる、ひしゃげている、との意味になり、宗湛はこの時、その茶人の工夫したいびつな茶碗をみて、驚嘆した。

胆力のかたまりのような、この博多の豪商を驚かせた茶人こそ、秀吉の死から大坂の陣のわずかな期間、一世を風靡した古田織部である。筆者はこの茶人こそが、今日〝茶聖〟とまで崇められる千利休の、正統なる後継者だと思い定めてきた。

だが、大流行した織部の茶の湯は、彼の死とともに徳川幕府によって大弾圧を受け、あとかたもなく抹消されてしまう。その凄まじさは、日本人にその名を忘れさせ、明治・大正・昭和――それこそ戦後まで、思い出させることがなかった点において、きわだっていた。

なにしろ織部には、これから幕開けとなる大坂の陣において、徳川方の拠点・京都二条城を焼打ちし、徳川家康―秀忠父子を亡き者にしようとした嫌疑がかけられ、大坂の陣のあと、ほどなく切腹させられたのだから無理もない。

その嫌疑も荒唐無稽なものならば、織部自身もきわめて不思議な人物であった。

彼の出自《しゅつじ》は一応、定まっている。天文《てんぶん》十二年（一五四三）かその翌年、美濃《みの》国（現・岐阜県南部）に生まれていた。通称は左介《さすけ》、諱は景安《かげやす》から重然《しげなり》へ。織部は、のちの官名からの通称である。

父を重定《しげさだ》といい、美濃土岐《とき》氏の家来であったようだ。織田信長の美濃併合とともに、父子ともどもその家臣となった。父も「茶の湯の上手」といわれた人で、織部はその影響を受けていた。彼は連歌にも造詣《ぞうけい》があり、織田家では行政官として代官職をつとめている。

この地味で目立たない人物が、多少なり脚光を浴びたのは、信長の上洛した翌年＝永禄《えいろく》十二年（一五六九）に、畿内に勢力をもつ中川清秀《きよひで》（通称は瀬兵衛《せべえ》）の妹「せん」と結婚したことによった。織部二十六、七歳。

これは領土を拡大するにあたって、信長が譜代と外様の家臣同士の融和をはかる目的で、しきりと執りおこなった政策の一つであった。

利休の後継者・古田織部

清秀は、信長から摂津国の一職《いっしき》支配をまかされた、有岡城（現・兵庫県伊丹市）の城主・荒木村重《あらきむらしげ》の与力《よりき》となる。ところが天正六年（一五七八）、その寄親《よりおや》の村重が信長に反旗を翻す。事の起こりは、村重配下の足軽が、織田方の兵糧を敵方＝大坂本願寺に横流しして利益を得た、というものであった。が、村重は信長の猜疑心を恐れた。安土城に来て釈明するように、という信長の命令に、

「いや、行けば殺されますぞ」

と、最初に待った、をかけたのが中川清秀であった。

大坂本願寺に加え、西の毛利氏と組めば十二分に信長と戦える、とも清秀はいったようだ。

結局、村重は謀叛に踏み切り、有岡城への籠城策をとったのだが、これにはさしもの信長も困り果て、家臣で馬廻《うままわり》の福富秀勝《ひでかつ》、下石頼重《おろしよりしげ》、野々村正成《まさなり》に清秀の義弟・織部を加えた四人に、中川清秀への説得を命じた。織部らは説得に成功する。清秀は降参した。信長は己れの娘を、清秀の息子・秀政《ひでまさ》と婚姻させている。

以来、織部は清秀の軍勢とともに行動したようだが、織部に具体的な武功は伝えられず、肝心の茶

の湯も最初は清秀が夢中になり、織部はさほどでもなかったという。

信長の方面軍制で司令官をまかされていた佐久間信盛《さくまのぶもり》（のち失脚）の子で、茶人としては名高い不干斎《ふかんさい》（信栄《のぶひで》）によれば、織部はそもそも茶の湯が嫌いだったが、義兄の清秀を見習って嗜むべきだ、と周囲に諭されて、ようやく本格的に始めた、とのこと。

ときおりこの織部を、文武両道の人物のごとくもちあげる読みものをみかけるが、あれはいただけない。贔屓《ひいき》の引き倒し、というもの。また、四十二歳の織部が山城国《やましろのくに》西ヶ岡（西岡《にしのおか》）の城主にして、三万五千石を拝領していた、と述べたものもあるようだが、その裏付けはどこにもない。第一、「西ヶ岡」は地域の通称であり、地名ですらなかった。おそらく彼の知行は二、三千石あたり。五千石はこえていまい。

その後も織部は、清秀と共に行動していたが、光秀との山崎の合戦に勝利した秀吉が、つぎに柴田勝家と戦った賤ヶ岳の戦いにおいて、余呉《よご》湖の東岸・大岩山《おおいわやま》（現・滋賀県長浜市余呉町下余呉）の砦を守っていた清秀が、無念の戦死をとげてしまう（享年四十二）。そのため織部は、後継の藤兵衛《とうべえ》（秀政）が、まだ幼かったため、その後見役をつとめることとなる（四十、四十一歳）。この大役は、秀吉の四国征伐が完了するおりまで、つづけられた（天正十三年〈一五八五〉八月）。

この間、秀吉は天正十三年七月十一日、ついに関白に任官し、このおりであろうか、織部は官位をさずかり、多くの家臣とともに従五位下織部正《おりべのしょう》に任ぜられた。織部本人は、政治にまったく関心を示さず、秀吉の大坂城築城とまるで競うように、茶の湯の世界へ没頭していく。

大坂城、それにつづく伏見城の築城は、京都・大坂に空前の茶の湯ブームを巻きおこした。秀吉の茶頭《さどう》・千利休がもてはやされ、大名や豪商はこぞってその門下となって茶の湯を学び、織部もその渦中に巻き込まれていく。

一族の古田重継《しげつぐ》（重続）にわが娘・せんをめあわせて、自らのかわりに中川家の家臣としてこれを送りこみ、自身は数寄者《すきもの》としての世界へどっぷりとつかる。小田原城攻めのあと、利休と織部の二人が伊豆の熱海温泉に揃って入浴した記録もあった。

この織部の至福に水をさしたのが、師・千利休の賜死《しし》であった。天正十九年二月十三日、利休は秀吉の怒りをかい、京都の葭屋町《よしやまち》（現・京都府京都市上京区）の屋敷で切腹して果てた。このおり失意の利休を淀まで見送ったのが、細川忠興《ただおき》と古田織部の二人であった。

この時も、権力者秀吉の目は光っていたに違いない。が、忠興も織部も殺されはしなかった。ただ、師の利休を失ったことで、織部は自らの茶の湯を独り考えねばならなくなる。

この頃、秀吉が織部に、

「利休相伝の茶の湯というのは、要は堺の商人・町人のものであろう。武家にはふさわしくない、とわしは思っている。利休流の町人茶を武家流、大名のそれに改めてみぬか」

と持ちかけた、との話がまことしやかに普及している。が、筆者にはこの話の裏がとれなかった。

しかし、時代は大きく動いていた。秀吉による刀狩り、城割《しろわり》（城郭をくずし取りこわすこと）、検地——豊臣政権による天下統一のための処方箋、封建制への準備は、着々と進んでいた。

時代は、明日の生命《いのち》も知れない乱世から、確実に明日を生きられる泰平の時代へとむかっていた。筆者はこの大きな時代の要望に、期せずして応えた芸術が、織部の茶道であったと思っている。

だが、それは一方において、時代の転換期特有の、大坂城と同じく悲愴な運命をも担わされていることにつながっていた。どういうことか。

慶長三年（一五九八）八月、秀吉が六十二歳（年齢は異説あり）で死去し、幼い秀頼が残った。平和にむかっていたはずの豊臣政権は、国民の要望——絹を着たい、タバコを喫いたい、鉄砲（原料）がほしい、といった質量ともに豊かになった生活を堅持するために、二度にわたる朝鮮出兵を強行し、秀吉の死とともに敗戦撤退の憂きめをみる。

無事泰平の世に、確実に歩んでいるとはいえ、世の中にはいまだ「このままではすむまい」との思いが一方で漂っていた。政権内の武断派と文治派が割れ、関ヶ原の戦いが勃発する。あざやかな勝敗は世の人々をして、次の天下人が徳川家康だと仰ぎみさせることにつながった。

——だが、秀吉の忘れ形見は〝三国無双〟の大坂城にいた。

「このままではすむまい」「このままではすませたくない」——こうした世相は当然のことながら、芸術の世界にも反映された。これに応えて生まれたのが、織部の「へうげもの」ではなかったか。

戦国武将として大あばれをしたい、と願いつつも、現実はそれを許さない幕藩体制が成立していた。徳川幕府は戦《いくさ》をことごとく禁止している。

諸侯は複雑な思いで、その頂点にある家康—秀忠父子を仰ぎ見ていた。

乱舞する民衆とひしゃげた茶碗

少し、本筋から脱線する。

大坂の陣――冬と夏――にちょうど重なる時期に、異様な流行が日本列島を覆い尽していた。「伊《い》勢《せ》踊《おどり》」である。

慶長十九年（一六一四）八月、伊《い》勢大神《せのおおかみ》動座《どうざ》の託宣《たくせん》がくだり、その後も種々の託宣や奇瑞《きずい》が相次いだのを受けて、伊勢の民衆が徒党を組んで参宮し、それがにわかに広がり、畿内一円から東国・西国に及び、全国的に広まった。翌元和《げんな》元年（一六一五）には遠く奥州まで及んでいる。

掛踊《かけおど》り（室町後期から江戸初期にかけておこなわれた、七夕や盆の風流踊り）の一種で、鍬形《くわがた》の御《ご》神体《しんたい》を御輿《みこし》のように担ぎ、村から村へとそれを送り、渡し、つないでいく。

この群衆が打ち揃って、一心不乱に踊り歩く姿は一種狂乱の態《てい》であり、なぜ、このような流行がそもそもこの時期に起きたものか、いまだに解明されてはおらず、まさしく日本史の謎といってよい。

ただ、原因とおぼしきものがどこにあるのか、まったくヒントがないわけではなかった。

同じような民衆の狂乱が、その後の日本＝幕末にもあったことを、歴史書は数多く書き止めている。

こちらは、「ええじゃないか」である。徳川幕府倒壊前夜、世直し変革を熱望して、名もなき人々が「ええじゃないか」の囃子《はやし》に合わせて、村単位、町単位で練り歩いた。男女入り乱れての乱雑な服装、踊り方――のちの感覚でいう、アナーキーなものであった。

慶応《けいおう》三年（一八六七）秋から冬にかけて、「ええじゃないか」は江戸以西の地で熱狂的に流行した。

興味深いのは、やがて戊辰戦争を戦う九州地方と東北地方ではこの運動は起きていない。

前年の慶応二年は、第二次長州征伐がおこなわれ、未来永劫不倒と思われた徳川幕府が敗れ、その現実を反響してか、幕藩体制下で最大の百姓一揆・都市部での打ちこわしが発生している。

調べてみると、百姓一揆や打ちこわしの激しさは、そのまま「ええじゃないか」の熱心な地域と重なっていた。八月四日、三河国御油宿《ごゆ》（現・愛知県豊川市御油町）での登場が、記録上では初見であるが、伊勢神宮や諸国の神々の御札降りが遠江・三河・尾張の三国内における東海道宿場町で始まり、やがては仏像・仏画・金塊なども降下することとなった。

この〝お降《くだ》り〟の噂を契機として、「ええじゃないか」の民衆大乱舞が起きている。他人の家に民衆が大挙して踊り込む――しかも踊り込まれる家は、金銭的に恵まれた、庶民に憎まれるような商家が多かった。その範囲は瞬く間に広がり、その盛行ぶりは瓦版《かわらばん》のネタともなった。

豪商・豪農への焼打ちという強迫、貧者への一方的な饗応の強要、とんでもないことながら、世直しを意識してのものであったことは明らかである。

加えて、最も多難な政局運営をおこなっていた幕府にとっては打撃となり、討幕派には援護、同調と自分たちに有利となったことは見逃せない。そしてなぜか、幕府倒壊とともに収束をみている。

「伊勢踊」と「ええじゃないか」の中間、江戸時代をとおして、〝御蔭参《おかげまいり》〟という伊勢神宮への集団参宮があった。〝御蔭〟＝神木を神から授かって、田の中に立てて豊作を祈ったものが、そもそも由来とされているが、伊勢神宮にかぎられているところに特徴があった。

近世最初の御蔭参は慶安《けいあん》三年（一六五〇）とされており、江戸の商人が大神宮へ「抜参《ぬけまいり》」を流行らせ、白衣を着た庶民が何百人と群れて参詣《さんけい》するようになり、なぜかその後も、ほぼ六十年周期で全国的におこなわれた。

一説に、この〝御蔭参〟から伊勢参宮を切り離して、各地で踊りだけがおこなわれたのが「ええじゃないか」ではないか、とも。

——日本人は時代の転換を肌で感じたとき、踊る民族である、というのが筆者の主張である。「伊勢踊」が流行したまさにその時、日本は戦国乱世の世から無事泰平の世に切り替わる過渡期を迎えていた。いつ生命《いのち》を失うかもしれない、危険な時代から間違いなく明日も生きていられる実感をもつ時代へ、日本人はこのとき向かっていた。

その最後の確認事項が、大坂落城であったのではないか。筆者はこの直後、家康によって切腹を命じられた古田織部の茶の湯と「伊勢踊」が重なってならない。

織部の茶道は武家茶道と称せられた。事実、諸侯をはじめ武士にその門人は多かった。彼らのこの頃の心境はどういうものであったろうか。戦国の世が終わり、平和な時代がくるという喜びは、一面、もう武士として戦場で戦働《いくさ》きができなくなる、という寂しさをも意味していた。

藩地石高は固定され、成り上がる可能性は消えてしまった。安心感とともに、武士が手にしたものは、もはや今以上には大きくなれない、という厳しい現実であったといえる。

「生き過ぎたりや」の前触れ、そうした感情を持つ諸侯の茶器として、筆者は織部のものが最もふさわしかったように思われる。「ヘウケモノ」こそ、大坂の陣に参陣した徳川方すべての、大名の心中を形にしてはいなかったろうか。

そんな中、慶長十年四月五日、古田織部の屋敷での茶会に、秀忠（当時はまだ二代将軍ではなく、権大納言兼右近衛大将）が臨んだ。そして彼は、やがて織部の弟子となる。大名たちは「鷲破《すわ》——」と織部をふり仰いだ。

あるとき、庭先で織部が物数寄《ものずき》（工夫した、凝らした風流）をしていたおり、参加していた秀忠が、手ずから円座《えんざ》（敷き物）を取って織部に敷かせたことがあった。それをみた諸大名は、織部をそれまで以上に尊い存在と思うようになった、という。

ただ織部には、徳川方だの大坂方だのといった、俗世のことには関心がなかった。

慶長十二年四月十一日には、彼は豊臣秀頼に招かれて大坂城にあがっている。利休門下の兄弟子にあたる織田有楽と二人、茶の湯を楽しんで、

「そなたも日々、たいへんであろう」

という有楽に誘われて、織部は二人して寝ころがりながら茶を飲んだ、と史料にある。

後世、〝天下五大宗匠〟――村田珠光《むらたじゅこう》・武野紹鷗《たけのじょうおう》・千利休・織部・小堀遠州《こぼりえんしゅう》（織部の死後）――に数えられるまでとなった織部のもとへは、全国の諸侯が競って門下に殺到した。

伊達政宗、佐竹義宣《さたけよしのぶ》、浅野長政―幸長父子、黒田如水《くろだじょすい》、筒井定次《つついさだつぐ》（順慶《じゅんけい》の養子）、有馬豊氏《ありまとようじ》、小堀遠州、上田宗箇《そうこ》（重安《しげやす》）。そして、大野治房《おおのはるふさ》（治長《はるなが》の弟）、和久《わく》半左衛門尉宗友《そうゆう》（秀頼の右筆）――。

武家以外では、十四歳年下の本阿弥光悦《ほんあみこうえつ》。公家では筆頭の近衛信尹《のぶただ》（三藐院《さんみゃくいん》）―信尋《のぶひろ》（応山）父子との交流は、ことのほか深かったように思われる。

織部は大徳寺の春屋宗園《しゅんおくそうえん》に師事し、「印斎《いんさい》」（号）、「宗屋《そうおく》」（諞《へん》）、「金甫《きんぽ》」（道号）を授かる。

おそらく織部の頭には、己れの創意工夫の、茶の湯のことしかなかったであろう。しかしながら、気がつけば利休に勝るとも劣らぬ権勢をもってしまっていた。極めて大きな――文化的ではあったが――影響力を持っている茶人＝織部の、息子の一人・九八郎はこの頃、秀頼の小姓として大坂城にあ

った。

清韓を茶に誘って励ました織部を、家康は心中、どのようにみていたであろうか。筆者は大坂城と同様に、取り除くべき障害である、と彼は断じていたように思われてならないのだが。

風雲急を告げる大坂城

いよいよ、大坂冬の陣が迫っていた。

少し、整理しておきたい。そもそも家康は、何をどうしたかったのか。

一、江戸へ淀殿を人質に出す
二、秀頼に江戸参勤をさせる
三、秀頼が大坂城を出て、伊勢か大和への領地替えに応ずる

大御所家康が豊臣家に求めたのは、諸侯と同じ待遇をとってくれ、ということにつきた。

まずは一つでよい、とまで家康は譲歩している。彼は大坂の陣直前にいたっても――方広寺の鐘銘問題を起こすまで――豊臣家を滅亡させる意思をもたなかった、と筆者は考えている。

すでに実質天下人たる家康は、何も自ら好んで悪名を後世に残したい、とは思わなかったであろう。豊臣家の権威を天下の権力者として保護しつつ、徳川氏の天下運営に豊臣家も参加することを、家康は望んでいたのだが、豊臣家の認識はそれと大きく異なり、秀頼が成人するまでの間、徳川家が天下人の代理をつとめている、と理解しつづけてきた。そうではない、といかに周囲からいわれても、大

坂城にすまう人々は、耳を貸そうとはしなかった。

では、なぜこのような独善的な思い込みを、豊臣家がしてしまったのか。すべてが関ヶ原の戦《いくさ》にあった、とすでに筆者は述べてきた。〝天下分け目〟のこの戦い、半日余で家康の率いる東軍の圧勝となった。まさか、これほどあざやかに、しかも短期日で決着がつこうとは……。

終ってしまったあと、茫然自失の態となったのは、実は家康であった。

鎌倉幕府のように――関東からはじめて、室町幕府の機構に近づけられないか、と苦慮していた家康のもとへ、相次いで豊臣恩顧の大名たちの他界が伝えられた。抵抗勢力が消えていけば――。

「やれぬことはあるまい」

家康は、幕府の権力下に豊臣家をつつみ込む構想に、自らの政略を変化させた。これで何とか秀頼を、官位だけ高い有名無実な存在となし得る、と家康はほっと、自ら胸を撫でおろしたであろう。

ところが、人間は皆が皆、それほど器用に頭の転換ができない。まして女城主を中心にしてきた豊臣家は、天下一の堅城に、遠く世間に隔たってくらしていた。

もし、豊臣家の家老に、有能な先見性のある、それでいて淀殿―秀頼母子に信任される大人物がついていたならば、移り変わる家康の政権構想を解説し、理解できるように嚙んで含むように説得したであろう。が、あいにく、その役割を振り分けられた織田常真・同有楽はともに器量不足、力不足で、それ以外の有能な人々を排除してしまったため、時勢に豊臣家をリセットすることができなくなっていた。この責任は家康にある、と筆者は断じてきた。

家康は己れの寿命と競争するように、いよいよ豊臣家を屈服させるための圧力を、最高潮《クライマックス》にまで引きあげる。彼は、大坂城内にいる常真・有楽や片桐且元からもたらされる諸情報を分析、いよいよ手切れの開戦を視野に入れながら、武器・弾薬の購入を急いだ。家康は堺の豪商・今井宗薫《そうくん》（宗久の子）や京都の茶屋四郎次郎（清次《きよつぐ》・三代目）を使って、兵糧＝米の買い占め、兵站の充実を図っている。

当時、日本国内では一貫目玉（約四キログラム）以上の大砲を製作する技術をもたなかったが、家康は慶長十八年（一六一三）頃から、すでに近江国友村（現・滋賀県長浜市国友町）の鉄砲鍛冶に銘じて百目筒（砲弾の重さが百匁《もんめ》＝約三百七十四グラムの銃）、百五十目筒の大量製作を急がせていた。

国内のみならず、イギリス、オランダから、「国崩し」、「城崩し」と呼ばれた最新の大砲＝石火矢《いしびや》、仏郎機《ふらんき》などと呼ばれた大型最新兵器の買い入れも、積極的におこなっている。

ここまでの準備を進めて、家康はついに方広寺の鐘銘に難くせをつけ、駿府へ駆けつけた片桐且元に無理難題を吹っかけた。豊臣方は釈明に努めたが、これはそもそも解決のつく話ではなかった。家康は最初から、言い掛かりをつけて挑発、開戦に持ちこむのが目的であったのだから。ただし、前出の三者択一を、今一度、迫っている。つまりは念押し、最後通牒《つうちょう》を送ったわけである。

筆者は、返す返すも残念でならない。豊臣家が三者択一に取りあえず応じていたならば、信長の織田家が二男・信雄（常真）をはじめ幾筋かの家系が残ったように、その名跡は残せたものを。

にもかかわらず、何の準備もせぬまま、理不尽なり、と豊臣家は激昂して開戦の道を進んでしまう。感情論だけで、大坂城は東西手切れを決断してしまったのである。

そこには戦略も外交もなく、怒りの感情だけが迸《ほとばし》っていた。

――家康は、冷静であった。

ときの後水尾《ごみずのお》天皇（第百八代）に、秀頼追討の綸旨（天皇の命を受けて蔵人《くろうど》が発行する文書）を出してもらうべく工作もしている。

しかし天皇は、むしろ豊臣家と深い親交があり、帝自身が大の秀吉びいきでもあったため、これを拒絶した。すると家康は、承久の乱のときの先例にならって、天皇を隠岐《おき》に流そうか、とまで放言したという。

それを聞いた天海が、そのようなことをすればかえって、天下の人心は大坂方に同調し、大名のなかにも、離反するものがでるかもしれない、といって、家康をなだめてようやく、この話を思いとどまらせた。

天海という家康側近の天台僧も、不気味なまでに正体の知れない人物である。

その出自も生誕も謎に包まれており、陸奥国高田（現・福島県大沼郡会津美里町高田）の出身というのが、一番多い存在証明であろう。「随風」と称し、比叡山の実全に天台宗を学んだといい、三井《みい》寺園城寺《でらおんじょうじ》や南都の諸教学を修め、禅や密教にも精通していたという。

信長の比叡山焼打ち後、甲州、ついで江戸崎《えどさき》不動院（現・茨城県稲敷《いなしき》市江戸崎）に住持し、関ヶ原の戦いの前年、仙波喜多院《せんばきたいん》（現・埼玉県川越市小仙波町）に移り、そののち家康に知遇を受けたという。

が、それにしては近々の出会いにもかかわらず、家康の顧問として内外の政務に参画し、江戸幕府の成立の枢機にも預かっている。

のち日光山・東叡山・比叡山の三山を兼ね、天台宗を管掌することとなる。没年齢については、百八歳が有力ながら、百三十四、五とする説もあった。

朝廷は禁中並公家諸法度をすでに慶長十七年に発布されており、これについては後陽成《ごようぜい》上皇（第百七代天皇）をはじめ、すべての公家は内心、徳川幕府に激怒していた。なにしろ征夷大将軍は、武家の棟梁にしかすぎない。にもかかわらず、その埒《らち》（順序）を越えての不法の束縛、越権行為ではないか、というのが朝廷の憤慨のそもそもであった。

大坂冬の陣、勃発す

ついに、綸旨は出なかったが、家康は大義名分を手にすることがなくとも、躊躇なく大坂の陣に突入する。

慶長十九年（一六一四）十月一日の卯の刻（午前六時）、片桐且元は弟の貞隆《さだたか》（主膳正）や妻子、家臣を引き連れ、大坂城の玉造口を出た。総勢は四千。彼らはことごとく臨戦態勢をとっており、弓に矢をつがえ、鉄砲には火縄がかけられていた。向かった先は、大和街道を経ての居城・摂津茨木城――。

方広寺の鐘銘事件にふりまわされ、駿府まで家康を訪ねた且元であったが、淀殿が派遣した大蔵卿局、正栄尼（秀頼の乳母で渡辺糺の実母）といった婦人への懇切丁寧な応対とは異なり、厳しい三者択一をつきつけられての大坂帰城となった且元は、城内の多くの人々から、なぜ、内府（家康）の返答がこうも双方で違うのか、さては内府にたぶらかされたか、ついには獅子身中の虫とみなされ、且元は暗殺まで計画されるありさま。

九月二十五日には、彼は大坂城の二の丸の私邸に引き籠ったものの、ここで進退窮まってしまう。且元は家人に対して、矢一筋、鉄砲一発も城へ向けることを禁じ、一方でただし、塀を乗り越えて屋敷内に侵入するものがあれば、これは槍の柄をもって叩き出せ、と命じている。

且元の家来・山本豊久の日記には、家康を相手に応接した且元のことを、

「市正ハ智謀薄キ者ニアラズ、御意ニ逆ハズ随フ御挨拶、互《たがい》ニバケバケ騙《だま》シ合ヒ申スト云々《しかじか》」

虚々実々の駆け引きをしたのだ、と弁明しているが、そうであったかもしれないが、二人の力量が違いすぎた。且元は頑張ったが、しょせん、家康の手のひらで踊らされていたにすぎなかった。

そんな中、豊臣家親衛隊の七手組の組頭筆頭・速水《はやみ》甲斐守時之《ときゆき》以下、堀田図書《ずしょの》頭《かみ》盛重（正高）、伊東丹後守長次、青木民部少輔《しょうゆうかずしげ》一重、中島式部少輔氏種《うじたね》、真野《まの》蔵人助宗《すけむね》（のち助宗没後は、子の真野豊後守頼包《よりかね》）、野々村伊予守雅春（吉安）の調停により、且元は人質を出して高野山に蟄居することを前提に、城外退去となった。その心中は、いかばかりであったろうか。

この日の四日前、織田常真も城からすたこら逃げ出していた。

淀殿―秀頼母子は、いつの日にか且元との和解もある、と考えていたようだが、そうはいかなかった。豊臣氏と徳川氏との手切れ＝開戦の直接の引き金は、この且元の大坂退城がひいたのである。家康の信任厚かった且元を、裏切り者として大坂城から追放したことが、大軍勢を大坂城に向かわせることとなった。

同じ十月一日、京都所司代・板倉伊賀守勝重より、密書が家康のもとへ届いている。九月二十五日

の且元のありさまを伝えたものであった。家康はこの密書で、大坂討滅を決断する。

「御本望と仰せ出だされ、御太刀をがばと御ぬき成され、床へ御飛びあがり成され候」(『見聞書《けんもんしょ》』)

七十三歳の家康が、ついに立った。その心境はおそらく、次の如くであったろう。

「合戦ハ何《なん》ヶ度《たび》シテモ、覚《おぼえ》ラルヽモノニテハ無シ。只、合戦ハきをひ(気負)次第ナリ。せっぱ二成ラバ、秀頼ト組合《くみあい》、上ニ成リタル方ガ勝ツベシ」(北川次郎兵衛宣勝著『北川覚書』)

且元の去った大坂城は一時、騒然となり、伏見や堺に逃げ出す人々も出たようだが、秀頼の法度《はっと》が出て、ようやく沈静化したという。加えて、且元が城外に出た翌日には、開戦準備に入っている。大坂方も東西手切れとなれば、一刻の猶予もならないことぐらいは理解していた。外交と開戦――双方を視野に入れた臨戦態勢が、急ぎ敷かれた。なにしろ大坂城には、三万前後の人間しかいなかった。しかもこれは、非戦闘員、女性・子供をも含んだ数である。

すぐさま、豊臣恩顧の大名たちへ密使が送られた。

福島正則、蜂須賀家政、細川忠興、佐竹義宣、島津家久(義弘の子)、前田利常《としつね》(利家―利長の後継者)、浅野長晟《ながあきら》(長政の二男・幸長の弟)、蒲生忠郷《たださと》(氏郷―秀行の後継者)、池田利隆(恒興―輝政の後継者)。

人選は間違っていなかった。おそらくこれまでにも何かにつけ、音信は送りつづけていたのだろう。しかし、送られた方は、ただ困惑するばかり。すべての大名が、迷惑なことだ、と思ったに違いない。もう時代は変わったのだ。幕藩体制に参加している諸侯は、現実を痛いほどに理解していた。

旧主秀頼のために、大坂城にかけつけた大名は、唯の一人も出なかった。

豊臣氏への旧恩と徳川氏への新恩は、すでにみた通りである。

実は九月七日の時点で徳川幕府は、本多正信・酒井忠世の両名に宛てて、家康を決して裏切らない、という三ヵ条の起請文を五十家の大名に、血判を押した上で提出させていた。

諸侯は豊臣家からの誘いを断るだけではなく、徳川家にそのことを通報し、家康の大坂討滅を知るや先を急いで、駿府の家康のもとへ、あるいは江戸の秀忠のもとへ駆けつけた。これが、時勢というものであった。

家康は駿府に駆けつけた諸侯を慰労し、直ちに領国へ立ち帰って準備を整え、軍令を待つようにと命じている。併せて、福島正則、黒田長政、加藤嘉明、平野長泰らに、江戸残留を命じた。黒田長政を除いて、いずれも〝賤ヶ岳七本槍〟＝豊臣家の藩屏《はんぺい》の面々であった。

蛇足ながら、右のうち永禄二年（一五五九）生まれの平野長泰は、イメージが三歳年上の片桐且元に重なってしまう。〝七本槍〟で勇名を馳せても、小牧・長久手の戦いで御首級《みしるし》をあげても、彼が手にしたのは計五千石。関ヶ原の戦いでは東軍に属し、のち徳川秀忠に仕えている。

長泰の息子の権平《ごんぺい》（長勝）が、大坂城に入城したため、そのことを詫びるためにいち早く駿府に赴き、自ら大坂城へ息子を連れ戻しにいく許可をもらおうとしたが、家康はこれを許さず、そのまま江戸待機を命じた。

牢人たちの大坂城

一方の大坂城では、最も頼りにした――といっても一方的な片思いではあったが――現役大名は一人として馳せ参じてはくれず、この現実にはじめて首脳部は愕然となった。彼らは心底、豊臣恩顧の大名がいざとなれば駆けつけてくれる、と信じていたようだ。

しかし、他力本願の〝神風〟は決して吹かなかった。

豊臣家の準家老というべき立場にあった大野治長は、自らが中心となって諸国牢人の募集も進めたが、こちらの方は期待どおりの成果をあげたといってよい。

『駿府記』の慶長十九年十月五日条に拠れば、いよいよ天下風雲急をつげ、一攫千金《いっかくせんきん》＝大名になるぞ、との野心に燃え、あるいは武士としての返り咲《かえざき》をねらって、大坂城にはこの頃、陸続と牢人が押し寄せていた。彼らは一様に目を細め、細めた目を光らせつつ、わきあがる戦雲を喜んだ。

同書十月十二日の条に、

「去る六日、七日、京都諸牢人の内、長曾（宗）我部宮内少輔（盛親）、後藤又兵衛（基次）、仙石《せんごく》豊前守（秀範《ひでのり》）、明石掃部助《かもんのすけ》（全登《ぜんとう》）、松浦弥左衛門（重政）、其《そ》の外名も知れざる牢人千余人、金銀を出し籠城抱置《かかえお》く」

とあった。さらに十四日の条では真田信繁の入城がふれられていた。信繁は秀頼から、当座の音物《いんもつ》（贈り物）として黄金二百枚、銀三十貫目を与えられたという（『真武内伝《しんぶないでん》』にも同じ内容がある）。

「五十万石の約束で、軍勢を約六千率いて大坂に入城した」

というのは『大坂御陣山口休庵咄《おおさかごじんやまぐちきゅうあんばなし》』だが、さてこの人数は、いささか多すぎるように思う。

信繁は、父・昌幸や兄・信之（前名・信幸）とは違い、独立した一個の大名になったことは過去に一度もなかった。しかも壮年期（三十四歳）に、関ヶ原西軍荷担で禄をも失っている。真田氏ゆかりの者や徳川軍を第一次上田、第二次上田（関ヶ原のおり）と二度、合戦＝籠城戦で勝利した、真田昌幸の名声に牢人たちが集まり、二、三百になった、というあたりが妥当なのではないか。

ほかに大将級となる人物では、毛利勝永（前名・吉政）、氏家行広《うじいえゆきひろ》、大谷吉治《よしはる》、平塚左馬助、淡輪《たんのわ》重政などが知られていた。彼らはことごとく関ヶ原の戦いで西軍に与した人々の、子か家臣であった。

著名人の身内——筆者は以前から疑問視しているのだが、たとえば真田信繁という人物を、大坂城は本当に心待ちにしていたのだろうか。後世に集められる逸話の多くは、ときに真相を思い込みや独断的希望で隠蔽《いんぺい》してしまうことがある。

信繁の父・昌幸が生きてあれば、一も二もなく大坂城はこの老将を、三顧の礼をもって迎え入れたであろう。昌幸には、わずか五万石程度の身上《しんじょう》で、前後二度、徳川の大軍を一手に引き受け、二度とも撃ち破ったという類のない戦歴があった。

昌幸の父・幸隆《ゆきたか》が甲斐の守護大名・武田信虎に信州（現・長野県）小県郡《ちいさがた》を追われ、信虎の息子・武田信玄に招かれて、のちにいう「真田戦法」と呼ばれるものを独自に創りあげ、その過程で幸隆は、天才戦術家の上杉謙信の南下をも、見事に防ぎきった。

一時期、武田一族に準ずる待遇を得、「武藤喜兵衛《むとうきへえ》」と名乗った昌幸は、幼少の頃から信玄のかたわらにあり、武田軍法を学ぶ機会に恵まれた。彼は生《き》っ粋《すい》の信玄の愛弟子であり、父をも上回る軍略・兵法の使い手となった。このあたり、序章の立花宗茂と似ている。

信玄の没後、武田家は勝頼が当主となり、時勢によってその勢威が傾き、ついには滅亡の淵に立たされても、昌幸は一向に慌てることもなく、主君勝頼を助けて武田家を再興するつもりでいた。

が、勝頼はこの「表裏比興《ひょうりひきょう》の者」とのちに豊臣政権でささやかれた、肚の底のわからない、家来でありながら自らよりも器量のある、いいかえればある種の食わせ者を信じられず、結局は昌幸を頼らずに、頼ってはいけない裏切り者を頼って、ついには自刃して果てる。

昌幸は乱世の中に、ただ一人、武田家から置き去りにされたように、生き残った。

しかも、北に上杉景勝、東に北条氏政、西に織田信長、南に徳川家康と大国に囲まれた中で昌幸は己《おの》が信濃の小さな所領を、まるで一場の綺談《きだん》（おもしろくつくった話）のように、次々と主人を替えながら守り抜き、その窮場で天下取りの夢をも抱きつづけた。どこまで肝が太く、灰汁《あく》が強いのか。

丁半博奕のような関ヶ原も、立花宗茂と同様、自らの判断で西軍につき、東軍の徳川正規軍三万八千を小勢でさんざんに翻弄し、みごとに撃退している。

あとに、結果として秀忠が関ヶ原に間に合わなかった、という失態が残った。

宗茂は城地ことごとくを召し上げられただけで済んだが、昌幸はそれだけでは済まず、高野山に流《る》謫《たく》の運命となった。家康―秀忠父子は、この男だけは決して許さなかった。俗世に放てば、なにをしでかすかわからない恐ろしさがあったからだ。

だが、その昌幸は慶長十六年の六月四日、蟄居したまま、この世を去っている。享年、六十五。

昌幸最期の逸話は本当であったのか

信繁は、その稀代の戦術家の二男であったが、もとより昌幸本人ではない。

高野山の九度山という閑居に、十数年間、父の個人教授は受けつづけたであろうが、残念なことに、信繁には実戦における総指揮者の経験がなかった。軍配をふったことがないのだ。関ヶ原のおりも、一部隊を率いて善戦した指揮官にすぎなかった。

にもかかわらず、大坂方はこの人物の登城を喜んだ。なぜであったのだろうか。筆者は頭数がほしかったのではないか、と考えてきた。つまり、大坂城首脳部は当初から籠城のみを考えており、そもそも信繁にも、他の牢人将領にも、多くを期待していなかったのではないか、ということである。

いよいよ自らの死に臨んだ昌幸は、徳川家と決着をつけたいと考えていたが、ついにこの望みがかなわなくなった、と嘆く（熊沢淡庵《くまさわたんあん》著『武将感状記』のほか、『名将言行録』など）。

なるほど、二度の徳川軍との戦いは、いずれも勝利はしたものの、それによって徳川家康がその地位や生命《いのち》を失うというものではなかった。昌幸にすれば、詰め切っていない無念さが残っていたとしても、あり得ることである。中座した、勝負途中のままの決着を、彼はつけたかったに違いない。

問題はそれを、作戦まで具体的にあげながら、「自分なら実行できたが、お前（信繁）では無理だ」と、まるで大坂の陣を予言したように、昌幸は遺言を残した真意であった。

内容を語ろうとはしない昌幸に、信繁が己れの未熟を恥じて嘆くと、

「汝ガ愚ナリトテ、ワガ志ヲ言ハザルニアラズ」（『武将感状記』）

昌幸は才智ならば、お前のほうが上であろう、という。だが、若くして九度山に蟄居したため、世間はお前の閲歴《えつれき》を知らない。

「名《な》顕《あら》ハレザレバ良策ナリトモ用イラレズ」（同書）

そう言いながらも昌幸は、これまで考えに考えてきた自らの軍略の成果を、信繁に伝授する。

「わしが大坂城に入城すれば、わしが総大将となるだろう。わしはまず、二万の兵を率いて青野ヶ原（現・岐阜県大垣市青野町）に陣を敷く」

信繁は、この青野ヶ原に合点がいかない。要害の地ともいえず、堅固な城を守るわけでもなく、そこまで出ばっても、新たな援軍が諸国から来るとも思えない。反論すると、昌幸はここに自分の付加価値を乗せて、この一見奇妙に思われる作戦を遂行するのだという。

「わしが出陣したと聞けば、家康は慌てて関東から奥州まで広く兵を募るであろう。こうしてわしは、時間を稼ぐのだ。向こうはなぜ、青野ヶ原なのか、と考え込み、思考が止まる。そうしておいてわしは、瀬田（現・滋賀県大津市瀬田）、宇治まで兵を引いて、堅牢な防御陣地をこのあたりに構築して、大坂城の前面に押し出す。さらに、二条城を焼き払って、それらの手を打ったうえで大坂城に籠る」

この昌幸の作戦、冷静に立ち止まって考えた場合、そもそも成り立つであろうか。時間稼ぎの手に、家康は本当に乗せられるだろうか。籠城前に気勢をあげるのはいいとして、いかに大坂城が十年間、十万人が籠って戦える巨城とはいっても、援軍の来ない籠城戦はいつかは陥落するもの。要点は、城を囲んでいる大名の中に、どれだけ離反者を出せるか。〝調略〟こそが、大坂城の命運を担っていたはずなのに、その道の達人である昌幸は、その最も重要な方法論について言及していない。

どうやって昌幸は、諸侯を寝返らせるつもりでいたのだろうか。

夜討ち朝駆けで、神出鬼没の活躍をして敵陣を潰乱《かいらん》し、持久戦に持ちこむ。なにぶんにも敵は大軍であり、攻城戦だけに糧《かて》も長引けば乏しくなる。食が細くなると人々は気を病み、士気は倦《う》んで、敗戦がかさなるかもしれない。

それはいい。問題は敵の士気を落としつづければ、徳川方の大名の中から、寝返る者が出るか否かである。筆者は籠城戦の貫徹こそが、大坂方の生き残りの必須条件であった、と考えている。

俗に、二度あることは三度あるという。逆に、三度目の正直という言葉もあった。

難しいところだが、筆者個人はなんとしても昌幸に、大坂城で活躍してほしかった。が、その息子の信繁に、大坂城が期待する道理はなかったろう。彼は豊臣の直参でもない。

信繁は昌幸の子にすぎなかった。前述した入城組の大谷吉治も、関ヶ原で戦死した西軍の大谷吉継の長男（一説に弟）である。増田盛次は五奉行の一・増田長盛の子であり、仙石秀範はもと淡路洲本五万石の城主・仙石秀久《ひでひさ》の子であった。

筆者は個人的に、この仙石家に関心があった。なによりも秀久が面白い。秀吉が近江を預かっていた頃、家臣となって、天正二年（一五七四）には近江国野洲《やす》郡（現・滋賀県野洲市）に一千石を与えられ、それをもとに五万石の大名となり、天正十三年の四国征伐では、さらに武功をあげて讃岐一国（現・香川県）を与えられ、高松城主に栄進している。

ところが九州征伐に先発したところ、豊後国戸次《へつぎ》川《がわ》の戦いで秀久が、島津の軍勢に大敗し、頭にきた秀吉はその全所領を没収、秀久を高野山へ登らせた。

謹慎していたかと思いきや、秀久は小田原の役では家康を頼って従軍し、信濃国佐久郡（現・長野県佐久市）に五万石を与えられて、小諸城主に返り咲く。

大坂城の本当の狙い

この人物は間違いなく、真田昌幸と同じタイプの人物ではなかったろうか。

興味深いのは、この秀久が関ヶ原の戦いでは、徳川秀忠に従って信州上田城を攻撃していたことだ。秀久は大坂の陣においても徳川方にあり、嗣子（三男）の忠政も同様であったが、ひとり二男の秀範だけは大坂城に入城した。生没は不詳だが、おそらく年齢は信繁より十歳ほど下ではなかったかと思われる。

秀範は秀吉の死後、慶長四年（一五九九）の時点で、大老連署により三千石を与えられ、豊前守に任官、従五位下となった。気骨稜々《りょうりょう》たる人物で、関ヶ原で西軍について牢人し、仙石家も断縁となっても懲りず、エネルギッシュに大坂城に入城した。人物の存在感としては、信繁とかわらなかったに違いない。ちなみに、秀範は大坂の陣のあと、丹波に逃亡したとして消息を絶っている。

そういえば大坂城には、関ヶ原のあと、豊前一国（現・福岡県東部と大分県北部）と豊後国国東《くにさき》郡・速見郡（現・大分県国東市・杵築市周辺）を合わせて三十九万九千石を領した細川忠興の二男・与五郎興秋《おきあき》も入城していた。彼の母は明智光秀の息女・玉（洗礼名はガラシャ）であり、最初は「長岡」姓を名乗った。関ヶ原にも軍功があったが、慶長十年（一六〇五）、人質として江戸におもむく途中、逃亡して大坂方へ走った。この興秋も世間的な知名度では、信繁といい勝負であったろう。

また、美濃垂井《たるい》（現・岐阜県不破郡垂井町）一万二千石の城主で、西軍にて大谷吉継とともに関ヶ原を暴れまわった、平塚為広《ためひろ》の遺子・左馬助もいい。為広は吉継の使者として、佐和山へ三成を訪ね、挙兵を諫めたが容れられず、ならばと義に殉ずべく、自らも西軍に参戦。最後は小早川秀秋の裏切りを知り、それを吉継と食い止めながらも、脇坂安治、朽木《くつき》元綱、小川祐忠《すけただ》、赤座直保《あかざなおやす》と立てつづけに起きた連鎖的な裏切り者のために、壮絶な戦死を遂げた。関ヶ原の少し前、越前安居《あご》（現・福井県福井市金屋町）二万石の城主・戸田勝成《かつしげ》とともに秀秋を訪ね、これを刺殺しようとしたこともあった。

関ヶ原の戦いから、十四年しか経過していない。世上には徳川家康に対する畏怖心《いふしん》がある一方で、豊臣家への哀憐《あいれん》の想いもあり、関ヶ原における西軍の諸将＝英雄・豪傑と受け取る向きも少なくなかった。大坂城の実権を握る大野治長たちは当然、それらの世論は知っていたであろう。

彼らが欲しかったのは、城から討って出て戦う方法論を説く軍師ではなく、すでにある籠城策を遂行するための人数であったのではないか。

筆者は、あれほど用意周到の秀吉が、大坂城で戦う場合の作戦を策定しないまま、それを伝えないままに、この世を去ったとは思えない。工夫した「惣構」を十二分に活用し、かつての小田原城のように、攻城方を阻むほうが良い、との判断が事前にあった、と思えるのだが、読者諸氏の見解はいかがであろうか。

真田信繁をはじめ、名のある（名のある人の身内も含め）多くの牢人たちが大坂城に入城した主因は、武士としての本懐＝華々しい討死《うちし》に――死に場所を得るため――であったろう。むろんそれは、亡き父や主人の無念を引き継ぐということでもあった。身内であるからこそ、先に死んでいった人々の、胸の内が痛いほど理解できたに違いない。

加えて、信繁の場合は、真田家としての決着をつけねばならなかったのではないか。第一次、第二次上田合戦はいずれも、最後――勝ち敗けを明確にわける――までにはいたらなかった。信繁は真田家の人間として、三度目の正直をやってみたかったのであろう。

信繁は四十九年の生涯の大半を、父と兄の蔭に隠れて生きてきた人間であり、自らが優れた戦略を展開したことはなかった。もとより〝三軍の将〟（数万の兵を指揮する将軍）の経験もない。第一次上田合戦では、現場にいなかった公算が高かった。第二次も、数百の将兵を指揮しただけである。

史料を解析検証するかぎり、彼は誠実さのにじみ出るような人物ではあったが、どこにも大物＝英雄と呼べる片鱗がなかった。何より兄・信之は弟の人柄を評して、

「物ごと柔和・忍辱《にんにく》にして強からず。ことば少《すくな》にして、怒りはら（腹）立つ事なかりし」

と語っている（『幸村君伝記』）。

のち、大坂城落城のおりに、しきりと児童にうたわれた童歌《わらべうた》には、

「花のようなる秀頼を、鬼のようなる真田（信繁）がつれて、退《の》きも退いたよ加護島（鹿児島）へ」

というのがあったが、この「鬼のようなる」という信繁のイメージは、大坂の陣を通じて出来上がったものであり、それ以前の史料の語る信繁像とは、かけはなれたものでしかなかった。

また、彼は小柄な人であった（『大坂御陣山口休庵咄』）。

もう一人の信繁、毛利勝永とその妻

ついでながら、大坂城に入城した旧大名の中には、この真田信繁と風貌のよく似た人物で、当時は信繁に比べて知名度の高かった毛利勝永がいた。

〝天下分け目〟の関ヶ原の戦いにおいて、西軍に荷担し、彼は西軍が敗れてのちに、父・毛利壱岐守

勝信《かつのぶ》（吉成、一斎とも）とともに、土佐へ流され、関ヶ原の戦後、同国の国守となった山内一豊のもとへ預けられた。以下、『明良洪範《めいりょうこうはん》』ほかに拠る。

「毛利豊前」と呼称された勝永の父・勝信は、徳川家康の麾下《きか》にある三河武士を、亡き豊臣秀吉に置き替えたならば、まさにこれに匹敵する子飼いであった。秀吉は織田家の武官として出世したが、軍勢はことごとく主君信長からの借り物で、家康のように生まれながらの家臣団は持っていなかった。

ただ、ほんのわずかな手まわりの家来はいて、勝信はその一人であった。それでも無二の譜代ではある。懸命に主君につき従い、天正十五年（一五八七）六月には豊前小倉（現・福岡県北九州市）に六万石を所持する大名となった。石高は少禄《しょうろく》ながら、秀吉の親任は厚く、勝信は一種の九州探題ともいうべき〝格〟で、九州の諸大名に臨んだ。

一説に、もとの姓は「森」であったが、九州では羽振りを利かせるため、中国地方の毛利氏にあやかった方がいい、と秀吉が「毛利」に改姓させたとか。

二度の朝鮮出兵にも参加し、関ヶ原の戦いでは西軍の将として伏見城攻めにも加わっている。が、戦後、除封され、ついで土佐への追放となった。

「このままではすまさぬ」

無念の涙をのんだ勝信は、真田昌幸同様、どこまでも徳川家康への復讐戦を誓ったが、昌幸と同じく病に伏してしまい、慶長十六年（一六一一）五月（九月とも）に、土佐で亡くなってしまう。

息子の豊前守勝永は、信繁とは異なり、天正十五年に豊前で父の所領のうち一万石を与えられていたという。が、父とともに西軍に属して関ヶ原を戦い、敗れて土佐へ配流《はいる》となった。

流されたとはいえ、父子はもとは大名である。土佐藩から千石の捨《す》て扶持《ぶち》をもらっていた。一族や旧臣からの「合力」も、それなりにあったようだ。

土佐の山内家の人々は、勝永もその父と同様、隙あらば豊臣秀頼に加勢するのではないか、とその心底を疑っていた。それを知ってか知らずか、勝永は茶の湯三昧《ざんまい》に日々を暮らし、わずかばかり付き従っていた毛利家の家来の一人、窪田甚三郎《じんざぶろう》を京都や大坂に派遣しては、珍しい茶器を求めさせた。

山内家の人々はその姿に、いささかあきれながらも、

「これならば大坂入城はあるまい」

と内心、安心していたのだが、その実、甚三郎は大坂城にある大野治長の従弟にあたり、彼らは密かに連絡をとり合っていた。が、勝永には一つ、大坂城入城に大きな障害があった。

土佐は平安の昔から、流人が送られる国である。京大坂の上方からははるかに遠く、四国山脈が立ちはだかっており、視界を遮って、人の移動も情報の伝達も、ことごとくを遮断していた。土佐からこの険しい山を越えても、その先には鳴門の渦が待ち構えている。これからみる、前土佐の国主たる長宗我部盛親の失敗も、一面、この厳しい地形ゆえの側面は確かにあったろう。

もし、勝永が大坂城に入城するということになれば、鳴門の渦をも突っ切って行かねばならない。

慶長十九年十月、いよいよ関東と大坂城が手切れとなったことを、勝永は知る。さて、と。万難を排して彼は立ちあがったかというと、そうではなかった。勝永はいざとなると、覚悟が定まらなかったようだ。原因は、愛してやまない妻にあった。土佐を脱出すれば、妻に苦労をかけることとなる。思案にあまった彼は、直接、妻に己れの心情を語った。

「わが家は武名をもって天下に聞こえた家だ。しかるに、この辺鄙《へんぴ》に流謫させられて、このまま虚《むな》しく朽ちることは本意ではない」

信繁や牢人諸将と、同じ心境であったことが知れる。

「――ぜひにも秀頼公に属して、華々しく戦い、汚名を雪《すす》がんと思う」

けれども、自分がこの地を逃亡したならば、そなたや子たちは捕らえられるであろう。不幸な運命に見舞われることになる。そのことが気がかりなのだ、と勝永はいう。なるほど、本当に心から妻を愛していたようだ。さて、妻はどう答えたのか。彼女は笑って、

「それはお言葉が違いましょう。大丈夫《だいじょうぶ》たらん君（勝永）が、妻子への情にほだされて、武名を汚さんことこそ、真に恥ずべきことではございますまいか」

速《すみ》やかにこの地を立ち去り、再び家名を興《おこ》して下さい、ときっぱりといった。私たち家族のことなど、心に止めてはなりませぬ、とまでいい、

「――もし万一、あなたさまが討ち死になさいましたなら、わたくしも土佐の海に身を投げてともに死にましょう。勝利されましたならば、再会もかなうはずです」

なにやら中世・近世の婦女子教育のお手本のような会話だが、妻に励まされた勝永は、嫡子勝家をともなって土佐を去ることにした。もっとも、遠流《おんる》の地に定められてきた土佐は、信繁の九度山のようには脱出できない。山内家の協力なくしては、とても大坂にたどりつくことは不可能であったろう。

そこで勝永は、一豊の跡を継いだ国主・山内土佐守忠義《ただよし》に、

「関東に下って大御所さまに、この際、お家再興を願い出たく存じます」

といつわって出国をはかり、どうにか大坂城に辿りついた。

筆者は二人の間に黙契《もっけい》があったのではないか、と疑っている。前述したごとく、諸将のなかで、一番遅くに大坂城入りしたのが真田信繁というから、勝永の行動は地理的条件を考えれば、群を抜いて素早いものであったということになる。

立場上、忠義は勝永の妻子を拘束し、駿府の徳川家康に伺いを立てねばならない。この時、家康はようやく決着のつく豊臣問題を前に、機嫌が良かったようだ。

「丈夫の志あるものは皆、斯《かく》の如し」

とむしろ勝永をほめ、妻子を罰してもしかたない、と寛容な返答をしたという。

おかげで山内家では、勝永の妻子を城中に保護して養うこととなる。勝永本人はというと、天王寺で信繁とともに奮戦し、潔い最期《さいご》を遂げたとも、城内で自刃したとも、種々、伝えられている。

いずれにせよ大坂の陣をめぐっては、それこそ城方にも攻城方にも、幾多の夫婦の別れ、家族の別離があったに相違ない。

第三章　大坂城の将星と偽りのエピソード

期待はずれの将・長宗我部盛親

大坂城内は、旧大名から農民の足軽志願まで、連日、玉石混交、大量の人々が流入していた。問題はこれらの将兵を、総覧《そうらん》することのできる大将がいるのかどうか。命令一下、千万の軍勢を死地に向かわせることができなければ、総大将は務まらない。

そのためには、この度の大坂城の場合、まずはその前歴が、人々を承服させられるだけのものでなければならなかった。大名であり、位官も優れている者――。

この尺度で大坂城の将星のうち、大坂冬の陣がはじまるまでの間、最も期待されていたのは、長宗我部盛親であったかもしれない。なにしろ、その個人の力量の程は皆目、知られていないため評論が難しかったが、一方において彼の父・元親の英雄像は、この頃、すでに定着していた。

ただ、筆者は個人として、長宗我部盛親という人を考えると、どうにも同情が先立ってしまう。この人にはおそらく、生涯〝自分〟というものの、自由がなかったように思われるからだ。

大坂冬の陣のおり、四十歳の盛親は、二十六歳で関ヶ原の戦いに参戦した。彼のそもそもの不憫《ふびん》さは、その前年の五月に、偉大な父・元親《もとちか》を失ったことから始まった。なにしろこの父は、土佐の一小領主から身を起こし、土佐一国を平らげて、ついには四国全土を征服しようとし、ほぼ目星をつけたところで、中央の政情が一変。秀吉の政権が誕生したため、時勢で土佐一国（二十一万二千石・浦戸《うらど》城主）に押し戻されてしまった。が、その生涯は戦国英雄譚《たん》（はなし）のなかでも、一際《ひときわ》輝く明星であったことは間違いない。

その父・元親が亡くなり、その父が創りあげた長宗我部家だけが残った。

元親には自慢の嫡男・信親がいたが、九州征伐のおりに戦死を遂げてしまう。

盛親は本来、後継者の立場にはなく、父に多くを学ぶ暇もないまま、英雄・長宗我部元親の跡を継いだ。そのため家臣たちは無論、家督を慌《あわただ》しく継いだ盛親本人も、何事であれ、「亡き殿ならば……」と思案し、行動する癖を持ってしまう。関ヶ原のおりも、父ならば……、と一度は東軍を選択し、その旨を総大将の家康に告げるべく、盛親はすぐさま密使を二人旅立たせた。

ところがこの二人、近江の水口《みなくち》（現・滋賀県甲賀市）に西軍の長束《なつか》正家（五奉行の一）が設けた関所のものものしさに驚き、「これではとうてい、東には行けぬ」と、あっさり自分たちの使命を放棄。そのまま土佐へ舞い戻って、ありのままを主君の盛親に報告した。

するとこの若き当主は、次なる東軍参加の工夫を考えることをせず、これまたあっさりと、

「こうなれば、天運に従うほかなし」

と、一転して西軍に鞍《くら》替《が》えを決断してしまう。

江戸時代の中期に成立した、長宗我部氏の興亡を描いた軍記物『土佐物語』には、本意を果たせなかった盛親の無念さを擁護しているが、おそらく真相はそうではなく、中国地方の雄・毛利輝元が西軍の総大将となったことから、「これでいける」と東軍から西軍に乗り替えたのであろう。確かに関ヶ原の戦いは、東西いずれに軍配があがるか、戦前、誰にも予想はつかなかったのだから。

盛親は西軍が挙兵するや、六千六百の兵力を従え、五大老の一・宇喜多秀家を主将とする軍勢に参加。東軍側の伏見城攻撃に加わり、家康の重臣・鳥居元忠を味方ともども血祭りにあげ、伊勢進攻の西軍にも列して、安濃津《あのつ》城の攻略にも参戦している。

そして、運命の関ヶ原の一戦――。

関ヶ原の東端に位置する、栗原山に盛親は布陣した。この山は南宮山《なんぐうざん》という大きな山の麓山《ふもとやま》であった。南宮山の山頂には、毛利の大軍がいた。盛親は独自の戦術を立てることをせず、これまで亡き父のいわれるままに動いてきたように、この世紀の決戦では〝大毛利〟の動きに従おうと考えた。

(頭上の毛利に即して動けば、まず間違いはあるまいよ)

盛親は高《たか》を括《くく》り、山向こうの関ヶ原の本戦を見ないで、もっぱら山頂の動静に目を凝《こ》らして見入っていた。筆者は思う。もし、この〝天下分け目〟の一戦に勝ち負けは別として、盛親が一国一城の主《あるじ》らしく、正々堂々と戦っていたならば、彼の武将としての面目はそれなりに保たれたであろう、と。

否、六千六百の土佐兵が一丸となって槍ぶすまをつくり、威勢よく山をはせくだり、死力を尽くして主戦場に突入していれば、小早川秀秋が裏切りを決断する前に、西軍は勝利できたであろうし、少なくとも引き分けにはもちこめたに違いない。

そうなれば盛親は、父子二代の〝英雄〟として、歴史にその名を刻まれたかもしれない。

だが、彼は自らの頭で動かず、しかも頼った相手が悪かった。毛利家の実力者・吉川広家《きっかわひろいえ》が、すでに東軍に通じているとは、盛親は知らない。動かぬ毛利軍を不思議がりながらも、それに倣《なら》って自軍をも、合戦を傍観してしまった。そして眼下に世紀の決戦がおこなわれているのを、高処《たかみ》の見物と洒落《しゃれ》込む。

結果、ついに一度として槍を合わせるでもなく、一発の銃弾を射つこともなく、長宗我部勢は西軍総崩れの渦に巻き込まれて、気がつけば盛親は放心状態で伊勢街道を南下していた。

不戦敗を喫したうえに、途中で百十三名の将兵を失い、伊賀を経て大坂から土佐へと潰走しただけが、盛親の関ヶ原における戦歴となった。世間はつねに、結果主義である。盛親は無様《ぶざま》な二代目のレッテルをはられ、情け容赦のない冷笑を浴びせられる。

それでも彼は戦後、遅まきながら〝徳川四天王〟の一《いつ》・井伊直政《なおまさ》に仲介を頼み、家康に謝罪する工作をおこなった。一方では浦戸に拠《よ》って、徳川の軍勢を迎撃する体制も固めたというのだから、武将としての心構えは、世間がいうほど悪くない。その覚悟の良さもあり、一時、外交交渉は盛親にとって、悪くない方向へむかっている。

なにしろ彼は、関ヶ原では弁当を食べた以外、何もしなかったのだから。上京して家康に、申し開きを聞いてもらえるところまで漕ぎ着けた。が、ここまで漕ぎつけて盛親は、とんでもないミスを犯してしまう。彼は幽閉していた実兄の津野《つの》親忠《ちかただ》を、城乗っ取りの企てありとして、殺してしまった。ところが、この親忠は家康の腹心・藤堂高虎《たかとら》と昵懇《じっこん》であり、親忠殺しがすぐさま家康の耳に届いてしまう。

「元親にふさわしからぬ不義者」

と、家康は盛親を罵倒した。あげく、全領土は剝奪《はくだつ》されることになる。

タイミングをはずされ、長宗我部をあげての籠城戦もできず、以来、一命のみを助けられた盛親は、十年程、京都で籠居《ろうきょ》生活を送っていた。

この間、彼の人生は時が止まったままとなっていた。寝ても醒《さ》めても思うことは一つ、関ヶ原での己れの失態であった。あの半日にとらわれ、盛親は世捨て人の生活をつづけている。「大岩祐夢《たいがんゆうむ》」と名を変え、寺子屋の師匠をやり、最近では公家や朝廷の学者などとも、細々と交際するようになっていた。その彼の姿が、ふいに京洛から消えた。

「秀頼公に馳走《ちそう》し奉らん」

と、大坂城へ入城したのである。盛親は自らの武功で、土佐一国を回復しようと考えていたようだが、大坂城内はもとより、世間の人々は、この人物の実力のほどがわからない。本当のところは名将なのか、ただの愚将なのか。そのため、万人が認める大坂城の総大将とはなれなかった。

主君との確執に泣いた豪傑

このようにみてくると、大坂城の総大将にふさわしい牢将はなかなか見当たらない。

敵の家康は、この点をどう見ていたのだろうか。

「大坂城中には御宿《みしゅく》勘兵衛と後藤又兵衛の外に、人はいない」

と断じていたという（松浦《まつら》鎮信《しげのぶ》編『武功雑記』）。

なるほど、この両名の戦歴は申し分がなかった。

前者の御宿勘兵衛（諱は政友《まさとも》）の家系は、もともと小田原北条氏の家人で、勘兵衛もその環境に育ったが、途中で今川氏へ鞍替えし、武田信玄が勃興すると、一族とはなれて武田氏へ随身。駿河千福城（現・静岡県裾野市）の城将をつとめて活躍したが、信玄亡きあと武田氏が織田信長によって滅ぼされると、勘兵衛は奔《はし》って家康の二男・結城秀康に仕えている。このとき、一万石を拝領し、越前守ともなった。ところが、その秀康の後継・松平忠直が当主となると、相性が合わなかったのであろう、

「この主人ではやれぬ」といい捨てて、主家の退転。

「七度、主家を替えて、わが家を知る」

などといわれた時代である。勘兵衛はさらに奔って大坂城へ入城した。戦巧者という点では、旧大名級の将官連からは、一頭抜きん出た人物といってよかった。

　しかし、大将としての勇気凛々《りんりん》の姿、誰しもが仰ぎ見る畏敬の将器、そしてなによりも問われる戦歴において、後藤又兵衛がやはり際立っていたであろう。講談では政次の諱が多いが、すでにみたように基次が正しい。

　永禄三年（一五六〇）に、播磨国別所氏の臣であった父・新左衛門のもとに生まれている。黒田官兵衛孝高―長政父子に仕えた。が、官兵衛が又兵衛をわが子のように天塩にかけたためか、本来は主人として立てるべき長政と、実の兄弟のごとくに育ち、そのためときに長政に対して、主従の礼に非する無礼な言動をすることがあった。

　秀吉の裁量で、豊前中津十二万石を拝領したおり、土着の宇都宮鎮房《しげふさ》を力攻めにしてはならぬぞ、と父の官兵衛に釘をさされながら、長政が攻めて敗れたおり、長政とそれに従った将士たちは揃って髪を切って謹慎したものの、参加していた又兵衛一人は、

「勝敗は武家の常、負けるたびに頭を剃っていては髪の伸びるひまがないわ」

といって、一人これを拒否したことがあった（国枝清軒《くにえだせいけん》編『武辺咄聞書《ぶへんばなしききがき》』）。

長政が合戦で、深田《ふかだ》に馬を乗り入れて身動きできなくなったところへ、行き合わせた又兵衛は、

「馬を捨てて、そのまま落ちられよ」

と無情にいい、助けもせずにそのまま行ってしまったことがあった。

又兵衛は自分の将士、雑兵たちには大量の感情を注ぎ込む男であったが、どうしたことか長政にのみ、妙なライバル心を強く持っていた。

筑前福岡藩黒田家の儒者・貝原益軒《かいばらえきけん》は、

「平生《へいぜい》（ふだん）戦功多しといへども、心術《しんじゅつ》（こころのもち方）正しからず」

と又兵衛を非難しているが、いざ合戦となるとこの男は、不死身のような力強さと機転巧みな戦略・戦術を展開し、自軍を勝利に導いた。

慶長五年（一六〇〇）八月二十三日――関ヶ原の緒戦ともいうべき戦いにおいて、東軍の福島正則と池田輝政の二人が、互いに競い合うようにして、西軍に荷担した織田秀信（信長の直孫）の岐阜城（十三万石）を陥《おとし》いれた。

ともに進軍していた黒田長政、田中吉政、藤堂高虎らの軍勢は、木曾川の下流を越えて、城下にいたり、岐阜落城の近い様子を見て、ただちに向きを大垣へ転じた。

大垣城の西軍が、味方の岐阜に来援するのを予想しての手当てであったが、東軍の諸将が大垣からおよそ二十キロほど離れた、江士《ごうと》（河渡《ごうと》・合渡）川まで進んでみると、すでに西軍の将兵が対岸に陣を布《し》いていることが知れる。以下は、『常山紀談《じょうざんきだん》』の物語――。

ときは旧暦八月の雨季にあたり、このとき川の水かさは増していて、容易に渡渉《としょう》することができない。諸将は香《こう》ヶ島《しま》の札の辻（江戸時代、官の制札を立てた辻）に屯集《とんしゅう》して、川を渡って西軍を討つべきか、西軍の渡りくるのを待って要撃《ようげき》すべきか、評定したが意見が分かれてなかなか一決をみなかった。時間の経過を恐れた藤堂高虎が、ふと一人の武将に目をとめた。銀の天衝《てんつき》の前立《まえだて》のある兜、黒母衣《くろほろ》をかけた武者が、そこに立っていた。

「あれなるは、黒田家の侍大将、音に聞く後藤又兵衛であろう。どうであろうか、あの戦巧者《いくさこうしゃ》に存念《ぞんねん》を聞いてみては――」

諸将の同意を得た高虎が、扇を振り、又兵衛を軍議に招き入れる。又兵衛は高虎から、評決の一致しないことを聞くや、高笑いしながらいったものだ。

「ご評定も結構でござるが、それも時と場合によりましょう。今日、岐阜の城攻めに遅れ、また、ここにて一戦なければ、内府公（家康）に対して面目《めんぼく》が立ちますまい。この川を討死《うちじに》の場所と覚悟めされずば、男子にあらずと存ずる」

この言葉一つで、諸将は渡河《とか》を決定した。

なかでも黒田長政の隊は、素早く上流の浅瀬から渡り、迂回《うかい》して、西軍の石田三成の部将・舞兵庫《まいひょうご》の隊に突入。敵を敗走させている。黒田家では戦国に活躍した家臣を、江戸中期に一括《ひとくく》りにして、〝黒田二十四騎〟と称した。

無論、又兵衛もその一人に数えられたが、彼は二十四騎の中で一番目立つ存在であった。一時期、先にみた仙石越前守秀久のもとに身を寄せていたこともあったというが、改めて長政に呼びもどされて黒田家に戻った。秀吉の九州征伐や朝鮮出兵でも武功をあげ、とくに朝鮮の役では黒田家の先手をつとめ、晋州《チンジュ》城一番乗りを果たして、天下にその勇名を轟かせた。虎退治といえば加藤清正のイメージが強いが、又兵衛も同僚の菅和泉守とともに、虎退治をしている。

関ヶ原の決戦でも、苦戦を強いられた東軍、黒田勢のなかにあって、又兵衛は一説に、石田隊の大《おお》橋《はし》掃《かも》部《ん》という剛《ごう》の者と槍を合わせ、その御首級《みしるし》をあげたともいう。

三成の侍大将、島左近に器量互角に渡り合えたのは、この又兵衛をおいてなかったかもしれない。

戦後、五十万石で筑前に入国した主君の黒田長政から、又兵衛は嘉麻《かま》郡大隈《おおくま》城（現・福岡県嘉麻市）一万六千石を与えられた。隠岐守に任官している。

しかし、これまでの長いしこりもあってか、彼は性格的にも長政とは相容れず、逆に謀叛の風評が立つありさま。鬱々《うつうつ》たる気分に陥った又兵衛は、ついには大坂城の片桐且元がそうであったように、完全武装して妻子を連れ、黒田家を出奔。一説に途中、隣国細川忠興のもとに立ち寄ったという。

そのおり、又兵衛を茶の湯に招いた忠興から、黒田家と万一、戦うようなことになったとき、どうすれば勝てるか、と尋ねられたという。するとこの快男児は、答えをしぶるかと思うと、

「なに、むずかしいことではありませぬ。先頭を進む将兵数人を鉄砲で撃ち取れば、その中に必ず長政がおりましょう」

と、痛快淋漓《りんり》に答えたという。一場の戯談としては、おもしろい。

隠し玉・氏家行広

又兵衛が長政を見限ったのは、嫡子の太郎助（諱は一意と伝わるが不詳）を追放されたとか、庶子の左門（基則《もとのり》）に猿楽（こっけいな物まねや言葉芸）の小鼓を打たせたことを憤った、など諸説あるが、要は子供が原因で、常々の不平・不満が爆発したことは間違いないようだ。

その後、池田輝政の客分となったが、主君長政に「奉公構《ほうこうかまえ》」（仕官させれば合戦に及ぶ、との宣戦布告）を発せられたため、池田家を放逐《ほうちく》されて牢人となる。

福島正則に、召し抱えられそうになった話もあった。正則は重臣・福島丹波を遣わして、ぜひ又兵衛を獲得したい、と交渉にあたらせたが、又兵衛は丹波たち譜代の重臣たちよりも高禄を望んだので、この話は不調に終わったという。

破談となっての別れ際、丹波が関ヶ原の合戦のおりのことをもち出した。

「それがしが西軍の宇喜多秀家を襲って、手柄を立てたのを、まるで貴殿の指図によるものとする噂が広まった。あれは、貴殿自身が嘘をいい出されたのか」

本書冒頭の立花宗茂は、「少しのことを言立《いいた》つるやうなるは、心ある者の聞きてよからざることなり」（あとでの功名争いは見苦しい）といったが、戦国時代はできる武士ほど、己れの功名にはうるさかった。こじれれば、斬り合いとなってしまう。

又兵衛は丹波に、笑って答えた。

「貴殿もそれがしも、世間に勇名を知られた者同士。それがしが貴殿の指図を受けることも、貴殿がそれがしの指図を受けることも、あろうはずはござるまい」

去っていく又兵衛を見送りながら、丹波はしみじみという。

「あの者がそれがしより高禄を望むのは、もっともなことだ」

又兵衛はまさしく、大将のつとまる器であった。くどくどと自己弁護などせず、短く、なるほどと相手に思わせる一言を、口にした。

これからの冬の陣において、一万の兵を預けられた又兵衛は、今福の戦いで腕に銃弾を受ける。その次の瞬間、この男は、

「たいしたことはない、大坂城の運はまだ強い」

といい放った。見事というほかはない。

流浪のなかで豪傑にふさわしい死に場所を求めていた又兵衛は、わが子を黒田家が捕らえ、それを豊臣秀頼が聞きつけ、

「大坂に住むものは、わが民である」

と黒田家にかけあい、その子を保護したことから、その恩に感じて大坂城へ入城したともいう。

筆者はやはり後藤又兵衛こそが、大坂城の総大将にもっともふさわしい人物であったように思われる。読者諸氏の見解はいかがであろうか。

――少し角度を変えてみたい。

当然、総大将にと名前があがってもいいはずなのに、なぜか名前があがらなかった人物。たとえば、氏家行広《うじいえゆきひろ》のような人物は、本当に駄目であったのだろうか。

天文十五年（一五四六）生まれの行広も、秀吉の数少ない直臣の一人として歴々の戦《いくさ》に従軍し、輝かしい軍功をあげている。天正十一年（一五八三）には、美濃の三塚《みつか》城主となった。その後、秀吉の栄達とともに幾つかの城主を転々とし、それでいてそつなくつとめあげ、この間、小田原征伐にも参戦している。この人物はこと合戦に関しては玄人であり、にもかかわらず伊勢国桑名城主となり、二万二千石を宰領するにとどまった。

これは武断派と文治派の争いに、行広も巻き込まれていたからではないか、と筆者は思いつづけている。実力に石高が、あまりに不釣合であった。

なぜか朝鮮出兵のおりには、たってといわれながら肥前国名護屋城に在陣したままとなっている。関ヶ原の戦いで西軍に属し、居城を開城後は流浪の身となったが、大坂の陣を前にして、一説にはあの吝嗇《りんしょく》（けち）な家康が、十万石をもって招こうとしたが、行広はそれに応じなかったという。のちの慶長二十年（一六一五）五月八日、大坂城落城に際して、彼は秀頼に殉じている。享年は七十であった。この高齢ゆえに、総大将は無理と、頭から考えられたのであろうか。

しかし、敵の総大将家康はこのとき、七十四歳であった。

ついでながら、大坂城首脳部の迂闊さは、方広寺の鐘銘問題に難癖をつけられ、いよいよ徳川幕府が諸大名を率いて大坂に軍勢を近づけても、その総大将が家康だとは思いもしなかったところにも明らかであった。

「本当のことか――」

と急ぎの確認もせず、侃々諤々《かんかんがくがく》の空論をもてあそんで、そのくせ幻想の家康像を大きくし、自分たちの士気を大いに萎《な》えさせている。実に滑稽《こっけい》ではあるが、大名を含め、豊臣家の参加する公家の世界においても、家康に対する恐怖の心理は凄まじいものがあった。古《いにしえ》の菅原道真が雷神と化したような、もはや人間ではない生ける軍神として、人々は軍《いくさ》の神である摩利支天《まりしてん》の仏罰があたることを恐れるように、家康の一挙手一投足に恐れおののいていた。

ならば味方陣営の氏家行広も、崇めるなり、話題づくりをするなり、工夫すればよかったと思うのだが、この人物はほとんど顧みられることはなく、今日に至っている。
改めて、再評価の待たれる人物である。

夜討ちの大将・塙団右衛門

前述の「奉公構」は、なるほど武辺者、傾奇者《かぶきもの》といった個性の強い武士には、痛い刑罰であった。その内容は、武士や武家奉公人が罪を犯したことを理由に、他所で仕官したり、働いたりすることを一切禁じるというもの。つまり、この通達を出された者は、武家社会から永久追放されることを意味した。事実上の、武士の廃業宣告である。

ついでながら、戦国時代から江戸時代にかけてもちいられた、この刑罰「奉公構」について、もう一人、これを喰った大坂城の将領をみておきたい。

大坂城入城の牢人の一人に、永禄十年（一五六七）生まれの塙団右衛門《ばんだんえもん》がいた。諱を直之《なおゆき》。「判」とある史書もある。彼はもとは遠州横須賀（現・静岡県掛川市横須賀）の土豪で、須田治郎左衛門といい、上方にのぼっては時雨左之助《しぐれさのすけ》と名乗り、加藤嘉明の「歩小姓」となって、度々手柄を立てて千石取り、塙団右衛門と号した。鉄砲大将をつとめ、石火矢（大砲）を自ら操作して、「西国一の達人」と呼ばれたとも（『難波戦記大全』）。「小山の如く」というから、巨漢でもあったのだろう。

文禄・慶長の役には、加藤家の水軍の将として参加。目の覚めるような、獅子奮迅の活躍もしたようだ。その時には敵の番船を捕獲して、彼の名を天下に知らしめたという。それでいて慶長五年（一六〇〇）に、伊予松山の加藤家を辞している。三十四歳。一面、正体のよくわからない人物でもあっ

た。確かなことは主君の加藤嘉明に、
「己れ一代、将帥《しょうすい》の職は勤め得《える》べからず」（お前は一生、軍兵を引き廻す大将にはなれない）
といわれ、そのいわれ方がよほど頭にきたようだ、立ち退く時に、

遂不留江南野水（ついにこうなん　やすいにとどまらず）
高飛天地一閑鷗（たかくとぶてんち　いっかんおう）

と書院の大床に、紙をはりつけて書き置きした。これを読んだ主君嘉明は、自分が馬鹿にされたと激怒。ついに「奉公構」の通達となったという。

そもそもなぜ、嘉明に注意されたのか、その原因はつまびらかではない。しかし、二人の間の関係は、よほどこじれていたことは確かであった。

もっとも、団右衛門には実力と名声があり、その後も彼を召し抱えたい、という大名はいくつも現われた。そこで、小早川秀秋、松平忠吉《ただよし》と主家を代えて仕えたのだが、どの奉公先も主君の病死で長くつづかない。秀秋と忠吉は、いずれも加藤嘉明よりは格上の大名であったので、さしもの嘉明も「奉公構」を出せなかったが、次に福島正則に招かれた団右衛門を、かつての主君嘉明は見逃さなかった。正則とは、賤ヶ岳七本槍の同僚でもある。執拗《しつよう》な抗議がなされた。

結果、武将として抜群の腕を持ちながら、団右衛門は三度《みたび》牢人せざるを得なくなる。

一説によれば、嘉明と団右衛門の主従仲がこじれたのは、慶長五年の関ヶ原の戦いの恩賞があまりに少ないことに、団右衛門が立腹して、嘉明との間で大喧嘩をしたのが原因とも伝えられている。

それにしても、主人嘉明の怒りの執念も凄まじい。その後の団右衛門の就職先にも、徹底して関与し、嫌がらせをつづけた。あまりの「奉公構」のひどさに、さしもの団右衛門も一度は武家奉公をあきらめ、武士を捨てる覚悟で出家を決意し、京都の妙心寺で得度、「鉄牛《てつぎゅう》」と号したこともあった。

妙心寺は禅寺である。現在の京都市右京区花園妙心寺町にある臨済《りんざい》宗妙心寺派の大本山であり、加藤嘉明といえども、さすがにここの僧には手出しすることができなかった。

ようやく、安堵の日々を送れるようになった団右衛門は、京都中立売《なかだちうり》の豪商が、師の大龍和尚や弟子とともに、自分を招いてくれたおり、一人遅参するという失態を犯してしまう。激怒する和尚に、「鉄牛」は漢文をスラスラと書き、怒らないでください。人間の格がそもそも違うのですから、と言い訳。これを一読した和尚は、ふき出して機嫌を直したという。「文学ヲ好ミテ風流ノ士タリ」とは『近代勇士伝』の評である。確かに、大坂城の諸将の中で、その文才が明らかなのは団右衛門一人かもしれない。

平穏だが、そこはやはり戦国の武士《もののふ》。彼はどうしても、一介の禅僧に納まることができなかった。慶長十四年の、大坂冬の陣——徳川幕府は諸大名とともに大坂城を囲む。

このとき大坂方に還俗《げんぞく》して、団右衛門は馳せ参じている。

もちろん彼は、大坂方が厳しい戦況に置かれていることは知っていた。だが、運否天賦《うんぷてんぷ》の次第では豊臣家が徳川家を破り、再び天下に号令することがあるかもしれない。万一、敗れたとしても、京洛の秋にすざく虫のように、人知れず死んでいく境遇からみれば、死してもなお、後世に己れの名が残るのであれば、それで十分である、と少なくとも団右衛門は思ったようだ。

「できれば、秀頼公の軍師として、この名を刻まれたい」

もっとも、彼は軍師はおろか、後藤又兵衛や真田信繁、毛利勝永、長宗我部盛親のような侍大将級《クラス》にもなれなかった。あくまで一騎駆けの、刀槍を奮って戦う武人でしかなかった。その団右衛門の名が一躍知られたのは、大坂冬の陣の後半——和議の直前におこなわれた、夜襲戦によってのこと。

大野治房（治長の弟）の組下であった団右衛門は、二十人の兵を率いて、蜂須賀至鎮《よししげ》（小六正勝——家政の後継者）の家臣・中村重勝（右近）の陣に夜討ちをかけた。徳川方の蜂須賀軍は、この時、大坂城の堀にかかる本町橋の南に、陣を敷いていた。しかし、和議間近という情勢もあって、夜になると兵士のほとんどは眠っていて、警戒を怠っていることに、団右衛門が気がつく。

そこで治房に、夜襲を提案。少人数で蜂須賀軍に襲いかかり、蜂須賀家の重臣である中村重勝の首を見事、討ち取っている。御首級は、計二十一名。大坂方の死者は一名のみであった。

団右衛門以下三人、鑓三本にて右近につきかゝり申し候。右近は三人の敵を十文字にてあしらい、うしろへさり申し候所に、小屋場のきは（際＝そば）に水だまり御座候にふみ込み申し候を、右の敵三人にてつきふせ、首をば団右衛門取り申し候。

『大坂御陣山口休庵咄』の著者は、その夜のうちに城内千畳敷の庭で、大野治長、木村重成がこの夜襲の様子を聞いて、事の次第を書き留める現場にいた、と述べている。

「奉公構」の大物、小物

やはり団右衛門は、「大将」の器ではなかったようだ。配下に下知を与えるだけでなく、自らも討ち入って御首級をあげているのであるから。

旧主・加藤嘉明の見解は一面、間違っていなかったようにも思われる。

しかし、この人物の後世に生まれる人気の根源は、この自らも突っ込んだ〝夜討ち〟にあった。

彼の面白さは、その際に矢印（射手を示すために、矢に記す氏名や家紋）に、「夜撃ノ大将・塙団右衛門直之」と書いて、堀切りの上に立てたという行為にあった（『近代勇士伝』）。

それがいつしか、「夜討ちの大将塙団右衛門」と書きつけた木札を、ばらまいた話となる。夜襲であるために、己れの活躍が正しく伝わらない危険性があると、一騎駆けの団右衛門は考えたのであろうが、この行動はあまりにあからさますぎた。

人物としては明らかに、同じ「奉公構」でも後藤又兵衛よりははるかに、小物といわざるを得ない。武士は眉をひそめたが、庶民は大いに喝采を送った。確かに、どこか滑稽で憎めないのが、団右衛門の持ち味であったかもしれない。ユーモラスな人柄といってよい。あまりに派手な宣伝のお陰で、良し悪しは別に、彼の名前は敵味方両方に知れ渡り、巷間に喧伝されることとなった。

おそらく、史実の団右衛門は夜討ちのおり、旧主嘉明に対して、「どうだ、思い知ったか、ざまあみろ」という意趣返しに近いような、気持を強く持っていたのではあるまいか。

その彼が、大坂冬の陣で戦《いくさ》の先陣を切らず、ある日の夜襲のおり、床几に座って指揮を執ったことがあった。その態度を不審に思った同輩たちが、

「なぜ、お主は今に限って、先陣を切って敵を切り伏せなかったのか」

と、問うた。すると団右衛門は、次のように答えた。

「かつて主君の加藤嘉明が、自分のことを『大将の器のない男だ』と侮辱したことが悔しくて、それを見返すために、一度敢えて討って出ないで指揮に徹してみよう、と考えたのだ」

しかし、次の合戦では再び先陣を切って、敵陣に飛び込むことを約束したとも。

冬の陣を生き残った団右衛門は、翌年の慶長二十年の夏の陣では大野治房の一万五千余騎が泉州佐野（現・大阪府泉佐野市）に陣取ったおり、二手に分かれた先方の主将を務め、三千ばかりの兵（副将・淡輪重政）で和泉《いずみ》樫井《かしい》（現・大阪府泉南市）の陣を攻めたおり、もう一方の先方・岡部大学と無謀な先陣争いを演じ、長驅《ちょうく》をしたあげくに浅野長晟《ながあきら》の軍勢と戦い、壮絶な戦死を遂げている。

我喰犬烏何恥不恥（われをいぬやカラスがくう　なんのはじぞはじならず）

獅子身中虫喰其身（しししんちゅうのむしは　そのみをくう）

討死にしたとき、このような書き付けを残していた、という（槇島昭武《まきしまあきたけ》編『近史余談』）。

団右衛門はときに、四十九歳であった。ふり回された端《はた》はともかく、当の本人には十二分に納得のいく最期であったことだろう。

確かに現役大名は、大坂方には誰一人つかなかった。が、旧大名や戦《いくさ》巧者の侍大将級には、錚々たる人物が名を連ねており、筆者は彼らが難攻不落の大坂城に籠ったことを考慮すれば、大坂方は十二分に徳川方＝攻城方と戦えたように思える。

問題は、総指揮権を誰が掌握していたのか、であった。

大坂城では家康の大軍を迎え討つにあたって、当然のことながら基本方針（政略と戦略）、具体的な戦術を策定するための作戦会議がおこなわれた。

真田昌幸が生きてあれば、あるいは彼の唱えた、積極的攻勢が採択されたかもしれない。しかし、幾つもの作戦が語られながらも、結局は積極果敢な作戦はついに採用されなかった。

冬の陣を前に、真田信繁は軍議の席上、父の遺作を披露したとされる。関東の機先を制して、秀頼公自らの旗を天王寺にすすめ、兵を山崎へ出す。そして信繁、毛利勝永を先鋒に長宗我部盛親、後藤又兵衛といった、もと大名級の人々に大和路を攻めさせ、伏見城を奪取する。そのうえで京へ火を放ち、宇治、勢多（瀬田）に拠って西上する東軍を迎え撃つ——云々。

ちなみに、信繁と盛親・勝永を〝大坂城の三人衆〟と呼び、これに又兵衛・明石全登を加えて〝五人衆〟と称したという。

——ここで興味深いのは、後藤又兵衛の立ち位置であった。

江戸時代にはそれこそ手書き（写本）の〝実録〟（講談のタネ本）が、書いた人の数ほども、部分部分に手を加えながら存在したが、幾つかを読み比べてみると、又兵衛の描き方に一つの法則があったように思われる。

後藤又兵衛の描かれ方

大坂の陣が終わって直後の又兵衛は、戦《いくさ》巧者の侍大将として、その強さを前面に出して特徴づけられ、時代が経るごとに〝軍師〟らしい物言《ものい》いにかわっていく。

ところがここで、信繁の存在——江戸期における真田幸村の人気——が、又兵衛の〝軍師〟としての位置を脅かすこととなる。

入城した順番というのも、あったのかもしれない。〝軍師〟ナンバーワンであった又兵衛は、やがてその地位を遅れてやって来た信繁（幸村）にとってかわられる。

さらには〝軍師〟信繁の下知に従って、前線に出て戦う役回りをふられた。三国志でいえば、諸葛亮孔明が関羽に変わったようなもの。そしてついには、長宗我部盛親・木村重成（詳しくは後述）、あろうことか信繁の嫡子・真田大助（幸昌）を加えた〝四天王〟に、格下げされてしまう（〝五人衆〟も似たようなもの）。

ここまでしておきながら、又兵衛の上位につけた信繁＝〝軍師〟ナンバーワンをもってしても、彼の策定した大坂城の作戦はことごとく否定されてしまった、という構図となる。

この場合、大きな障害として語られるのは、秀頼の近臣たちであり、彼らは自分たちの実戦経験の乏しさを棚にあげ、信繁の積極策をあやぶみ、その戦歴のなさをあげつらって、大坂城外での戦いを危惧した、ということになる。筆者はそうではなく、己れの死後を見据えて、幾つも布石を打った秀吉が、当然のごとく大坂城に籠城の場合を想定した作戦計画を、豊臣家に残していたのではないか、と考えてきた。

「大坂城は小田原城同様、いかに攻めても落ちはせぬ。惣構《そうがまえ》をわしの計画した通りに備えて、ただ防戦につとめているがいい」

秀吉は淀殿―秀頼母子に、この秘中の秘を語っていたのではあるまいか。

大坂城の軍議を、他方面から角度を変えて、種々の文献をあたっていると、何とこの席に小幡景憲《おばたかげのり》がいた、と『真武内伝』が証言しているくだりがあった。

この人物は家康―秀忠父子の家臣でありながら、京都所司代の板倉伊賀守勝重と計って、スパイとして大坂城に潜入したという。それでいて堂々と、首脳軍議に連なっていたというから、史実ならたいしたものである。ちなみに、景憲という人物の父・小幡豊後守昌盛《まさもり》は、武田信玄に仕えて旗本足軽大将、信濃国海津城在番をつとめた人物で、四十九歳のおりに病没している。「小幡勘兵衛景憲」という名は、甲州流の兵学者として、『甲陽軍鑑』を述べた作者と一般には目されていた。

十一歳で秀忠の小姓となったものの、文禄四年（一五九五）になぜか出奔。武者修行のためか、流浪の旅へ出て、京都に住まわっているところを、武者修行の成果＝軍学者としてアドバイスをしてほしい、と人のいい大野治長にたのまれ、大坂城の軍議に列席したというのだが……。

この小幡勘兵衛の発言として面白いのは、

「昔から宇治・勢多を守って、勝ったためしはありませぬ」

そういいながら、具体的な歴史上の人物の名をあげたくだりであった。関ヶ原の敗戦後、大坂城に籠ってもう一戦を、と考えた立花宗茂も同様の意見を述べていた。

女城主・淀殿の意を体して、軍議をとりしきったであろう大野治長や秀頼の親衛隊＝七手組の隊長たちは、おそらく信繁をネームバリュー＝昌幸の子という立場ゆえに、彼を迎えたわけであり、その求めたのは世に聞こえた真田の名声であって、もと大名の息子としての立場であり、全軍の総指揮をとってもらうなどということは、そもそも考えていなかったに違いない。無論、信繁も己れの立場を最初から、理解していたのではあるまいか。

逆にいえば、家康の凄さは、巨城・大坂城に総司令官となれる大器の将を、不在にしたまま、開戦に及ばせたところにも如実であった。現役大名不在の大坂城にあっては、五人衆以外では前出の仙石秀範、塙団右衛門に加えて、石川肥後守康勝《やすかつ》の名も世間では知られていた。が、この人への大きな期待を、大坂城は持っていなかった。

――石川康勝は、主君家康を裏切って秀吉に走った、徳川家の重臣・石川数正《かずまさ》の二男である。換言すれば、行き場のない人であり、大坂城に登城したものの、彼のような立場の人は、そもそも最初から決定権はなかった、といえよう。

では、大坂城を実際に動かしている枢要な人物となると、出頭人は大野修理亮《しゅりのすけ》治長であり、その弟の主馬首《しゅめのかみ》治房・道犬斎治胤《はるたね》――大野三兄弟ということになる。いずれも淀殿の乳母・大蔵卿局の子である、という以外、何の資格も持たない三人が、女城主の代理人として城内では振る舞っていた。

いつの間にか、執政の地位に昇ったような治長のもとにあって、城方を統治する豊臣譜代衆の中で、彼の弟二人に、これからみる木村長門守《ながとのかみ》重成（常陸介の子とも）、薄田隼人正《すすきだはやとのしょう》兼相《かねすけ》（岩見重太郎の後身とも）らを加え、共通するものがあるとすれば、創り話ではない史実の、あまりに逸話の少なさ、知名度の低さ、つまりは器の小ささであった。

今一人の譜代衆、渡辺内蔵助《くらのすけ》糺《ただす》などは、秀頼の家臣であり、宮内少輔《くないしょうゆう》昌《まさ》の子と伝えられているが、槍術の名手であったことぐらいしか筆者は知らない。のち慶長二十年（一六一五）五月八日に、夏の陣で城中において戦死した、とのみ記す史料も少なくなかった。

どう考えても、この面々が首脳部で、大坂城が戦えるとは思えない。

この城内には、女城主・淀殿の叔父である織田有楽も入城していたが、この人はすでにみたように明らかに家康の回し者であった。

傅人子・木村重成の真実

豊臣家の軍事面はどうか、となると、秀頼の親衛隊である〝七手組〟（約一万）を率いる七人の組頭をのぞけば、若手では木村長門守重成、三千石を食む薄田隼人正兼相ぐらいしか、世の人々は名前を知らなかった。

いま、軍事と述べたが、木村重成は豊臣秀頼にとっては、「傅人子《めのとご》」にあたった。

つまり、乳兄弟である。秀頼にとって重成は、家来というよりも兄弟、もしくは朋友《ほうゆう》のようなものであり、大坂方の諸将の中で、秀頼にこうした実感を抱かせ得たのは、ひとり重成だけであったかと思う。だからというのではないが、「木村重成」の人物の実像は淡々《あわあわ》しかった。

なにしろ、その生涯はおそらく二十一、二、三ぐらいでしかなかっただろうか。

幼名を春千代とも伝えらえる重成は、生年が不詳。関白・豊臣秀次（秀吉の甥）の後見をつとめた、豊臣家一、二を争う勇将・木村常陸介重茲《ひたちのすけしげこれ》の忘れ形見だ、と一部に伝えられているが、筆者はこれを『浪速軍記全解』などの講談本の創作とみている。いわく、重成の物心つく以前に、その父は秀吉の逆鱗にふれ、主君秀次が高野山で自害したおり、その全責任を負って、自らも同じ七月十五日に、山城国山崎に近い大門寺《だいもんじ》（現・大阪府茨木市）で自刃したとされてきた。

その後、大坂城において、母・宮内の方のもとで成長した春千代は、一説に六角義郷《よしさと》（義秀の子、あるいは弟）という文武に優れた武士の薫陶を受けたともいい、慶長十六年には元服して大坂城に改めての出仕となる。

長門守の任官を受け、新地八百石を賜ったというが、重成が短期間に有名になったのは、その立居振舞いがどこまでも優雅で、まるで平安の平家の公達《きんだち》のようなその美丈夫ぶりが、大坂城に暮らす多くの女たちの間でうわさとなり、熱をあげた女たちの話題を、独占したことによるらしい。

しかし、こういう知られ方は一面、男――とくに功名、武辺を第一とする野暮な武者や足軽たちの間では一転、不人気を誘った。女性にもてることへのやっかみに加え、若さがつけ入る隙をあたえたのであろう。重成がいまだ十二、三歳のころ、そうじ坊主と戯れていて、何かの拍子に相手の坊主が怒り出し、さんざんに悪口を言った挙げ句、あろうことか重成の頭をポカリと殴った。時代は豊臣政権下とはいえ、いまだに戦国の風習の中にある。

男は、男らしさが求められた。野性、野蛮といってよい。さて、重成はどのように殴りかえすか、周囲が興味津々で見ていると、彼はそうじ坊主ごときが無礼なことをする、と思いつつも、別段、やりかえすことなく、その場を離れてしまった。一部始終を見ていた人々は、その行いを臆病者ゆえの怯《おび》え、男伊達《おとこだて》の武士道不覚悟とみなし、内心、大いに重成を軽蔑したという。ところが、この挿話にはつづきがあった。

しばらくして、戦国の蛮風に染まって増長した坊主が、あれ以来見下す重成を、風呂場でこれみよがしに馬鹿にして、もう一度、思いっきり殴りつける事件を起こした。

叩いて、ざまあみろと湯けむりの中で重成を見た坊主は、一瞬にして凍りついてしまった。間違えたのである、殴るべき相手を。しかも、その相手が悪かった。豪傑で勇名をはせた、武辺者の見本のような薄田隼人正であった。それと気がついた坊主は、真っ青になった。

「殺される」

と瞬時に思い、己れの頭は打ち砕かれる、と観念した。隼人正は怒り心頭に発している。容赦なく拳をふりあげると、増長坊主に打ちかかった。が、なぜかその鉄拳は坊主に届かない。

それを途中で、押しとどめた者がいた。みれば、一見ひ弱そうな重成ではないか。震えて身動きできないでいる坊主を、彼は隼人正にことわって、片手でさげて風呂場からつまみ出した。

それでも坊主は、重成に殴られてはいない。注意されただけだという。

この一件が知られると、重成の株はあがったが、「ほんとうか」と半信半疑の者も少なくなかった。重成の人としての器がいかに大きなものか、世の人々が思い知らされたのは、その後のことである。

やがて、東西が手切れとなり、大坂冬の陣が勃発した。城方の一方の大将として木村重成も出陣し、戦場では大いに若き指揮官ぶりを表わしたものの、淀殿をはじめ、大坂城中の女性たちが腰砕けとなり、戦《いくさ》は中途半端な形で停戦となってしまう（詳しくは後述）。

美丈夫の最期

このとき、大坂城の代表として、攻城方の徳川家康の本陣に使《つかい》したのが重成であった。

居並ぶ徳川方の歴戦の将領たちは、ことごとくが殺気立っていた。その中にあって重成は威風堂々、少しも動じる様子がない。やがて、家康からの誓約書をうけとったが、豪胆にも重成は、家康の血判《けっぱん》がうすいのに気づき、

「もう一度、それがしの目の前にて、押し直していただきたい」

といい出した。

この言には、その場の徳川方の将士たちも色めき立ち、なかには腰の太刀に手をかける武将《もの》も少なくなかった。が、当の重成は皆目、動揺したり臆する風がない。

「年をとったかげんで、うすいのだろう」

家康は、そう言い訳して、重成の言をそのままに、この場を終わらせようとしたが、重成は泰然自若として、そのまま黙って座りつづけている。その悠長な姿に、

「これはかなわぬ」

と、家康はもう一度、血判をしなおして重成に誓書を渡した。

そして、帰っていく重成のうしろ姿を見送りながら、家康はしきりと感心して、その勇気、立派な振る舞いを褒めたという。大坂城の、代表的将星に数えられるのも無理はない。坊主に殴られても、殴りかえさなかった話とこの家康血判の経緯《いきさつ》は、戦前の修身の教科書にも取りあげられている。……のだが、前者は不明ながら、後者は明らかに真っ赤な嘘であった。なぜならば、史実の重成が誓紙を受け取りにいった相手は、そもそも家康ではなく、その息子の将軍秀忠であったからだ。

ちなみに、家康の誓紙を受け取ったのは、常高院（淀殿の妹・初、京極高次の正室）、二《に》位局《いのつぼね》（淀

殿の侍女)、饗庭局《あえばのつぼね》(淀殿の乳母)の三女であった(『大坂冬陣記』ほか)。

「講釈師、見て来たような嘘《うそ》をいい」

という川柳は、江戸中期の講釈界の大立者・馬場文耕《ばばぶんこう》(?〜一七五八)の弟子、森川馬谷《もりかわばこく》という講釈師が詠んだものだといわれているが、木村重成の人物像は大半が、講釈師によって創られたものであった。

「起居《たちい》振舞《ふるまい》、頬魂《つらだましい》眼指《まなこざし》、天晴《あっぱれ》器量《きりょう》骨柄《こつがら》、天性無双の勇士」(『難波戦記』)

やはりこの人物の、エピソードの大半は架空のものと考えたほうがよい。

今一つ――二つの挿話にも匹敵する、重成の最期も同断であったろう。いかにも、この若武者らしいものではあったが……。

いわく、女性にもてた重成は元服後、〝七手組〟の組頭の一人、真野《まの》豊後守頼包《よりかね》の娘・白妙《しろたえ》という、絶世の美女と相思相愛の末、夫婦となった。だが、二人を引き裂くように冬の陣が起き、引きつづいて夏の陣が始まってしまう。もはや、大坂城の内外の堀はことごとく埋めつくされており、防禦力零の大坂方に勝ち目はなかった。

いよいよ明日は決戦、討死と重成が心に決した前夜、久しぶりに彼は自宅へ戻り、夫婦水入らずの時を過ごす。ともに暮らしたのは短い歳月であり、はかない縁《えにし》ではあったが、互いに笑顔で、和《なご》やかに心ゆくまで思い出を語り合った二人は、幸せをしみじみ嚙みしめたようだ。

やがて、夜が白々と明けてくる。さりげなく憩いの場をたった妻は、夫の晴れ着と鎧、それらにたきこんだ香を愛《いと》しげに確認すると、本日の、夫の出陣の支度に遺漏がないことを確かめ、そのまま夫のいる部屋には戻らず、自室に入って自害して果てた。

最愛の妻は、すでにこの世を去っている。もはや重成に、思い残すことはなかった。

この日の奮戦は、鬼神もこれを避けるか、と思われるほど凄まじいものとなり、〝井伊の赤備《あかぞなえ》〟と畏敬される、武田信玄以来受け継がれてきた、徳川家の最強軍団に、真っ向から突撃した重成は、すでに生命《いのち》を捨てていた。兵力の数も、圧倒的に大坂方が不利であった。にもかかわらず、伝説化した強さを誇る〝赤備〟が大きく崩れ、主将の井伊直孝（直政の二男）もあわやの局面まで押し出されてしまった。

急を聞いて駆けつけてきた藤堂高虎の軍勢が、井伊軍の助勢に入り、それでも昼までに数回の攻防戦が展開される。

さしもの大坂方の軍勢も、将兵ともに疲労困憊し、ついには敗走となったが、主将の重成だけは踏みとどまり、さらなる奮戦をつづけ、ついには安藤長三郎という井伊家の武士にその首級を取られた。

晴れやかな、死に顔であったという。わずかに二十歳を過ぎた美貌の若武者――首実検に立ち会った家康は、その兜《かぶと》にたきこまれた香に感じ入り、

「ああ、惜しい若武者を死なせたものよ」

と、並居る諸将の前で、落涙したという。

家康公、木村が首を実検あるに、かの首の出るやいなや、只今そらだき（空薫・香をたきこむこと）をするごとく、伽羅《きゃら》（名香）の匂ひことごとくしくあたりにみつる。家康公御覧有《あ》りて、「そ

の世倅《せがれ》（若者）は、いつのまにさやうには心付きたる（気配りができるようになったのか）」と仰せられて、御ほめなされたるといへり。（『武者物語』）

死して名を残した重成は、堪忍と勇気を示した、なるほどあっぱれ〝武士の鑑《かがみ》〟といえようが、これらの話はことごとく、実録小説＝講談の創作でしかなかった。

もっとも、「武士道と云ふは、死ぬ事と見付けたり」の出だしで知られる『葉隠』――享保元年（一七一六）頃の作品の中でも、著者の山本常朝《つねとも》は、

「木村長門守、長髪に香を留め討ち死に仕られ候。武士は嗜《たしな》み深く有るべき事也」（聞書十一）

と述べているから、史実として語り残されたものが、別途になかったとはいい切れないが……。

また、幕末を生きた有職故実家（朝廷や武家の礼式・典故《てんこ》を研究する人）の栗原信充《のぶみつ》（一七九四～一八七〇）は、『肖像集』という著作を残しており、その写本が国会図書館に所蔵されている。

この中に実は、「木村長門守」の肖像があった。吉川弘文館の『国史大辞典』の項にも掲げられているものだが、伝えられるイメージの重成とは、まったく似ていない。若くもなく、美形でもない。

そういえば徳川方として、大坂の陣に参戦した土屋忠兵衛知貞《ともさだ》の手記（『土屋知貞私記』）に拠れば、重成は「木村弥市右衛門子トモ甥トモ云《いい》、知行壱（一）万石、歳三十五」とあった。

さてさて、史実はいかに――。

橙武者から鬼武者へ・薄田隼人正

江戸時代、人々は物語を歴史だと思い込み、それをそのまま無条件で信じ、その伝統が今でも日本人の中につづいている。物語は飛躍するが、史実は突然、変異したりはしない。かならず原因、プロセスがあるのだが、日本人は唐突に出現する英雄や豪傑が大好きである。

さきほど、木村重成と間違えられて、そうじ坊主に湯気の中でポカリとやられた薄田隼人正《すすきだはやとのしょう》も、大坂城方の将として、江戸時代に著名となった。

が、重成ほどではないにしても、この人物もその存在はかなり具体性に欠けている。

欠けても美化されたなら、本人にとってはありがたいことであったろうが、隼人正の場合、それがあまりうれしいものとはいえなかった。

隼人正は丈高く、力が衆にまさって、六尺豊かな大力無双の勇士で、相撲をとっては相手になるものがなく（西国一）、まして喧嘩なら二、三人相手でも負けなし、と実録本の類は〝鬼薄田〟と呼んでいた。筆者の中では、この隼人正と先にみた塙団右衛門がよく、混同してしまう。

隼人正は生年が不明。明らかなことは、慶長二年（一五九七）に秀吉の馬廻りにいたことはほぼ間違いない。同十六年には、秀頼の家臣に直って三千石を拝領している。

大坂の陣ではこの秀頼の侍大将（五千石）として、重要な拠点・船場口の穢多《えた》ヶ崎（穢多ヶ島とも）の砦をまかされ、ここに籠っていた。同僚（というか上司）は大野修理亮治長の弟・治房（治《はる》胤《たね》）である。大船二十余隻を指揮して、唯一ともいうべき大坂方の水軍をとりしきっていたのだから、隼人正はそれだけの実績はあったのだろう。

ところが、冬の陣の開戦そうそう、十一月十九日に徳川方の蜂須賀至鎮《よししげ》・池田忠長《ただなが》（のち忠雄《ただかつ》）らに奇襲され、この砦を奪われてしまう（もっとも、ここの守勢は明石全登であったとも）。

ついで二十九日、再び隼人正が守った博労《ばくろう》（伯労・伯楽《はくらく》）ヶ淵を、またしても蜂須賀軍と今度は石川忠総《ただふさ》の軍によって攻撃され、奪われてしまう。海から兵糧物資を大坂城に入れることのできる、唯一の要路であったが、ここを失ったことで大坂方は完全に孤立することとなった。

隼人正の失態は、本来なら切腹ものであったが、将領のたりない大坂方としては、彼を厳しく罰することができなかった。が、隼人正にとっては、切腹を命じられるよりはるかに重く、つらい現実が待っていた。彼はこの敗戦によって、あろうことか敵からも味方からも、嘲笑されることになってしまったのである。

攻め手は「惣構」の外《そと》、四方川へ飛び込み、川が深かったため背が届かず、鎧甲冑を脱ぎ、鎧を川面に浮かべて堺ぎわへせまるべく泳いで、博労ヶ淵を奇襲したのだが、このとき、肝心の主将が己れの持ち場にいなかったのだ。

その後、隼人・道犬（治房）は御城（大坂城）へ帰り申し候得ども、とかくの沙汰御座無く候。だいくく（橙）武者と異名を附け申し、だいくくはなり大きく、かぐ類（柑類）の内、色能《よ》きものにて候へども、正月のかざりより外、何の用にも立ち申さず候。さてかくの如く名附け申し、その後せんば（船場）表の人数ども、せんばを自焼致し、城中へ引き取り申し、右の様子、私この表へ参らず候故《ゆえ》、委《くわ》しき事は存ぜず候。この事は寄せ衆は存じ在るべく候。御本丸にて取り沙汰いたし候を承り申し候。（『大坂御陣山口休庵咄』）

「橙武者」とは、よくいったものだ。実にひねった、うまい悪口である。しかし逆にいえば、いわれた隼人正は面目丸潰れとなり、周囲の人々に笑われたであろう。

戦国時代、武士は他人《ひと》に笑われないように生きることが、一つの規範となっていた。笑われれば──馬鹿にされれば──その相手を討ち果たさねばならない。先にみた、坊主にやりかえさなかった木村重成が、非難されたのも同じ流れである。

が、大坂城中で笑われてしまうと、すべての相手を討ち殺すこともできない。隼人正はみごとな手柄をたてて、討ち死にしてみせるしかなかったろう。

では、そもそも彼はなぜ、大切な持ち場をはなれていたのであろうか。松浦鎮信の『武功雑記』や林信篤《はやしのぶあつ》の『慶応小説』に拠れば、隼人正はこの時、風呂に入っていたとある。

「守将薄田隼人正兼相は、前夜より淫酒《いんしゅ》にふけりて戦ひを知らず、この攻撃を聞きて驚き帰りしが、既《すで》に城兵敗《はい》するを見て本城に引き退く」

と『朝野舊聞裒藁《ちょうやきゅうぶんほうこう》』（徳川家創業の事跡を後代に伝えるため、幕府の命により編纂された史書）にはあった。これが実録本『難波戦記』になると、

「薄田その夜は町屋《まちや》に出て遊君どもを召し集め、数刻の酒宴に沈酔して前後も知らず臥《こや》したりける」

となった。あげく、奇襲された持ち場に戻ったときは、あとのまつり。隼人正はそれまで、

「今時《こんじ》、秀頼卿の御身の上に大事あらんその時、御内外様の面々、この薄田に超えて高名せん人、恐らくは覚えず」

とまで、自画自賛していただけに、

「形と心と、言葉と行跡と雲泥万里の相違哉《かな》」

と人々につまはじきにされ、笑いものとなった。よほど嫌われたのであろう。狂歌まで講談本は用意している。


伯楽ヶ淵にも身をば投げずしてすすきた（薄田）なくも逃げてくる哉（『難波戦記』）

『大坂物語』では、「逃げて来んより」となっていた。

木村重成同様、隼人正の醜聞を広げたのは間違いなく〝実録〟であった。

ここまで笑いものにされては、彼も生きてはいけない。冬の陣のあとの夏の陣において、隼人正は後藤又兵衛の後詰を命じられていた。もとより最初から、戦死の覚悟である。事実、又兵衛が戦死したあとも、隼人正の軍勢は徳川方と三度ぶつかり、三度ひきわける大奮闘をくり広げている。

これからみる真田信繁に、勝るともおとらぬ活躍をしながら、その最期はあまり人々の心に残らなかった。すべては「橙武者」の、イメージが悪すぎたからであろう。

逃げる徳川方を馬上に追い、敵を散々に斬りたおしたが、相手はいくらでも新手が加わってくる。こちらには後詰の兵力が、そもそもなかった。それでも隼人正は敗軍の兵を集めて、一旦は誉田《こんだ》の八幡山に陣を構え、最後の突撃相手に伊達政宗の軍勢を選ぶ。

片倉小十郎重長《しげなが》（小十郎景綱《かげつな》の子）の一隊と遭遇した隼人正は、難なく十騎ほどの敵を討ち取って、ついに戦死を遂げてしまう。彼の首は、水野勝成の家人・川村新八が挙げた。

講談の岩見重太郎と大坂城の現実

娯楽のあふれた二十一世紀の今日、講談の世界はよほどの〝通〟でなければ、関心のない世界かもしれない。が、江戸の講釈から明治の講談へ、のみならず昭和三十年代までは、講談のストーリーを皆目しらない、という日本人は存在しなかった。

この講談のスターに、「岩見重太郎」がいた。文豪・芥川龍之介は、この人物を歴史に実在した人物よりも、生命に富んだ人物であるとし、現代の空気を呼吸している人物、とも語っていた。以下、『岩見武勇伝』ほかに拠る、「岩見重太郎」の物語である。この講談話は、戦国の世を横断していた。

筑前国内に領土をもっていた、名将・小早川隆景の家中に、岩見重左衛門という千三百石取りの、軍略兵法の達者がいた。重左衛門には長男重蔵、次男重太郎、末の娘にお辻の三人の子供があった。

ちなみに主人公の重太郎は、三鬼山で武術の修行をし、不思議な老翁（ほかでは天狗）に出会い、極意を授かることになる。十五歳のとき、伯父に預けられたのだが、この人が薄田七郎右衛門。小早川家中のものを斬ったことから、武者修行の旅に出た重太郎の留守中、父は同じ家中の広瀬軍蔵に闇討ちされる。

重左衛門の妻は病死、家督を継いだ重蔵と妹のお辻は、隆景の許しを得て敵討ちの旅へ（物語は完全に、戦国と江戸期を混同している）。途中、二人のあやういところを、武者修行中の伴団右衛門直雪（塙団右衛門直之）が助け、重蔵の死をみとどける。

この間、重太郎は仙台で青葉山の大蛇を退治する。さらには、身の丈八尺程の狒々《ひひ》（妖怪）を格闘の末に仕留めた。彼は諸国を漫遊しつつ、武勇を顕わし、団右衛門と戦えば互角の腕前であった。

父や兄のことを知った重太郎は、片桐且元から太閤秀吉による「敵出合討ちの免許状」を与えられる。そして、ついに父の仇討ちを成就。その武勇を聞いた諸侯は、よりすぐりの自らの重臣と、重太郎の試合を挑むことに――。

顔ぶれは凄い。徳川家からは本多忠勝、上杉家からは直江兼続、島津家からは新納《にいろ》武蔵守忠元《ただもと》、真田家からは深谷清海入道（実在せず）、浅野家からは亀田大隅（高綱《たかつな》）、そして黒田家からは後藤又兵衛、加藤（嘉明）家からは塙団右衛門らが選ばれる。

これらの名将・闘将をことごとく打ち倒した重太郎は、以前は引き分けた団右衛門にも勝ったものの、又兵衛とだけは引き分けてしまう。

文禄の役が起こり、小早川隆景にも出征命令が下って、このおり重太郎は薄田隼人正兼相と改名。自身は渡海せずに、養子秀秋の側近をつとめる。そのあと、愚君との物語があり、小早川断絶により重太郎こと隼人正は、太閤秀吉に直接、召し抱えられることに。御側役で、家禄は五千石であった。

隼人正はその期待に応えて、すでにみた仙石権兵衛秀久とともに、忍び込んできた石川五右衛門を取り押さえる功績もあげている。

一万三千石の「諸士頭」にまで出世した隼人正は、大坂夏の陣で一度は家康を敗走させたものの、越前少将松平忠直（家康の二男である結城秀康の長男）の、舎弟である家宗に自らの首を討たせて、長い長い物語はおわる。

ここで明らかなことは、岩見重太郎＝薄田隼人正が講談本で確立する過程で、橙武者の失態はみごとにぬぐいとられ、博労ヶ淵での失敗＝遊女との戯れも修正され、織田有楽に引きとめられて持ち場に戻れなかったが由の敗北、と改められていた。

ちなみに、『岩見武勇伝』と同じ内容の『薄田兼相武勇伝』においては、隼人正には一人の男の子があったとして、その子こそがのちの、天草・島原の乱で、天草四郎を助けて活躍した芦塚忠右衛門だという。

それにしても、庶民の想像力の逞しさはすばらしい。思わず作中に入りびたって、ついつい遊んでしまう。なるほど、とその気にもなってしまう。

〝七手組〟の実体

しかし、現実の厳しさは、講談の世界の悪役よりも、はるかに質《たち》が悪かった。

たとえば、木村重成や薄田隼人正より以上に、その軍事能力が期待された〝七手組〟は、すでにみたように七人の組頭によって統率されていた。

徳川家康は俗にいう、〝旗本八万騎〟（実質約五千人、御家人と陪臣を含めれば約八万）をもっていたが、豊臣家のそれは一万人ほどでしかなかった。実は交易立国を目指していた秀吉は、貿易と鉱業に重点を置く分、その直轄領をわずか二百万石そこそこしか持っていなかったのである。

一方の家康は、秀吉に臣下の礼を取った時点で百五十余万石を領有しており、関ヶ原以後は三百万石を軽く超えていた（幕藩体制期四百万石と一般にはいわれている）。

秀吉は尾張の商人らしい発想で、鉱山を直接、経営して大量の金・銀を得て、この貨殖によって巨利を得、豊臣政権の運営にあたっていた。利が利を生む商いに比べ、土地からあがる農作物は飛躍しない。したがって秀吉は、領土そのものにあまり関心がなかった。だからこそ、気前よく諸侯に与えたといえる。

ところが、三河から勃った家康には、商いのセンスがなく、体質的にも鎌倉以来の〝一所懸命〟をひきずる、米穀依存の経済の中に暮らしていた。

侍は銭で養われるものではなく、土地＝米で養われるべきものである、とする家康の信念が、結果として〝旗本八万騎〟を産み出したともいえる。自然の猛威に耐え、懸命に農作物を作る農民は、そのまま忠誠心の問われる侍にむいていた、ともいえようか。

ところが、秀吉の軍隊には、この忠誠心がなかった。俄《にわか》家来になったものの寄せ集めでしかない豊臣政権は、なるほど功名心には優れていたが、秀吉や豊臣家に対する忠誠心は希薄《きはく》であった。

――その証左に、秀吉が死んでも殉死者は出なかった。

銭で雇われた関係を、置いて考えれば理解しやすいかもしれない。雇い主に財力があり、昇進の機会も多く、臨時のボーナスも多ければ、雇われる者は懸命に忠勤を励むであろう。

しかし金回りが悪くなり、以前に比べて目にみえて業績が落ちているのが明らかとなれば、それでもこれまで同様の仕え方ができるであろうか。ただの宮仕え、といっては語弊があるかもしれないが、そうした気分はあろうことか、〝七手組〟の中にすら存在した。

さすがに組頭の速水守久には、秀頼への生命《いのち》懸《が》けの一途さがあったが、青木一重はもとは徳川家の家来で、秀吉が家康に望んで迎え入れた人物。夏の陣の直前、秀頼の使者として関東へ赴き、家康との会見に臨んだものの、そのまま抑留されて動けず、戦後は家康に仕官した、と通史は伝えている。

最古の、間諜であった公算が高い。

伊東長次は家康とは無縁であったが、自ら徳川家に売り込んだ形跡があった。大坂城落城後、生き残ってそのまま家康を訪ね、河内（現・大阪府南東部）の旧領一万石を安堵されている（子孫は備中岡田藩主となり、この系譜は明治まで残った）。

真野頼包は父・助宗の跡を継いだ二代目。〝実録〟や講談本では木村重成の義父や義兄として描かれたが、実際は徳川方の藤堂高虎と親密なつながりがあったとされている。

残りの組頭についてては不明であるが、現実のリアリズムはここまで家康の侵入を許していたのである。講談本で、笑っている場合ではなかった。

それにしても、筆者は無念でならない。籠城軍総数約十三万人、軍才に優れた牢人の将も多くいた中で、これらをまとめる〝三軍の将〟だけが、大坂城には不在であった。

大坂城の首脳部――淀殿―秀頼母子や大野治長ら――のおかしさは、大坂方の最大のウィークポイント――大坂城をまとめる〝三軍の将〟の不在――が、家康と手切れとなればすぐさま、解消される、と考えていたところにも明らかであった。

全国から豊臣恩顧の大名が、幾人も集ってくるだろうから、その中から一番良質な人物を厳選すればいい、と心底、楽観的に考えていた。恐れ入るのは、具体的な根拠もそのための根回しも、何もないのにである。

彼らは信じて疑わなかった。否、実際には事前に働きかけた大名すべてに、逃げられていたにもかかわらず、である。なかには、誘いの書状ごと、家康に報告した大名も少なくなかった。

大坂城の首脳部は、〝三軍の将〟が不在でも、決して自らが敗北するとは思っていなかった。思うことは一つ――この天下一の堅城が、自分たちを守ってくれる。この城塞は決して落ちない、という神仏なみの信仰の一念であった。

加えて、老齢な軍人《いくさびと》・徳川家康は攻め手の大将をつとめず、かわりに無名の将軍・秀忠がやって来る。これなら何年でも、城は持ちこたえられる――云々。

大坂方の背中を押したもの

すべての信仰を軍学的に検証していき、「惣構」にこそ大坂城のすべてがある、ということに入城組の中でいち早く気づいたのが、筆者は真田信繁ではなかったか、と考えてきた。

その証左に、「惣構」の外――大坂城の唯一の弱点として、手薄な南方に、出丸を構築して守備に万全を期したい、と彼が申し出た件に関しては、すんなりと決裁がなされている。〝真田丸〟である。

後藤又兵衛と守将を争ったとも伝えられるが、もっとも上層部は、牢人たち一人一人を心底から信任していなかった。信繁が守備隊長に決まると、軍監（目付）として伊木七郎右衛門遠雄《とおかつ》を派遣する。

伊木は十七歳で賤ヶ岳の合戦に従軍した強者《つわもの》で、もと秀吉の黄母衣《きほろ》衆（使番）を務めた人物。関ヶ原では西軍につき、戦後に牢人となった。この時、五十歳手前であろうか。さらには前述の石川康勝も、自ら志願して信繁と行動をともにすることとなる。彼は真田丸の、西側後方の守備についた。

このもと信濃筑摩の領主であった康勝もそうだが、家康はこの十年程のあいだ、世嗣断絶や藩の失政など、さまざまな理由を設けては、大名家を次々と取り潰していた。三十六大名家、二百九十八万石が没収となっている。

信濃深志《ふかし》城主・石川三長《みつなが》（数正の長男・康勝の兄）、伊賀上野城主・筒井家次、豊後の稲葉通孝《みちたか》、山城御牧《みまき》の津田信成《のぶなり》、美濃清水の稲葉通重《みちしげ》、丹波八上《やかみ》の前田茂勝、伯耆《ほうき》米子の中村忠一《ただかず》、備中足守《あしもり》の木下勝俊、和泉谷川《たながわ》の森山清晴、越後蔵王堂《ざおうどう》の堀鶴千代、越後福島の堀忠俊、越後三条の堀直次、美濃上有知《こうずち》の金森長光、肥前日野江《ひのえ》の有馬晴信、上野板鼻《こうずけいたばな》の里見義高、伊予宇和島の富田《とみた》信高《のぶたか》、日向延岡の高橋元種《もとたね》、下野《しもつけ》佐野の佐野信吉《のぶよし》、安房館山《たてやま》の里見忠義などが改易されている。

彼らの一族や旧臣のなかで、運よく他の大名家に仕官できたものはいいが、帰農をきらって武士を貫くとすれば、彼らの行き先は大坂城しかなかった。

百石で侍三人と考えれば、約三十三万人の牢人が新たに誕生したことになる。

「真田左衛門《ママ》は、おのれが武名を後代に遺さんと天王寺表に一郭を備えた。〈中略〉真田丸と自称す」

（『武徳編年集成』）

ひるがえって検証してみれば、籠城で出城や砦を臨時に構えるのは、真田家のお家芸といえなくもない。一方、豊臣方が籠城一本でいくことを見きわめた家康は、十一月十八日に茶臼山《ちゃうすやま》にあがると、対抗措置として周囲に「付城《つけじろ》」の普請を急がせた（『慶長年録』）。

この「付城」は、相対する敵方の城をみはり、城からの攻撃にも備えるもので、「向城《むかいじろ》」ともいった。信長の〝天下布武〟では、この「付城」は敵に備ええつつ、敵の死角からそっと城内の兵員を脱出させて、相手に気づかれないうちに別の戦場に兵力を投入し、同時多発戦争をしのぎきった戦法として工夫された。その後継者秀吉は、兵糧攻めのポイントを重視して「付城」を活用し、三木《みき》城や鳥取城を落としたが、家康の場合は、「惣構」に向かって多くの死傷者が出ないように、とむしろ味方を監視するために、この「付城」を並べたといってよい。

通常、城攻めには十倍の兵力が必要とされている（『孫子』）。約十三万の兵力をもつ大坂城——一説に「十九万」（『山本日記』）、あるいは馬上六、七万。雑兵五、六万。女中一万（『大坂御陣山口休庵咄』）。または、「甲《よろい》の緒をしめ候兵八万七百あり、雑兵十万あるべしとの沙汰なり」（『長沢聞書』）——を攻めるには、百万以上の将兵が必要であったが、当時の日本にはそれだけの武士がいなかった。

攻城方は、総勢二十万余——大軍ではあったが直接、戦闘を仕掛けて城攻めができるものかどうか。家康にとって「付城」は、城方が「惣構」を利用して、さらに外に打って出て勝とうとする、そうした気持ちをおこさせないためのものでもあった。十一月二十五日には、延々と完成をみている。

と同時に、徳川方では大坂城内に大量のスパイを送り込んだようだ。京都所司代の板倉勝重が、家臣の朝比奈兵右衛門を牢人者にしたてて大坂城内へ潜入させた話が、大道寺友山の『落穂集』に出ていたが、おそらく攻城方にある諸侯は皆、同じことを試みていたに違いない。

城は外からは落ちない、落城するとすれば内側からであった。結構、見落とされがちなのだが、諸大名の大坂屋敷に貯蔵されていた兵糧米は重要であった。大野治長が急ぎこれを接収したのだが、徳川家の五万石は板倉勝重の機智で、速やかに大坂から運び出されていた。

十月二十三日正午、家康が五百余の兵を従えて洛中へ。駿府を出発したおりの彼は、鷹狩りにでもいくような軽装であったが、さすがに京都入りには威風堂々の装束に改められていた。

第四章　大坂冬の陣

――家康の仕掛けた陋劣《ろうれつ》なトリック

藤堂高虎という切り札

どこまでも緻密に、細々と計算し、あらゆる可能性を想定して挑んでくる徳川家康にとって、まるで大坂城は、無邪気な少年の集団のように、およそ政略・戦略を持たず、「籠城」という戦術一本で攻城方を迎え討とうとしていた。

家康のもとにあり、悪知恵の宝庫の如くにいわれた金地院崇伝《こんちいんすうでん》にいわせれば、

「大坂城中の儀、日用など取籠《とりこ》め、むざとしたる様体《ようだい》と承《たま》はり候」（『本光国師日記』）

となる。

「日用」とは日雇《ひやと》いのこと、「百姓なども来年のいつ比迄《ころまで》と約束致《いた》し候て、山越え候て籠《こも》り候間」（『吉川家文書』）ともあった。

大坂方は諸国の牢人のみならず、窮するあまり近在の百姓にまで声をかけたようだ。それでいて歴史のつきない魅力は、冬の陣において大坂城が落城しなかった史実だ。兵農分離の間もない時期であり、百姓を含む日雇いの質が、徳川方にとっては高かったことに加えて、大坂方は実戦の指揮者、戦闘者が、極めて優秀であったといえそうだ。

もっとも、家康は出陣してなお、慎重であった。

藤堂高虎と片桐且元の二人を呼んでいるのをみれば、その用心深さが理解できた。

もし、筆者が大坂方であったならば、まず、ありとあらゆる手を使って、戦線から遠ざけたかったのが、藤堂高虎であったろう。

この男には、努力がむくわれて破格の出世を遂げる運のようなものが、ついて回っていた。

彼が最初に手にした年俸は、八十石＝三百二十万円程度であった。それが最終的に三十二万九千石（ざっと百三十一億六千万円）の大名となっている。

もともと、出自には恵まれていない。明らかなことといえば、父の名を虎高といい、近江の国内で地侍をしていたらしいこと。高虎には兄がいたが、戦死したという程度のものであった。

加えて、高虎本人は壮漢であった。色黒く大兵《だいひょう》の人物であったことは間違いない。六尺三寸（百九十センチ）、体重三十貫（百十三キロ）もあったという。彼はこのめぐまれた体格と度胸にものをいわせ、抜群な戦場働きをしたが、その人生の駆け出しは、失敗と失望の連続でしかなかった。

元亀元年（一五七〇）六月、高虎は十五歳で本格的な大合戦＝姉川の合戦に、浅井長政方の陣借りとして参戦している。が、織田信長と徳川家康を敵軍とした浅井・朝倉連合軍は大敗を喫してしまう。次に仕えた山本山城の阿《あ》閉《つじ》貞秀《さだひで》（貞征《さだゆき》とも）も、気に入らず再び出奔。ようやく、湖西の小川城主で浅井家の猛将・磯野員昌《かずまさ》を頼り、正式に得た家禄が、先の八十石であった。

高虎は懸命に仕えたが、織田家から員昌の養子に入った信澄（信長の弟・信勝の長男）は、一向《いっこう》に自分を認めてくれない。嫌気《いやけ》がさして、隙《すき》を見て逃亡。郷里へ舞いもどった高虎は、ここで織田家の出世頭・羽柴秀吉が、湖岸の今浜の領主となり、地名も「長浜」と改め、大そうな羽《は》振《ぶり》であることを知る。口利きしてくれる人があり、高虎は秀吉の弟・羽柴秀長（当時は長秀）に仕えることになった。

通算、五度目の出仕である。秀長は高虎を一見して、三百石（年俸九百万円）の値をつけてくれた。高虎が二十一歳、秀長が三十七歳のときであった。

「当然のことよ」

年俸を聞いて、あるいは高虎はそう嘯《うそぶ》いたかもしれない。

この日々、合戦の中で十代をかけ抜けた若武者は、人より優《すぐ》れた巨体を酷使《こくし》して、死を恐れず、つねに先陣、一番槍をこころがけ、退くときは殿軍《しんがり》を志願しつづけた。すでにみた、塙団右衛門と同様、暴虎馮河《ぼうこひょうが》の勇＝生命《いのち》懸けの働きぶりは、つとに周囲を納得させるものをもっていたのだろう。だからこそ、次々と主人をかえることができた、ともいえる。

秀長はそうした高虎の心根を、実によく見通していたといえる。以来、高虎の忠勤は秀長在命中、かわることはなかった。高虎は秀吉の中国進攻に従い、秀長の幕下にあって出世していく。

最終的に、天下を統一した秀吉のもとで、秀長は但馬南部（現・兵庫県北部の南半分）に大和一国を加えられ、計百万石の大大名となり、居城を大和郡山城（現・奈良県大和郡山市）に定めた。高虎は、紀州粉河《こかわ》（現・和歌山県紀の川市）に一万石を拝領する身代となっている（三十歳）。

ところが、天正十九年（一五九一）正月二十二日、主人の秀長は病没（享年は五十二）。すでに二万石の身代となっていた高虎（三十六歳）は、秀長の甥で養子となっていた十三歳の、秀保《ひでやす》の後見を遺言されるが、これはうまくいかなかった。

朝鮮出兵の実務に携わっていた高虎は、秀保の日常をみることができず、もともと凡庸であったこの二代目は、養父の重石《おもし》がとれたこともあり、一気に酒色にはまり込み、文禄三年（一五九四）に病没（毒殺説あり）。大和豊臣家百万石は断絶となった。

失意の高虎は高野山へ登り、仏門へ帰依することを決断する。しかし、彼の存在はすでに、秀吉にとってはなくてはならないほど大きなものとなっていた。使者を高野山に遣《つか》わした秀吉は、陪臣であった高虎を伊予国内で七万石の領主として独立させる。決め手は実戦の才覚と築城術、さらには水軍の指揮能力にあった。

高虎はすでに秀長の名代として、紀伊水軍を率いて朝鮮に渡海しており、慶長二年（一五九七）の再戦においても、伊予水軍を指揮して閑山島《ハンサンド》沖の海戦を勝利に導いていた。

この高虎が、徳川家康と直接に面会したのも、天正十四年に上洛した家康のために、聚楽第の傍地に屋敷を造営したのが切《き》っ掛《か》けであった。

以来、この二人は実の主従の様に馬が合ったようだ。朝鮮出兵を挟《はさ》み、高虎は次の天下は家康との確信を抱く。関ヶ原の戦いでは、西軍荷担の諸将の、切りくずしを担当。その功により、伊予今治に二十万石を領する大名となった。高虎は己れの居城の縄張りをはじめ、家康の命で江戸城の改修、丹波亀山城、同篠山城の築城を次々に手がけ、そうする合間に慶長十三年八月、伊賀一国十五万五百四十石と伊勢安濃津及び一志《いちし》郡に五万四百十石、加えて伊予領内・今治を中心に二万石、計二十二万九百五十石を将軍秀忠より拝領、転封することとなる。ときに家康は六十七歳、高虎も五十三歳となっていた。

高虎の成功の要因は、与えられた未知なるもの――鉄砲、和算、築城、水軍の操船、といったものを嫌がらず、それまでの成功の面子《メンツ》にこだわらずに、新しく与えられた課題を一つ、一つ、ものにしていった努力と忍耐にあったといえる。

最後が、極めて難しい忍びの統率であり、彼はこれをみごとに果たして、大坂の陣の前夜、大坂方の重要機密を、家康のもとへ頻繁《ひんぱん》に送りつづけた。並行して和歌山城、宇和島城、膳所城、伏見城、伊賀上野城、津城の竣工にもかかわっていたが、これらは皆、大坂城を包囲する使命を帯《お》びているものばかりであった。

ついに、開戦へ

冬の陣では、攻め手の先鋒をつとめ、このあとの和議を挾《はさ》んだ夏の陣でも、多大な犠牲《ぎせい》者を出しながら大坂方の敗戦を決定的にしたのが高虎であった

彼をなんとかしなければ、と考えた大坂方の知恵者がいなかったわけではない。高虎を標的に、家康との間を離反させる策謀も行われていた（詳しくは後述）。それでも生き残った高虎は、家康から加増五万石、従四位下をたまわり、家康がこの世を去るとひきつづき将軍秀忠の側《そば》にありつづけた。

毎月数度、〝治国の要〟を問われた高虎は、ときに、

「国を治めるには何よりも、人を知ることが肝要でございます」

と答え、長所と短所をみきわめたうえで、人を使うときは信じて疑わぬことが大切だと述べた。

「――上に疑う心があれば下もまた上を疑う。上下互いに疑念を持てば、人心は離散し、国に大事が起きても力をつくすものがない」

何事もただ人を得ることだ、ともくり返し述べている。

大坂の陣のドキリとさせられた思い出が、このようにいわせたのかもしれない。

高虎は元和五年（一六一九）、生前の家康の希望でもあった秀忠の娘・和子入内の斡旋をおこない、翌年にはこれを実現に漕《こ》ぎつけている。三代将軍家光（秀忠の嗣男）の入京にも何かと周旋をなし、

家康―秀忠父子同様の信頼《しんらい》をよせられた。

寛永七年（一六三〇）十月五日、高虎はその七十五年の生涯を閉じる。

この間、東叡山寛永寺のかたわらに東照宮並びに別当寒松院《かんしょういん》を建立。大坂の陣で戦死した家臣のために、京都南禅寺山門を寄進したりもしている。毀誉褒貶《きよほうへん》はあるが、徒手空拳《としゅくうけん》で出発し、累進《るいしん》してついには三十二万九千石の太守となったその生き方は、多くの可能性、処世の術を、現代のわれわれにも語り掛《か》けてくれるように思われるのだが、このような人材は、残念ながら大坂方にはいなかった。

――話が、脱線してしまった。

全軍の戦闘態勢が整えられ、家康はついに二条城を十一月十五日の卯の刻、現在の午前六時に出陣する。途中、彼は木津の宿舎で湯漬けを立ちながら勢いよく食べ、奈良へ。法隆寺に進んで翌日、関《せき》屋《や》（現・奈良県香芝《かしば》市）を越えて住吉に入った。そして十八日、天王寺で息子・秀忠の出迎えを受けている。

現征夷大将軍である秀忠は、前日に大坂入りして平野《ひらの》に布陣していたが、その心中はまったく余裕のないものであった。なにしろ彼は、この大切な戦《いくさ》に出遅れてしまう。豊臣問題だけを専任とする家康と異なり、秀忠は天下の仕置をしなければならず、家康の六男である松平忠輝を筆頭に、江戸留守居の諸侯も定めねばならなかった。

無論、全国への目配りもおこたりなくやらねばならない。

そのため、家康が京都入りした二十三日に、ようやく旗本と譜代大名を主力とする兵五万余＝「惣軍二十万余騎」（『台徳院殿御実記』）を率いて、江戸を出発することとなる。一番に酒井家次《いえつぐ》（酒井忠次《ただつぐ》の長男)、二番に本多忠朝、三番に榊原康勝、四番に土井利勝――云々。

道中の秀忠の懸念は、現将軍不在のまま、大坂の陣が開戦にいたることであった。そんなことになれば、明らかに己れの鼎《かなえ》の軽重が問われることになる。

十四年前の関ヶ原の戦いにも、結果として秀忠は間に合わなかった、と世間は記憶している。そのため三十六歳の将軍は、東海道を急ぎに急いだ。

謹厳実直で、父・家康に対してはどこまでも忠良な跡取り息子は、「神武東征」以来といわれる大軍勢を率いて人馬がひしめきあっている街道を、遮二無二、突き進む。なにぶん大軍であり、急行軍は難しい。そこで彼は、身のまわりの人数だけで先を急ぐことにした。

記録によれば、駿河の江尻(現・静岡県静岡市)から江州の柏原(現・滋賀県米原市)までの六日の行程で、秀忠つきの家士が二百四十人いたにもかかわらず、最後まで将軍に付き従いえたのが三十四人という結果も出していた。

前を進んでいた伊達政宗の軍勢も、将軍一行に煽《あお》られるように走度をあげねばならず、東海道は大坂方と戦う前から、パニック状態となっていた。

この報告を聞いた家康は、不機嫌になった。否、秀忠に落胆する思いであったろう。天下の大将軍が主力軍を置き去りにして、血相を変えて上方に駆《か》けのぼる姿を、世間はどうみるか、についての考察が秀忠にはなかったからだ。

「それほど大坂方は手強いのか」

前政権への、追慕の情もある。いかなる流言飛語《りゅうげんひご》(根拠のないウワサ)が生まれ、広がらぬともかぎらなかった。

「いたずらに、人馬の疲れをはなはだしくするは、大将のすべきことではない」

と家康は側近にぼやき、そのことが秀忠に聞こえるように工夫しなければならなかった。

秀忠は叱られた、と馬鹿正直に受け止め、今度は急ブレーキを踏むように速度をゆるめた。それでも彼は江戸出立以来、十二日目の十一月六日には江州永原（現・滋賀県長浜市）に到着している。未着者を二日待って、九日には膳所（現・滋賀県大津市）まで、十日には伏見城にすべり込んだ。

緒戦のあんばいと明石全登

なにしろ、大坂ではすでに十月十三日頃、小規模ながら、前哨戦が始まっていたのだから、秀忠の心中もわからぬではなかった。大野治胤（道犬斎）や三千石取りの豊臣家直参・赤座《あかざ》直規《なおのり》（内膳正《ないぜんのかみ》）らが、日本最大の貿易港・堺を占拠し、徳川方の堺の代官・柴山正親は泉州岸和田まで逃げた。

このおり正親は、大坂方が押し寄せてくると知り、摂津茨木城の片桐且元に救援を乞《こ》う。且元の腹はすでに決していた。徳川方につく、ということであり、家康への忠誠の証《あかし》を立てるためにも、とすぐさま救出に駆けつけたが、正親はすでに逃げたあとで、自軍はかえって迎撃されて逃げかえるありさまであった。

また、十一月五日には松平忠明、石川忠総《ただふさ》ら徳川方の軍勢と薄田隼人正兼相の兵が平野で交戦している。翌六日には大坂方が天王寺付近に放火したため、天王寺の堂塔が焼失する事件も起きていた。

徳川方の諸侯は、徐々に大坂方の勢力圏に肉迫してくる。

そのタイミングに合わせるように、上方の米価が史上空前ともいえる騰貴を記録した。他の地方の十倍近くまではねあがったという。駆り出された諸侯の先鋒軍では、米や薪も運び、自炊しながら行軍せねばならない。いずれの徳川方においても乱暴狼藉があとをたたず、これに立腹した家康が厳しく停止を厳命するも、なかなか改善されなかったようだ。

家康のもとに兵糧の補給が間に合わず、金銀を借りにくる大名家も少なからず存在した。これらは大いに士気にかかわることであり、十一月十二日には出陣した諸侯に対して、一万石につき金子百両と三百人扶持の米を給付する、との伝達がなされた。

また、のちのことながら十二月八日には、諸大名へ銀百貫ずつの下賜もおこなわれている。

家康は銀三千貫を名古屋から取り寄せ、江戸からは二千貫の銀子を運ばせた。合戦がいよいよはじまると、連日千五百石の米を用意している。

それにしても、大坂城を包囲した諸侯は、「日本（中から）残らず」出陣したようなもので、その混雑ぶりは想像を絶するものがあった。

「大軍故《ゆえ》、陣場の配分、一万石に面三間」（『駿府記』）

とある。

一万石をのちの軍役規定に置きかえれば、二百三十五人——これだけの人数を、幅三間以内に押し込めるというのであるから、攻城方はきわめて窮屈な状態にあったことが知れる。

にらみ合いのつづく両陣営が、いよいよ本格的な合戦の火ぶたを切ったのは、十一月十八日、家康—秀忠父子が茶臼山《ちゃうすやま》に登って、攻城作戦の最終的な打ち合わせをおこなった翌十九日のことであった。

木津川口の西北の位置には大坂方の砦があり、ここは水上から大坂城へ、兵糧・武器弾薬を運び込むための重要な拠点であった。

かつて大坂本願寺は、この木津川の防衛ラインを、信長の鉄船に破壊されたことにより、十一年つづいた徹底抗戦にピリオドを打って和解勧告に応じることとなった。

この要衝《ようしょう》をまかされていたのが、明石掃部頭全登《あかしかもんのかみぜんとう》（たけのり、てるずみ、とも）であった。

「なるほど、よき人選かな」

大将・将領の絶対数がたらない大坂城にあっても、この守備隊長は全幅の信頼を置かれていた。

その全登が大坂城に登城している隙を突くように、蜂須賀至鎮《よししげ》・浅野長晟《ながあきら》・池田忠雄《ただかつ》ら三千の兵が、守備隊八百人余を水陸両面から奇襲し、みごとに勝利した。また、大坂城の西、中津川と木津川をつなぐ水路である伝法川口では、幕府の船奉行・向井忠勝の大船「安宅船《あたけぶね》」や九鬼守隆《くきもりたか》、戸川達安《とがわみちやす》、花房職之《はなぶさもとゆき》らの早船五十余艘が、往来する船舶を臨検し、新家《しんげ》の大坂方の船を追い、この地の占拠も成功している。つまり徳川方は、この日、大坂湾の制海権を掌握したことになる。

「明石殿さえ、現場にいてくれたなら、このようなことにはならなかったろうに――」

という守備隊の痛恨の嘆きは、そのまま守将全登への期待であった、ともいえた。

とにかく明石全登は、戦《いくさ》に強かった。十四年前の関ヶ原の戦いは、濃い霧がようやく薄れてきた午前八時、松平忠吉《ただよし》（家康の四男）・井伊直政らの東軍が、西軍主力の宇喜多軍の陣営に、鉄砲を撃ちかけたことから文字通り〝火蓋〟を切った。この時、宇喜多秀家は一万七千の兵力を率いていた。

東軍先鋒をつとめていた福島正則は、直政らの抜け駆けに激怒しながらも、急ぎ鉄砲隊八百を指揮して宇喜多軍へ鉄砲を撃ちかけ、すぐさま突撃に移った。対する秀家は、軍勢を五段に分けて展開。福島隊の攻撃を防ぐのみならず、みごとに押し返した。このおり兵八百を率いて活躍したのが、宇喜多秀家の前衛を預かる明石全登であった。

彼の父・景親《かげちか》の代に、宇喜多家の与力＝客分となり、全登本人は宇喜多家の侍大将をつとめる一方、磐梨郡《いわなしごおり》熊野保木《ほぎ》（現・岡山県岡山市東区）の城主――小なりとはいえ、三万三千余石の大名でもあった。

彼は実に、変幻自在の陣頭指揮に長《た》けており、関ヶ原の戦いでも、少数ながら大軍の東軍を押していた。だが、小早川秀秋の裏切りが発生する。さしもの宇喜多軍にも、小早川勢に襲われた友軍の大谷・小西の両隊の崩れが伝わってくると、戦線維持が難しくなった。東北にむかって敗走をはじめたときには、死傷者二千余名を出していたという。秀秋の裏切りを知った秀家は、怒髪天を衝《つ》き、

「おのれ小《こ》倅《せがれ》め、天下傾覆《けいふく》のきわまり。このうえは刺し違えてくれん！」

カッと逆上し、馬を引き寄せて小早川の本営に斬り込み、玉砕しようとしたが、それを押しとどめたのが、全登であった。この戦いで、生死の境に身をおきながら、全登は泰然自若《たいぜんじじゃく》としていた。平時と、少しも変わるところがなかったという。

「殿、〝天下分け目〟はこれからにございます」

彼も、大坂城に命運を託していた。主君の秀家を戦場から逃がすため、全登は自ら少数の兵とともに現地へ踏みとどまり、さらなる奮戦に及ぶ。そして主人の戦線離脱を見届けてから、自ら風の如くに逃亡した。大坂城に入れず、以後、潜居《せんきょ》先をたびたび変え、その姿を再び人前に現わしたのは、大

坂冬の陣の直前であった。

『大坂御陣山口休庵咄《きゅうあんはなし》』に、「明石掃部《かもん》、人数初め四千の着到《ちゃくとう》にて、後人《のち》数抱《かか》へ申し候」とある。全登はヨハネ、ジョバンニ、ジュストなど、さまざまに伝えられる洗礼名をもっていた。彼は敬虔《けいけん》な切《きり》支丹《したん》であり、大坂方が勝利すれば切支丹宗を認める、との公約を信じての、入城であったという。

もし、彼がキリシタンでなければ、大坂城の総大将はこの人物で落ち着いたかもしれない。

全登は木津川口陥落の名誉挽回をはかるべく、関ヶ原同様の絶妙な采配を振るい、終始、攻城方を寄せつけなかった。が、その後、和睦となり、再び夏の陣となった。全登は真田信繁との挟撃作戦を考えていた。が、これはうまくいかず、大坂城はついに落城する（詳しくは後述）。

細川忠興が老臣たちに宛てた、夏の陣のあとの五月十一日付の書状には、

「明石掃部も手柄《てがら》にて、六日に討死し」

とあったが、それから四日後の書簡には、

「此の内《うち》、掃部は逃げたるといふ説もこれに有り」

と訂正文を書いていた。生きながらえ、一説には南蛮《なんばん》に渡ったとも。いずれにせよ、切支丹は自害はしない。その余生を全登はおそらく、すべてを忘れて信仰に生きたのではあるまいか。

名誉挽回の鍵〝真田丸〟

木津川口につづく、鴫野《しぎの》・今福《いまふく》の両砦の戦いは十一月二十六日におこなわれた。大坂城の東北二キロほどのところに、大和川を挟んで南岸が鴫野、北岸が今福であった。

寄せ手の徳川方は、今福に佐竹義宣《よしのぶ》、鴫野に上杉景勝、堀尾忠晴《ただはる》、丹羽長重《ながしげ》（長秀の子）といった、いずれも合戦には定評のある諸侯が対峙していた。家康の伝令が二十五日の夜に訪れ、明日、両砦を奪取せよ、という。この時点でここには「付城」が築かれておらず、それを築くためにも、両砦の守備兵を追い払え、と家康はいうのだ。

徳川幕府はのちに、キリシタンを根絶やしにするため、「踏み絵」を考案したが、キリストの像を足で踏ませることで、信者か否かを見分けようとしたあのやり方を、大坂の陣でも用いたわけだ。加えて、旧主の秀頼を殺す作業を、できるかぎり多くの大名に手伝わせ、共同正犯《きょうどうせいはん》に誘い、その実行をもって、徳川家への忠誠の証にしようとした。諸侯は無論、そのことを理解している。だからこそ、必死の攻勢に出た。

それでなくとも火力、兵力ともに劣勢な大坂方は、いずれも防戦が危うくなり、今福は奪われ、鴫野も壮絶な白兵戦となって、勝敗はみえないありさまに陥る。

城中から木村重成、後藤又兵衛、七手組や渡辺内蔵助らの新手の兵力が駆けつけ、一度は逆転したものの、攻城方は次第に調子をあげ、ついには大坂方を圧倒した。すでに少しふれた、又兵衛が退却の途中で被弾したのはこの時のこと。明らかな、城方の敗戦といってよかったろう。

筆者には、戦場での場数を踏んだ数の差が、勝敗を分けたように思われた。攻城方の諸侯軍が、関ヶ原以来の指揮官を並べてきたのに比べ、大坂方ではひとり後藤又兵衛のみが関ヶ原の戦いを経験しているだけであった。

一番あやしかったのが、豊臣親衛隊の〝七手組〟の実力である。長い泰平に慣れて、彼らは惰気が生じていた。もともと秀吉の旗本に位置する〝七手組〟は、実のところこれまで、合戦らしいものを一度も経験していなかった。それでいて気位《きぐらい》は高く、傲慢で増長もの、偏屈者ぞろいときていた。これでは刻一刻と動く、厳しい戦場の空気が、理解できなかったのも無理はなかった。

もっとも、この同じ問題（本質）は、やがて徳川方をも襲うことになるのだが……。

鴫野・今福の両砦を失った大坂方ではあったが、この激戦は相手の犠牲も少なくなく、とくに佐竹勢の損失は大きかったようで、京都に伝えられたうわさでは「六百計りの勢、死ぬるの由《よし》風聞」（『孝《たか》亮宿禰日次記《すけすくねひなみき》』）とあった。『義演准后日記《ぎえんじゅごうにっき》』では、「騎馬八十計り打死」とある。いずれにせよ、支払った代償は高くついたようだ。

その証左に家康は、今福の守備の司令官を佐竹から徳川四天王の一《いっ》・本多忠勝の二男である本多忠朝の軍勢に代えている。併せて、浅野長重（長晟《ながあきら》の弟）、真田信吉―信政兄弟（ともに信之の子）、仙石忠政、秋田実季らを忠朝につけている。

一方、この鴫野・今福の激戦を挟む形でおこなわれたのが、すでに述べた穢多ヶ崎の砦（木津川口）、それにつづく博労ヶ淵の砦の攻防戦であり、〝橙武者《だいだいむしゃ》〟の薄田隼人正らの持ち場であった。

相次ぐ大坂方の敗戦は、緒戦に華々しく打って出なかったこともあり、この籠城戦は勝てないのではないか、との思いを城方にもたせ、家康の思う壺＝講和にはまるところであったが、こうした劣勢の大坂方にあって、ひとり大いに気を吐き、士気を逆転して、大坂方の闘志をよみがえらせたのが、真田信繁の〝真田丸〟であった。ここに来て彼は、嶄然《ざんぜん》とその頭角をあらわしたのである。

〝真田丸〟は本丸と二の丸で構成されており、東西約百八十メートル、堀の深さは六から八メートル、土塁の高さは約九メートルあったという（現在、大阪市天王寺区餌差町《えさしまち》の心眼寺《しんがんじ》に、出丸城跡碑が建てられている）。

ここでいう「出丸」とは、本城＝大坂城からは突き出している小城のこと。「惣構」——城の最外郭に設けられた臨時の防禦施設である。〝真田丸〟は城の東南・平野口《ひらのぐち》の黒門の外に構築された、半月型の堅固な出丸であり、天然の要害に設計されていた大坂城に、もし欠点があるとすれば唯一、と信繁が考えたのが〝真田丸〟であった。おそらく第二次上田合戦のおりの準備と応戦を、反芻《はんすう》しながら絵図面をみ、実地に周囲を歩きながら、この出丸を考えたのであろう。

ここの守備兵力は約五千。加えて、信繁は百八十人の手勢を別にもっていたという（『幸村君伝記』）。おそらくこの手勢が、本来の信繁の直臣というべき人々であり、のちの講談本の〝真田十勇士〟の原型となった、と筆者は考えてきた。

十二月三日、攻城方の徳川秀忠が、自ら〝真田丸〟近辺を巡検している。そのうえで、この方面の攻め手である前田利常と松平忠直に、むやみに攻撃をしかけてはならんぞ、とクギをさした。家康——秀忠父子の配慮は、いきとどいている。当然のことながら、この出丸攻撃に関しては、いずれも真田家に接点のない大名家を厳選して配置した。

攻将の前田利常は、利家の第四子であり、関ヶ原の戦いののち、長兄利長の跡を継いで、外様最大の〝加賀百万石〟を経営していた。他方の松平忠直は、家康の次男・結城秀康の長男である。すなわち、家康の孫にあたる。越前北ノ庄六十二万石の二代藩主であった。

二人はまず、「付城」の防備を固めるように、との指示を受けた。万一、こちらから攻撃をしかけて、敗れるようなことになれば、緒戦以来の連勝で、全体に士気のあがっている攻城方の闘志が、一気にしぼむ懸念があったからだ。

なにしろ関ヶ原と違って、この度の戦《いくさ》は完勝しても、分配される豊臣家の領土はわずかに六十五万石だけ。おそらく大坂は天領（幕府直轄領）になるであろうから、諸侯はタダ働き同然となる。実利ではなく、むしろ徳川家への忠誠を披露するために、戦っているようなものであり、自然、闘志にも限りがあった。内心、旧主秀頼への哀憐《あいれん》の想いもある。

しかも徳川家にとっては、まさに〝天敵〟のような真田氏である。考えられないような逆転劇でもされれば、三度目の敗北ともいわれかねない。

〝真田丸〟勝利す

信繁はこうした徳川方の事情に、小憎たらしいほど精通していた。

敵の「付城」の手前――真田丸との、ほぼ中間地点――の「笹山」（篠山・伯母瀬山とも）に、鉄砲足軽を派遣しては「付城」を攻撃させた。そのため、連日のように数十名の怪我人が攻城方に出た。

信繁は天下にむかって、吠えたかったのであろう、大坂方のほかの武将は敗れても、真田の出城は違うぞ、と。

対する前田利常の軍勢は、あまりの真田丸のわかりやすい挑発に、ついには耐えられなくなり、むやみに攻撃してはならない、と戒められていたにもかかわらず、つられるように鬨の声をあげ、「笹山」へ攻めかかってしまう。

が、彼らが到着してみると、「笹山」はもぬけのからであった。

「しまった、罠であったか――」

一度でも真田の兵と戦った相手ならば、即座に理解できたであろう戦法が、呆然《ぼうぜん》としている前田勢には、次の仕掛けも想定できなかったようだ。嘲笑の嵐が、〝真田丸〟からわきおこったのである。加えて、

「――それほど手持ち無沙汰なら、どうかね、真田丸を攻めてみては」

と信繁が頭上から大声をはりあげた。

前田家はこのあからさまな挑発に、またしても我を忘れて乗ってしまった。仕掛けの拍子、タイミングの取り方が、真田兵法の妙であった。

頭にきた彼らがそのまま、あるいは翌十二月四日に（二説あり）、ならばと真田丸の空堀《からぼり》際まで迫った。待ち構えていた信繁は、弓矢、銃弾を雨あられのようにみまい、集中攻撃の中で進退きわまってしまった前田勢に、再度、得意のあざけりを浴びせかけた。

これまでも、くり返し述べてきた。戦国時代、他人《ひと》にあざけりをうけること以上の屈辱、不名誉は武士になかった。武士は足軽の端にいたるまで、人さまから笑われぬように、そのためだけに、いわばわが身を戒めてきたようなもの。武士が武士をあざければ、それはそのまま斬り合いを意味した。百姓が武士に向かって侮蔑したような笑みを、片頬にでも浮かべれば、まずその場で討たれたであろう。

だが半面、人は笑われるとカッとなって、冷静な判断力を失う。理性的に、ものを捉えることがで

きなくなるのである。この笑われて、カッとなったときがあぶなかった。逆にいえば、指揮官の有能・無能は、こうした敵に笑われたときの応対で、決まったといってよい。

笑い返す度量が求められたが、前田勢の指揮官・奥村摂津守（栄頼、栄顕とも）は、そこまでの器はなく、それでも突撃命令を下そうとするほんの数秒立ち止まった。

「ワナではないか」

奥村はここで、奇跡的に兵をひいた。筆者は、その決断は上出来だったと思うのだが、彼の主君利常は、そもそも「笹山」に突撃を仕掛けたこと自体を責めて、ついには摂津守を勘当《かんどう》（縁をきって追放する罰）に処してしまう（『烈祖成蹟』・『幸村君伝記』）。

一方の、松平忠直隊はどうであったか。井伊直孝、藤堂高虎、寺沢広高、松倉重政らの諸隊は——。

松平勢は約十五町（約一・六三キロ）ほどの地点から、竹束《たけたば》（丸竹をたばねて楯としたもの）を前に、寸土を詰めるようにして、真田丸との距離をちぢめて前進した。

当時の戦法としては、正攻法であった。こちらの先鋒の指揮官＝侍大将は、本多成重《なりしげ》と同富正《とみまさ》の二人。彼らは竹束で距離をつめながら、真田丸に向かって銃撃戦を展開した。

が、いつまでも竹束の陰にいるわけにはいかない。どこかで、思い切りよく突撃するか、一旦さがるか、決断しなければならなかった。まさに、そのタイミングに合わせるように、突然、真田丸の後方を守っていた石川康勝《やすかつ》の持ち場——彼の指揮下の櫓から、突然の大爆発がおき、すさまじい爆音が轟き、いきなりの大火災が発生した。絶妙であった。

「すわこそ——」

筆者が本多両人であっても、これを好機《チャンス》と捉えたであろう。

前線の指揮官は、つねに臨機応変の決断を求められる。どれほど用意周到に計画した作戦でも、何が起きるのかわからないのが戦場である。そのとき最善の方法を、瞬時にして割り出し、部下に命じなければ、指揮官はつとまらない。

突然に起きた大爆発——これは敵のミスか、それとも誘いか。チャンスと考えて飛び込むか、危うし、としばし様子をみるべく後退するか。指揮官の決定が遅れれば、部下たちは自分勝手に動く。

つまり、二、三人が突撃態勢を取れば、それに同調して、あとの者共は何も考えないまま、体ごと条件反射するように、先の数人の動きにつられて歩み出す。

「突撃させてもよかろう——」

両本多は、突然に起きた大爆発を、好機と判断した。二人は各々、竹束の陰から身をおどらせ、堀を越え、塀に手のかかるところまで肉迫した。すると、それをみていた前田利常、その西に展開していた井伊直孝、藤堂高虎——各々の軍勢までもが、遅れてはならじ、と忠直隊の突撃に同調した。

慌てた彼らは、急ぐあまりに自らの身を守る楯や竹束も持たず、空堀際までつめかけた。

突然の爆発音に遭遇した、ということでいえば、出丸内の信繁も条件は同じであった。事情はわからない。が、彼は第二次上田合戦や父・昌幸伝授の兵法をしっかりと身につけていた。冷静に、本来の予定通りの戦術をくり出している。

かねての手はずどおりに、西の門（東の木戸とも）を大きく開いて、真田大助・伊木七郎右衛門ら精兵五百を外に出して白兵戦を挑んだ。これは横合いの攻城方である、寺沢・松倉勢を牽制する目的もあったようだ。同時に、塀に殺到して乗り越えようとする徳川方の将兵に、城壁から銃弾の雨をふらせた。
激戦は一説によると、卯《う》の刻（午前六時）から始まって、申《さる》の刻（午後四時）までつづいた。形勢は終始、寄せ手に不利であり、信繁は射程の長い〝長鉄砲〟をこのとき、使用したともいう。
〝真田丸〟における味方の苦戦を聞いた家康―秀忠父子は、双方から、戻れ、さがれ、と撤兵の命令を出したが、カーッとのぼせて前へ前へとつんのめる将兵は、一向に後方へさがらない。
退却命令が三度出された。将兵の中にはふと、我に返る者もあったが、出丸から浴びせられる銃弾の雨は、今度は容易に退却を許さなかった。攻城方がどうにか後方にさがったおりには、すでに味方に数千人の戦死者が出ていた。
「去る四日、大坂表《おもて》城責め、越前少将（松平忠直）の勢四百八十騎、松平筑前（前田利常）の勢三百騎死す。此《こ》の外《ほか》雑兵の死者その数を知らざる由《よし》風聞これあり」（『孝亮宿禰日次記』）
「寄手の中手負《ておい》死人、その数を知らず」（『家忠日記』）
「十二月四日、大坂之城大《おお》ゼメ、今日迄《まで》ニヨセ衆一万五千人程打《うた》ルト云々《しかじか》」（『東大寺雑記』）
この「一万五千」という被害報告は、いささか人数が多すぎるような気がする。それにしても数千規模の、徳川方の敗北であったことは間違いあるまい。

虚々実々の駆け引き

かねてより攻城方の諸侯は、大坂城内にスパイを放ち、裏切り、降参への働きかけをおこなっていたが、その中の一つに、裏切りの合図を送ったら、一斉にそこへ殺到する約束がなされていた、というものがあった。

　大爆発が起きたとき、攻城方はこれを城内からの裏切り工作が成功したのだ、と判断した。ならば、いずれは城内からの裏切り者が次々と現われ、城兵の背後から斬りつけるだろうから、いま行かねば、せっかくの功名の機会を逃すことになる、と彼らは躍起となったわけだ。

　ところが実際は、石川康勝配下のそそっかしい足軽が、火縄をあろうことか、二斗ばかり火薬の入った箱へ、うっかり落としたのが、爆発の真相であった。守将の康勝も、この爆発で鎧の綿嚙《わたがみ》（胸のつり紐の部分）に火が移り、火傷を負って、一時は後方へ退いている。そのため越前兵は、ここまで乗り込んできたようだが、それは木村重成の軍勢がことごとくを討ち取った。

　確かに内通者を募るという戦法は、城攻めの要《かなめ》であった。この冬の陣において、城方の南条中務大《なんじょうなかつかさた》輔元忠《いふもとただ》という武士を、徳川方の藤堂高虎が調略し、内通を約束させた、という記述はあった（『泰政録』）。世巧者《よこうしゃ》な高虎の人となりについては、すでにふれた。この度の冬の陣で先鋒を命じられた彼は、当然のごとく事前に、配下の伊賀の忍びを多数、大坂城に放っていた。が、高虎ほどに世慣れした武将でも、なかなか調略は成果に結びつけることが難しかった。

　それどころではない。稀代の世渡り上手のはずの彼自身が、大坂方の標的にされたのである。

　真田丸での攻防戦の前——十一月二十一日、徳川方の陣中に紛れ込んでいた大坂方の間者が捕らえられた。そのこと自体は珍しいことではなかったが、この男はなんと高虎に宛てた秀頼の書状を所持していたのである。しかもその内容は、徳川方の諸侯を幾人か誘い、かねてよりの秀頼との約定を果たすべく、高虎が大坂城包囲を完成させ、家康—秀忠父子をこの地に誘い出すことができたから、すべては筋書き通りに運んでいる、というとんでもない機密が書かれていた（『藤堂家文書』）。

翌二十二日には、大坂城内の塩江甚介という侍から、徳川方の淡路洲本城主・池田利隆のもとへ、内通をすすめる密書が届けられた。大坂方に応ずれば、備前・播磨・美作の三ヵ国を与えるとあった（『駿府記』）。

まさに城攻めの裏方は、攻守ともに虚々実々の駆け引きがおこなわれており、その成果は陰の部分だけに見えにくかった。浅野長晟も狙われ、わざと捕まった大坂方の間者は、家康の面前で拷問されたおり、藤堂高虎、浅野長晟らがすでに秀頼と内通している、と証言に及ぶ。家康はさすがに、この凝った仕掛けにはのらず、この間者の額に、「秀頼」と焼き印させて、城中に追い返したという。指を切り落とされたり、額に〝犬〟と刻まれた間者もあり、〝忍び〟も生命懸けであった。

こうした調略は、すべて防ぎ得たか否か、筆者は疑問に思っている。わだかまりのとれなかった仕掛けもあったのではないか、と。とくに、攻城方において。

裏の話がつづいたが、家康は大坂城攻めの〝表〟にも、いくつもの策略を構えていた。たとえば、攻城の期間——家康はいつまで、大坂城を囲むつもりでいたのか。

筆者が一番に目を引いたのは、家康の茶臼山移陣であった。

すでにみた木津川口、鴫野、今福、博労ヶ淵などの砦を奪取した攻城方は、城内に逃げ込んだ大坂方を追うように、包囲網を縮めた。それにともなって、家康も大坂着陣以来の宿所＝住吉を前方後円墳の茶臼山（現・天王寺公園）に移している。十二月六日のことである。

秀忠も平野から、丸山と呼ばれていた前方後円墳＝岡山へ本陣を移動させた（のちにここは、「御《お》勝山《かちやま》」＝徳川方の勝利した本陣と呼ばれることになる）。

家康らしいのは、茶臼山に移陣したおり、船場の町屋を取り壊させて用材を運び込ませ、大工頭の中井正清に命じて、戦場の宿舎とはとても思えない立派な本陣＝御殿《ごてん》を建てさせたことであった。寝室十二畳、四畳半の茶室、二間四方の納戸に浴室まで備わっていた。番士が詰める六畳と十二畳の部屋、近臣の控える二十畳敷の一室など――云々。

台所も長期戦にそなえて、きわめて広かった。家康は味方諸侯に、どれほど長期戦になっても、この度の一戦で大坂城を落とす、との姿勢をみせたわけだが、その本心はどうであったのだろうか。

秀忠からは「総攻撃の下知をいただきたい」と、度々の使者がきたともいうが、難攻不落のこの大城塞を十倍はおろか、二倍でしかない攻城方の兵力で、家康は本当に落とせると考えていたのであろうか。

この疑問を京都所司代の板倉勝重に直接、ぶつけた人物がいた。島津家の家臣・川上久国《かわかみひさくに》であり、彼は不躾《ぶしつけ》にも、

「京の衆は皆、大坂が勝つと申しておりますが――」

と尋ねた。すると家康の家臣のなかでも、文吏としての硬骨さと手堅さ、情況分析の明晰《めいせき》さにかけて、比べる者がいない、といわれた勝重は、なんと久国の主人・島津家久の実父である義弘（惟新）から届いた書状を見せながら、「功者はかくの如し、京衆の評談笑ふべし」と応じたという。

義弘はいう。大坂城内の秀頼に合戦の下知はできず、「御懐《おふところ》」（淀殿）が下知をくだすにしても、そ

の下に組頭や将の誉《ほま》れある人が一人もいない。牢人がいくら集まっても頼むにたらず、城はやがて落ちる、という内容であった。同様の見方は細川忠興、伊達政宗の主張とも重なっていた。

しかし一方では、大坂城は兵糧に不足なく、牢人もよき侍が多く、城は堅固な名城である。容易に攻め落とすことはできない。大坂本願寺ですら、信長公をもってしても十一年かかったのだ。この戦いは長引くに相違ない。そう思うものも、意外に少なくなかった。

さて、家康の心中はいかに——筆者は、攻城方の総大将・徳川家康の心労は、まさに右の自らの御殿誕生のころに、ピークを迎えていたのではないか、と推測している。無理だろうと思いつつも、万難を排してとにかく、攻めてはみたものの、天下の堅城は緒戦で多少の連戦、勝利をしても、びくともしなかった。

家康の秘密兵器

「これほどの、難攻不落であったか——」

家康は胴震いしながら、思い知ったことだろう。このままでは、越年してしまう。軍用金はかさみ、味方の士気も引きしめ、維持しなければならない。それはいいとして、来年になれば早々に、確実に大坂城が落とせるなどという手段《てだて》はなかった。他力本願の大坂城首脳部とは、そこは違う。家康は徹頭徹尾のリアリストであった。希望的観測など決してしない。

開戦前からの、彼の秘策はただ一つ、早期和睦《わぼく》であったろう。そのために城内には、織田有楽（長益《ながます》）を入れておいたのだが、豊臣方はとくに淀殿—秀頼母子が籠城強硬論で、和睦交渉はまったく進んでいなかった。

もし数年、城方が持ちこたえれば、世上の潮目は変わる懸念があった。家康は己れの余命が、あとわずかしかないことを自覚していた。死ねば、将軍秀忠が残る。彼には何の声望もなく、戦国生き残りの老練な大名たちに、いいようにされる迂闊《うかつ》さ、若さがあった。野心ある大名も出てこよう。

大坂城は金穀の豊富さと、構造の頑強さにおいて、十年の籠城が可能だといわれてきた。

このままでは、埒《らち》があかない。家康は虚々実々の駆け引きを、表でも遺憾なく——否、なりふりかまわず——発揮した。城方の女、子供を恐れさせ、神経を消耗させる作戦を、続けざまに断行している。

毎晩、鬨《とき》の声をあげさせ、女、子供を寝させないように、と実行したのだが、パターンを決めての鬨の声は、やがて城方にみすかされて、城内の女・子供も当初ほどには驚かなくなってしまう。

モグラ戦術しかり。銀山の鉱夫を使って地下道を掘り開き、大坂城を石垣鉄壁もろとも、下から吹き飛ばそうというもの。あらゆるルートを伝って、わざと籠城側へその凄まじさを喧伝した。トンネルが城の真下まで通じたら、天守閣も城も陥落する。否、地下から火薬で城を吹き飛ばしてくれる、と脅《おど》した。

しかし、これも実際にやってみると、そうそう思うようには掘り進めず、後世に「真田の抜穴」と称せられた大坂城の抜け道、という夢を与えたにすぎなかった。

「要は、女城主をおどかすことなのだが——」

家康は和睦の相手を淀殿にしぼり、女ゆえの甘さ、本来ならばあり得ない講和の可能性に賭けた。

そのための切り札が、ありとあらゆる大砲の類を、まるで彼女をも狙撃するように、大坂城に撃ち込むことであった。

現在、靖国神社の宝物遺品館に、全長三・一三メートル、口径九十三ミリ、重量二トン余という大砲が据え置かれている。芝辻理右衛門（道逸《どういつ》）が造ったもので、大坂の陣当時は、「大筒」「石火矢」と呼ばれた大砲の中でも、画期的なものであった。別名に、〝城崩し〟〝国崩し〟とも。

この頃の大砲の射程は、五十匁玉筒（口径三十三ミリ、鉄身約二メートル）で約二百グラムの鉛玉を千五、六百メートル飛ばすことができた。くり返すようだが、当時の砲弾は後世のように炸裂はしない。ただ灼熱《しゃくねつ》を加えた焼玉《やきだま》＝鉄や鉛の塊《かたまり》が飛来するだけであったが、それでも重量を考えれば驚異的な破壊力といってよかったろう。

ところが芝辻の大砲やイギリス、オランダ製の巨砲＝四貫目玉、五貫目玉という〝大石火矢《おおいしびや》〟は、従来の日本製をはるかに上回る射程と破壊力を持っていた。家康という人の奇妙きてれつさは、関ヶ原の戦い以後、天下統一に苦心する過程で、兵器の発達・充実を皆目、自分のためにはからなかった点にも明らかであった。

彼の同盟者であった織田信長や主君として膝を屈した豊臣秀吉は、軍船や城、火縄銃一つにしても、熱心に改良・改善をはかり、信長などは自ら近江の国友鍛冶《かじ》に命じて、日本初ともいうべき鉄製の火砲を二門造らせている。世界初ともいうべき、鉄張りの軍船しかりである。

時代はヨーロッパのルネサンス期と軌を一《いつ》にしており、兵器の発展は爆発的な進捗期を迎えていた。その世界的潮流に浮かんでいながら、日本の支配者家康のおかしさは、関ヶ原のあと、オランダから青銅製の火砲三門（日本ではブリキトース、ハカランと呼称された）を贈られ、イギリス国王からも数門、同じ種類の最新大砲をプレゼントされていながら、好奇心をもってこれらを改良することも、模造《まね》をして複製製造することもせずに、幕府鉄砲方（千石取り）の井上外記《げき》に、

「江戸城へおさめておけ」

と、徳川家の城の奥深くへ収納を命じ、それっきり忘れていた気配すらあった。

外記の諱は正継《まさつぐ》。もとは播州英賀《あが》（現・兵庫県姫路市飾磨区）の城主家の嫡流であったが、祖父と父を秀吉の中国進攻で失い、幼少の頃に正継は徳川家の酒井忠世を頼って家康の家臣となっていた。

その主君家康が、大坂の陣を思い立つや、手のひらを返して外記を呼び、急ぎあれと同じものを造れ、と命じたのである。外記はおそらく、この日のくることをひたすら信じて、ひそかに火砲の研究をすすめていたのだろう。独自の工夫もこらして、新式火砲の製造にとりかかった。彼はいわば設計者であり、総監督である。実際の砲身を造ったのが、堺の鉄砲師・芝辻理右衛門であった。

芝辻は、当時の戦国日本に、旋盤（工作物を主軸に取りつけて回転させ、往復台に固定した刃物を前後左右に動かして切削する機械）や穿孔《せんこう》機械（工作物に穴をあける機械）などがなかったことから、砲身をくりぬいて砲腔《ほうこう》（砲身内部の空洞部分）を造るのではなく、鉄板を一枚ずつ巻く鍛接技術をもちいて、西洋でいう二十ポンド砲に相当する、外国製にまけない大砲を造りあげた。

しかも外記は、照準に便利な「旋風台」と自ら命名した、画期的新考案の砲架（砲身をのせる台）をも創造している。彼らは、世界の大砲水準にほぼ、到達していたかもしれない。

外記の砲術は井上流と呼ばれるようになり、江戸麻布に射場をもち、門人を多数かかえたが、晩年

は相役の稲富喜太夫《いなどめきだゆう》（直賢《なおかた》）と砲技をめぐって口論となり、外記が稲富を斬り、自らも討ち止められてこの世を去っている。正保三年（一六四六）九月十三日のことである。

それはさておき、あせる家康は、冬の陣の最中にも十二台、オランダ商人から〝大石火矢〟を購入している（『大坂冬陣記』）。さらには、十二月七日に堺に逗留していたオランダ人を呼び寄せ、さきに購入した四貫玉、五貫玉の一部をもちいて、大坂城への砲撃を依頼していた。

つまり家康は、豊臣家を滅ぼすために――和睦をもちかけるためとはいえ――外国の手まで借りていたのである。

後年、天草・島原の乱（一揆）のおり、原城跡に立籠った一揆軍の頑強な抵抗に手を焼いた攻城方の総大将（老中）・松平伊豆守信綱は、オランダ船による艦砲射撃を依頼して、敵味方から顰蹙《ひんしゅく》を買ったが、何のことはない、家康は二十数年前に、同じことをやっていたのである。非難されても外国に依頼せねばならないほど、窮地に追いつめられていた、ということだ。

運命の一発

ついでながら、大坂城の大砲はどうであったのか。城内には難波六太夫という大砲使いが、〝日本丸〟と名付けた大砲を車に仕掛けて打ち出した、と『長沢聞書』にある。

だが、その大半は、朝鮮出兵時の鹵獲品《ろかくひん》であり、「仏狼機《フランキー》」と呼ばれた十五世紀ポルトガル製の大砲を原型としたものが、大部を占めていた。なかでも、桜門（正門）と千貫櫓の辺に据えられた「太郎筒」「次郎筒」は、家康の〝大石火矢〟に遜色なく大きなもので、威力も強かったようだが、『当代記』に拠れば無暗に三十匁、五十匁、百匁などの玉を撃ちすぎて、十二月に入るとすでに、火薬の欠乏をきたしていたという。加えて、数量は徳川方に比べれば、格段に少なかった。

家康は一斉砲撃で城内の女・子供を恐怖に陥れ、主戦論をくじいて、一気に講和へ持ち込むために、十二月十六日から三日間、すさまじいばかりの連続砲撃を敢行した。大坂方も、これに応砲——おそらく、日本史上空前の砲撃戦がおこなわれたことであろう。その轟音の凄まじさは、京都にまで聞こえていた。

珍妙なのは、京都の公家たちである。音だけ聞こえて、自分たちの生命《いのち》には何の影響もないこの砲撃戦を、なんと観賞する会＝「大坂責《ママ》め放聞《はなちきき》」を催していた（『長沢聞書』）。実に、恐れいったものである。

この家康による一斉砲撃で大活躍したのは、先述した井上外記ではなく、彼に斬り殺された稲富喜太夫直賢の父・喜太夫正直であった。

この稲富家は、「稲留《いなどめ》」とも史料にある丹後国田辺出身の、火砲を専らとした一族である。直時——直秀ときて、祐直《すけなお》の代には、細川忠興に仕えてその砲術師範に任じていた。

一夢《いちむ》祐直は実戦にも参加し、朝鮮出兵のおりには蔚山《ウルサン》籠城の現場にもいた。その後、松平忠吉に仕え、彼が関ヶ原での戦傷がもとで病没すると、その異母弟・徳川義直に仕え、かたわら幕府の鉄砲方として、国友鍛冶集団を組織化した。

祐直は稲富流砲術の開祖となり、慶長十六年（一六一一）二月六日に死去。幕府の砲術師範の地位を弟の正直が継いだ。彼は一門の稲富宮内とともに、大坂城に誰よりも詳しい片桐且元の指図を仰ぎながら、三日にわたる大砲撃戦の采配をとっている。
狙うは淀殿《よどどの》の御座所《ござしょ》や天守閣など、城中の目立つ箇所。大砲をこれでもかこれでもか式に撃ち込んだのだが、破裂しない、焼けるだけで殺傷性の低い大砲は、直接的痛撃を大坂方に与えることがなかなかできなかった。
ところが、その期待できない殺傷性の低い一発の玉が、幸運にも淀殿の居間のある櫓を直撃した。

御所、牧野・稲富両人をめして、備前島片桐且元が陣所は城近く、その上、片桐は城内の案内なれば（事情に詳しいので）、秀頼母堂の居間あたりへ大筒を打込しむべしと仰せつけられる。両人銃手の妙を得たるもの数十人を撰み、まず手前に櫓をあげ、大筒三百挺、国崩し五つを放たしめしに、稲富が放ちし大筒あやまたず、淀殿の居間の櫓を打崩したり。その響き百千の雷の落ちたるが如く、側に侍《はべ》りし女房七、八人たちまちに打殺され、女童の泣き叫ぶことおびただし。

（『徳川実記』）

やはり片桐且元が、攻城方の手先をつとめていたようだ。物語の忠臣は何のことはない、大勢順応の俗物にすぎなかった。別な説に、淀殿の居間の櫓を、打ち崩したのは十二月十八日のことで、この日は亡き太閤秀吉の、月こそちがえ忌日に当たり、秀頼は籠城中であっても、城内の豊国社へ参る——このことを知っていた且元は、そこを狙わせたのだが、残念。的は外れて、淀殿のいた天守の二重目の柱に一発必中し、その下にいた二人の侍女が木っ端微塵となったとも。いずれにせよ、且元の積極的攻城方への参加は、間違いなかった。

たかが一発、されど一発――これにはさしもの強硬論の先頭に立っていた淀殿も、さすがに参ったようだ。無理はない。彼女は小谷城、北ノ庄城と二度の落城を経験するという、稀有な悲運を背負った女《ひと》であった。それらの忌まわしい記憶も、蘇ったに違いない。それまで中断をはさみつつ、断続的につづけられていた和睦の交渉が、急転直下の十二月二十二日、ついに成立をみる。

家康がもっとも愛した女性

淀殿の逆側から、この交渉を改めてみてみたい。難航した交渉を妥結に導いた、最大の徳川方の功労者は阿茶局《あちゃのつぼね》であったろう。家康がもっとも頼りにした、側室兼秘書である。

当初、講和の徳川方の使節は、本多正純《まさずみ》と幕府の金銀改め役・後藤庄三郎（光次《みつつぐ》）が担当していた。庄三郎は旧姓を「山崎」といい、後藤家の家人＝弟子の分限であったが、家康の判金鋳造の実際を担当すべく、後藤家からの推薦で徳川家との縁をもった。

その庄三郎が、大坂城の千枚分銅を判金に鋳直すことを献策した、とされており、豊臣家にうけがよかろう、ということで講和の使いに差し向けられたのだが、今一つ、この男二人組ではうまくいかなかった。一面、庄三郎は片桐且元と昵懇であったから、そのことが災いしたかもしれない。家康は実に細かいところまで、よく見ていた。かわって、阿茶局が登場する。彼女と家康の縁は古かった。

幼くして、駿河・遠江二ヵ国の太守・今川義元のもとに人質として送られ、駿府での生活を余儀なくされた家康（当初は松平竹千代、のち元信）は、〝心細い日々の中で、今川家の侍大将・神尾《かんお》弥兵衛《やへえ》忠重《ただしげ》という武士に、なにくれとなく世話になった。実はこの忠重の妻が、須和《すわ》――のちの家康の愛妾・阿茶局《あちゃのつぼね》となる。

須和は甲州武田家の家臣・飯田久右衛門直政《いいだきゅうえもんなおまさ》の娘であり、弘治元年（一五五五）の生まれ。家康より十二歳の年下となる。忠重に嫁して一子・守世《もりよ》をもうけたものの、夫とは死別してしまう。ちょうど永禄三年（一五六〇）五月の、織田信長による尾張桶狭間《おけはざま》の奇襲戦が敢行され、義元が討ちとられた合戦のときであった。家康にとっては、大国今川氏からの独立を意味したが、須和はこの一戦で夫を失い、身ごもったままの体で実家の甲斐《かい》（現・山梨県）へ戻るが、その後、信長と同盟した家康によって、郷里の武田氏もついには滅ぼされてしまう。

——二人は巡り合わせの悪い、因縁としかいいようがない。

その後、家康が初めて甲斐に入城したときのことであった。道の端に控える、貧しそうな夫人に、ふと目が止まった。須和である。忘れもしないかつての恩人の妻ではないか。家康は馬を止め、彼女と忠重の忘れ形見・猪之助《いのすけ》＝守世を、浜松にともない帰った。

天正七年（一五七九）のことといい、須和改め阿茶局は、その美貌だけを特徴とする女性ではなく、実に細やかな配慮のできる、利発で回転の速い頭をもっていた。いまなら、キャリア・ウーマンで十分生きていけるタイプといえようか。その卓越した才知ゆえに、家康にはより多くの寵愛《ちょうあい》を受け、いつしか奥むきを采配する徳川家の奥を代表する立場となった。

慶長十九年（一六一四）十一月十九日、大坂冬の陣が勃発——。

大坂城を一気に滅ぼすことは至難のわざであり、家康の戦略はできる限り早くに和議へもち込み、難攻不落の城郭を破壊する——それこそが、この度の攻城戦の主な目的であったといえる。

そのため、大筒を放って城内の戦意喪失を狙い、片方では大坂城内にあった織田有楽を操り、さらには淀殿の次妹・常高院《じょうこういん》（初・京極高次《たかつぐ》の室）を大坂方の使者に立てさせるよう工作をし、そこへ切り札の阿茶局を投入した。

当初、和議の交渉に本多正純とあたっていた後藤庄三郎（光次）の復命によれば、淀殿は江戸下向に応じる用意はあるものの、参加した牢人へ加増して欲しい、との要求を出したようで、交渉は予想以上にすすまなかった。家康はそこで、常高院を息子である京極忠高《ただたか》の陣におよび、ヒソヒソと耳打ちをし、改めて阿茶局を本多正純につけて、派遣することにしたという。

これより先、阿茶局は駿府にあったが、召されて京都へ、そして大坂の天王寺にある茶臼山の家康本陣に参着していた。到着は十二月十四日、和議に赴《おもむ》いたのは同月十八日のことであった。

阿茶局は家康の愛妾の一人――一説に、十五人いたとされる側室の一人であったが、他の側室と異なり、小牧・長久手の戦いのおり以来、数々の戦場へも家康にともなわれて出征している。

家康との間には一度、子をもうけたが、残念ながら流産であり、彼女は死産を経験している。寛永十四年（一六三七）に八十三歳で没しているから、冬の陣のおりは六十歳となろうか。

彼女は、家康の身のまわりのこと一切を取りしきっていた。足かけ三十五年、家康の身辺につきしたがってきたというのは、それだけで尋常のことではあるまい。このたびも、家康の謀臣たちと肩をならべる働きぶりを示した。雨あられと降る矢玉の中を、阿茶局は鉄製の肩輿《かたこし》に揺られ、数度にわたって大坂城と茶臼山を往復している。

生半な男でも、なかなかできる芸当ではない。彼女は上手に常高院をまるめ込み、休戦にもちこんだうえで、すべてを現状のままで良い、との寛大な和睦条件を出した。形式的なことながら、と織田有楽と大野治長《はるなが》の両名から、人質を出すことを盛り込む。城方が懸念した秀頼の家臣および牢人衆に対する処罰は一切なし、と取り決められた。条々を列記すれば、次のようになる。

一、大坂城に籠城した将兵をいっさい処罰しない。
二、秀頼の知行はこれまでのとおりとする。
三、淀殿は江戸に滞在しなくともよい。
四、大坂城を開城するならば、いずれの国も望み通りの知行替えを行う。
五、秀頼に対して、徳川家は表裏（裏切り）の気持ちを持たない。

おおむね、右のようなことを双方で了解したのだが、後世からみて一番重大な、大坂城の「惣構」＝外堀を埋め、二の丸、三の丸の堀をも埋めつくすことは、双方取り交わされた誓紙には皆目、ふれられていなかった。奇怪千万である。

このカラクリを知っていながら、講和をまとめた阿茶局は、大坂城が落城した翌年、家康が没したところで仏門に入ろうとしたが、幕府はその才覚を惜しみ、二代将軍・秀忠の娘である和子《まさこ》（東福門院《とうふくもんいん》）の、後水尾《ごみずのお》天皇（第百八代）への入内《じゅだい》に御母代《おんははしろ》として、彼女を抜擢。入洛後の、難しい朝廷との交渉をことごとくまかせている。

さしものうるさ型の朝廷も、阿茶局の敵ではなかった。彼女は己れに与えられた大役をこなし、それどころか後水尾天皇からは従一位《じゅいちい》に叙せられ、〝一位の局〟と呼ばれるまでに――。

もし、彼女がいなければ、はたして和子の入内は滞りなくおこなえたかどうか。

阿茶局に比べると、秀忠の後継者＝三代将軍家光を育てた春日局《かすがのつぼね》は、なるほど大奥を創りあげはしたものの、高度な策略に乏しく、どちらかというと権力をふりかざしての力わざが目立った。春日局だけでは、和子の入内は荷が重すぎたかもしれない。

阿茶局は、二代将軍秀忠の没後、今度こそはと仏門に入り、雲光院と号して余生を送った。先に少し述べたように、寛永十四年（一六三七）正月、八十三歳を一期《いちご》として示寂《じじゃく》したと伝えられている。

政治人間家康が、本当に愛した女性がいたとしたら、この阿茶局ひとりではなかったろうか。

□約束の代償

さて、家康とその最愛の女《ひと》が、寵臣《ちょうしん》・本多正純と組んで演じた詐欺は、それこそ日本史上にも例をみない、ひどい一面、あざやかなものであった。

「大御所さまの面子《メンツ》を立ててほしい」

と、常高院ら大坂方の交渉役に、本筋の契約が決まったあとで阿茶局と正純はさりげなく持ち出した。

「大坂城は本丸だけを残して、二の丸、三の丸の堀、惣濠《そうぼり》をうずめてはもらえまいか――」

冷静に考えれば、決して大坂方にとって、受け入れられることではなかったろう。そもそも和睦の約定にいきついたのは、家康＝攻城方が大坂城を武力で陥れられなかったからこその結果であった。

その主因である難攻不落の城塞の、機能そのものを止めてしまうような事柄が、受け入れられるはずもなかったろう。織田有楽はともかくとして、大野治長は小粒とはいえ、彼なりに心から豊臣家の存続を願っていた。大坂城の防禦力が無に帰して、豊臣家が守れる道理はなかった。

交渉が妥結成立し、かかわった人々がテーブルを立ってから、最後にまるでつけたしのように出されたこの申し出は、ほかのいかなる項目よりも重いものであった。ところが不思議なことに、この最重要な要件は、交渉のテーブルをひっくり返すこともなく、大坂方が激怒して席を立つこともなく、承認されて会談はそのまま終了となってしまう。

「それはたやすいことです」

合戦を知らない常高院が答えたとしても、これはしかたがない。が、「惣構」あっての大坂城であることを、大坂方の侍たちは皆知っている。それをいともたやすく、了解したとすれば、大坂方は全員、間抜けを通りこして滑稽であり、承知して城へ持ち帰ったとしても、牢人将領たちが納得するはずもなかったろう。誰が考えても大坂城はまる裸となり、城としての機能を失うのだから。

ところがここに、巧妙で陋劣《ろうれつ》な家康側の詐欺《トリック》が仕掛けられていたのである。

「ただし、惣構は徳川方《われら》の人夫がこれを壊し、二の丸、三の丸の堀は、豊臣方《そちら》から人夫を出して、取り壊すということで、どうでしょうか――」

だまされるのは、だまされる方が悪い、というい方がある。お人好しがだまされるのだ、とも。

正しいかどうか、筆者にはわからないが、歴史を検証する立場にたてば、豊臣方は懲りない、の一言に尽きた。確かに、お人好しなのかもしれない。開戦の時と同じように、何事も自分たちの都合のいいように解釈する癖が、一向に直っていない。

開戦時、来るあてのない諸侯に望みを託して見切り発車で戦端を開き、いままた、家康側の仕組まれた話術に乗ってしまう。そのいずれもが、他力本願でしかないことに、大坂城の首脳部はまだ気づかず、目を醒まそうともしない。

「三の丸と外界を区切っている濠《ほり》ならば、徳川方にまかせてもしれたもの」

大野治長あたりは、そのように考えたかもしれない。

なにしろ「惣構」の堀は、まことに長大である。南北は横堀といわれる運河で、北は今橋から南は鰻《うなぎ》谷《たに》まで約二キロ。東西は清水谷一帯を覆い、西は松屋町《まっちゃまち》口から東は玉造口まで約二キロに及ぶ。天満川、猫間川、平野川も含んだ。

長い歳月をかけて築いた「惣構」を、埋め立てるには相当の時間がかかるだろう。かりに、急ぎやったとしても、それを受けての三の丸、二の丸の堀は、豊臣方の思惑でゆっくり時間をかけて、サボタージュしながらやればいい。

「さしつかえあるまい」

女城主とその取り巻きは、ニワカ計算をしたに相違ない。

もう間もなく、家康が老齢ゆえに他界するだろう、と。家康さえこの世からいなくなれば、天下は豊臣の世に戻る、というのが豊臣家の思い込みの源泉であった。

が、相手は家康である。そうした豊臣方の意図を、彼は読み込み済みで詐略《さりゃく》を構えたのであった。

互いに誓紙がとりかわされ、大坂方はことごとく武装を解き、諸門を守る番士の類すらが、烏帽子《えぼし》に素襖《すおう》（直垂《ひたたれ》から派生した垂領《たりくび》の上下二部式の衣服で、武士が常服として用いた）の室町礼式にのっとった服装をし、大坂方の大半は心から講和を信じ、その静けさに安堵していた。

家康は批准が成立する以前から、十万人の黒鍬（土木作業員）を集めるように、とすでに命令を出していた。外濠――城の最も外側に位置する「惣構」＝惣堀を、家康は〝総《すべ》ての堀〟と自在に解釈し、すぐさま徳川家のみならず、諸侯の徒士《かち》や足軽、雇傭《こよう》の人夫などを、己れの詐略につぎ込んだ。その数十万人。

すぐさま、工事は開始された。徳川方の将兵は突貫《とっかん》工事で「惣構」を一気に覆い隠し、そのまま三の丸の堀を埋め、三の丸そのものをも取り壊してしまった。

櫓、城門、武家屋敷、町方の家屋――それらことごとくが、濠の中に落とし込められ、作業する人々は、そのままスピードを緩めず、豊臣方の手になる予定の二の丸の区域までも、御手伝いと称して乗り込み、またたくまに二の丸を破壊して、さらには内堀までも埋めてしまった。

――家康のことだ、最重要課題は「惣構」の破壊においていたことであろう。

もし、城方が武装監視するような構えをみせたならば、彼は「惣構」のみをつぶして、いったんは兵を引いたに違いない。家康は大坂城最大の強味が、「惣構」にあることを知っていた。

何よりも、最大の脅威を取り除かねばならない。そのためにこそ、あえて寛大な和睦条件を並べたともいえる。三の丸は「惣構」の堀と重なるところもあったようだが、徳川方は息つく暇もなく、そのまま二の丸の堀へ向かった。

こちらは幅が七十メートルから百メートルはあり、しかも深く掘られていた。これを埋め立てるのは困難なはずであったが、攻城方は土手の土を崩しただけでは足らない分を、矢倉はもとより城内の家屋を無差別に打ちこわして、何もかもを堀の中へ投げ込み、正月二十四日頃にはこの埋め立て工事をやり遂げている。

この間、大坂方はこの作業を実力で中止させるような、直接的な動きを一切していない。中止させるためには、四十万に相当する人数が必要であったろうが、大坂城にはそれだけの人間はいない。途中、豊臣方は約束が違う、とあわててくり返し抗議したが、彼らのうかつさは、その際にも武力をもって徳川方に対峙しなかった点にあった。せっかくの和睦が……、との思いがあったのだろうが、すべては後の祭りとなった。

堀を埋めている現場で、中止を働きかけて、

「ではまた、戦いの準備をしますか」

と、逆に徳川方に脅迫されるありさまであった。

もう一戦して、滅亡へ

徳川家康のかねてからの思案は、大坂城を裸城とし、防御機能をなきものにしてから、次の攻撃で完全に豊臣家を葬り去る、という二段構えであった。

そのことに、うかつにも豊臣家の首脳部は思い至らず、まんまとしてやられたわけだ。

このあたり、家康には、さすがに戦国の生き残った者の辛さがあった。大坂方のように、そもそも人間が甘くはなかった。さらに家康は、豊臣方が次にどんな行動を取るかも予測していた。否、そうなるように導いた、というべきか。

講和は徳川方の謀略であり、だまされた、と大坂方が息巻き、再戦の準備をすれば思う壺、と予測

していたのである。仮に、豊臣方が茫然自失で硬直したまま、動けなくなっていたとしても、家康は冬の陣の前の方広寺の鐘と同様、手当たり次第に難癖をつけて、再戦の口実をもうけたであろう。

もはや、秀頼を守る鎧兜＝巨城は存在しない。すべての堀という堀は埋めたてられ、あとには見晴るかす広々とした平地に、裸城が漠然とそびえ立っているだけ。

その絶望的な風景から逃れようとするように、大坂方の将士は、埋め立てられた堀の一部を掘り返し、城壁を修理したり、改めて牢人を召し抱える行動を起こした。人が集まれば、兵糧もいる。武器弾薬も。米を始めとする生活物資と火薬や鉄砲などの購入が、急ピッチで再開された。

大坂方にとっての不幸は、講和してなお、城内が一つにまとまっていない点にも如実であった。中途半端で講和したため、守り抜いたという達成感も、講和によってそれまでの危機感も霧散してしまう。和睦を見届けて大坂城を出た織田有楽（長益）の、家康への報告によれば、城内の武士たちはおよそ三つの党派に割れているという。

一つは主流派というべきか、講和を推進した大野治長、牢将では後藤又兵衛を頭にいただく人々。

この一派に、あからさまな敵意を向けるのが、反主流というべき大野治房、旧大名クラスでは長宗我部盛親、毛利勝永、仙石秀範らの面々、すなわち彼らこそが主戦派であった。

これら二派に属することなく、距離を置いて淡々と、大坂城と運命をともにしようと自然体で暮らしていたのが木村重成、渡辺糺、真田信繁といった顔ぶれである。彼らは冬の陣において、大坂方の一手の大将を承り、戦えた。そのことを今生の思い出、死後の面目と考えていたようだ（『武林雑話』）。

家康は大坂方の主流派に対しては、真綿で首を絞めるように、反主流派による再戦準備を理由に、新たなる提案――いよいよの、追い込みをおこなった。反主流については、何もする必要はない。主流派に無理難題を吹き掛けるだけで、それを聞いたこの党派は、火に油を注がれたように燃え上がるのだから。

――このようにみてくると、講和は実質二ヵ月半ほどしかもたなかったことになる。

この局面を迎えてようやく、家康は豊臣家滅亡への王手をかけた。

秀頼が大坂城を出て、大和か伊勢への国替に応じるか、冬の陣の講和後に召し抱えた牢人をすべて退去させるか、そのどちらかを選択せよ、と迫ったのである。どちらも、大坂方には飲めない条件であった。わかっていて、家康は迫った。主流派はただただ困惑し、反主流派は怒髪天を衝く怒りを露わにした。

家康が欲したのは開戦の名目であり、具体的には豊臣家から先に手を上げた、と強弁できる証しであった。もはや誰の目からも、再戦は避けられない状況となる。家康は冷酷なまでに、大坂城滅亡のための布石を次々と打っていったが、その一方でこの老将は、どこまでも用心深く、再戦となったおり、手強い戦《いくさ》をしそうな将への懐柔――徳川方につけば、高禄をもって迎える、という工作もおこなっていた。

たとえば後藤又兵衛については、夏の陣の直前に相国寺の僧・揚西堂《ようさいどう》（長老）を使者として、

「播州一国を与えるので、貴殿を味方に招きたい」

と家康―秀忠父子が働きかけた話が、『長沢聞書』に出ていた。結局、又兵衛はことわるのだが、『常山紀談』ではさらに次のような言葉となる。

いま大坂の勢い強く関東あやうく候わば別に存ずる旨も候べし。いま大坂の運かたむきて秀頼亡びんこと近きに候。それと見て二心をいだかんことは弓箭とる道にあらず候。

と断り、さらに彼はつづけていう。

いま日本国に弓取多しといえども、政次（基次の異諱）にまされる者ありとは覚えず候。その故は、去年より政次を頼みおぼしめし候は、高麗までせめられし豊国明神の嗣《し》にて候。また政次内通せば天下分目《わけめ》の軍たやすく破るべし、と仰せられ候は徳川殿にておわしまし候。天下の勝敗を政次一人が身にかけたるは思出ならずや。死しても冥途《めいど》の面目なり。政次生きて候わば一日に破るべき大坂も十日は支《ささ》え候べし。政次死したりと聞えなば、百日守るべき大坂も一日のうちに破れ候いなん。（同書）

実に爽快感あふれる逸話だが、後藤又兵衛はこれほど大言壮語を吐いたのであろうか。

又兵衛については、大坂の陣からわずか五十年にして、『後藤合戦記』（寛文五年〈一六六五〉刊行）が出ており、これはその配下で大坂の陣を戦った長野半左衛門という武士からの聞書きであった。死後、この時期にこうした聞書きが編まれたのは、又兵衛の人気の高さを物語っているといえる。そのため、後世の講談本はこれでもかこれでもか、と又兵衛を持ちあげる話を創ったのだが、たとえば右の逸話、筆者はあり得ない、と考えている。冷静に立ち止まって考えていただきたい。いかに又兵衛が自己顕示欲の強い侍であったとはいえ、己れの死が「徳川家の恩に報じる」とまで大風呂敷は広げまい。第一、又兵衛は黒田長政に「奉公構」を喰った人物である。家康は関ヶ原の合戦のおり、長政には多大な恩があった。それこそ家康は、両手で長政の片手を押しいただいて、あなたのおかげで勝てた、とまでいっている。

その家康が、長政に嫌われることを覚悟で、しかも播磨一国を又兵衛にやる、などといったであろうか。筆者はあり得ない創り話だ、と思っている。読者諸氏はいかに――。

あるいは、もしかしたら引き抜きの話があったかもしれない、と考えられるのは、むしろ真田信繁であろう。和睦の時点で家康が、

「今なら、信繁を調略できるかもしれない」

と思い立ち、信繁の叔父・真田信尹《のぶただ》（昌幸の弟）に命じ、信繁を徳川方に誘ったという逸話は、多少なり可能性があるように思われる。

真田信繁への説得、その覚悟

この、わずかな講和の期間であろう。信尹が家康の命をうけて、徳川家への出仕を信繁にうながしに来る挿話が、幾つか残っている。なかには大坂冬の陣の最中というのもあったが、これは考えられない。

筆者が一番信憑性があると思うのは、〝真田丸〟での活躍を見届けたあとに、

「その方の軍略は抜群であり、武名も天下に轟いている。秀頼公の供としてその面倒をみてくれるなら、信濃三万石を与えよう」

というもの。この言ならば、先の講和条件にもあった転封に、秀頼が応じた場合とも解釈できる。

信繁（諸書では幸村）の返答は、感動的であった。

「一族の誼《よしみ》からの、好意は有り難い。だが、某《それがし》は去る慶長五年（一六〇〇）の関ヶ原以来、家康の敵となり、その後、落ちぶれて高野山に登り、一僕《いちぼく》（一人の召使いのような、ここでは身内）の情けによって生命《いのち》を繋いで参った。

ところが秀頼公から召し出され、領地こそ賜わっていないが、多くの兵を預かり、持ち場を与えられて、大将の号までも許されている。これは武士として知行を与えられるよりも名誉なこと。すべては秀頼公の、おぼしめしにしたがいます」

と答えた。信繁は大坂城入城に際して、当座の手当金二百枚、銀二十貫を受け取ったという。一説には五十万石の約束があったとも。

言葉に窮した信尹が、

「言いにくいことを申し伝え、その方を味方に誘うのも、わしにとっては忠義なのだ」

と弁明し、結局はむなしく立ち帰ることになる。

また、一度断られた家康が、やはり惜しい武士だ、なんとしても生命《いのち》を助けたい、と思い直して、もう一度、信尹を遣わし、信濃一国を与えるから味方につかぬか、と告げさせる話もあった。信繁はいう。

「真《まこと》に有り難いこと。某《それがし》のごとき不肖《ふしょう》の士に、一国を賜わろうとは……。面目この上もない。しかし、一旦、約束したからにはその責任は重い。信濃一国は申すにおよばず、日本《ひのもと》の半分を賜わろうとも翻《ほん》意《い》するわけには参らぬ。また、この戦《いくさ》は勝利できぬであろうから、某としては当初から討ち死にの覚悟でいる。万一、このまま和睦するようなことにでもなれば、某は叔父上の扶持を蒙《こうむ》るであろう。が、戦いがつづく限りは意を翻《ひるがえ》すことはなく、あくまで秀頼公に味方するので、もはや重ねて対面はいたしませぬ。決してここへは、来て下さいますな」

甥の言葉に信尹も、

「このうえは仕方ない、これが今生の別れか」

といいつつ、落涙して立ち帰ると、その旨を家康に報告した。家康も、なんとも不憫な心根か、まさに日本一の勇士、父・安房守（昌幸）にも劣らぬ男よ、といって賞讃したという。

これは脚色が強すぎるように思う。講談の世界での、〝幸村〟人気のたかまりと軌を一にしているようだ。ただし、信繁には姉の村松殿の子で、甥にあたる小山田主膳之知《ゆきとも》からも、何度か接触があったようで、こちらは姉に宛てた手紙が現存している。

ちなみに、村松殿の夫・小山田茂誠《しげまさ》は旧武田の遺臣であった。その後、真田家に仕えた人物であり、信繁の兄・信之のもとで家老となっている。

大坂城から出るように、と信繁に働きかけ、懇願したようだが、「むらまつへ　まゐる」で終わっている手紙の中で、信繁は冬の陣について、「先づ先づ相済み、我々も死に申さず候」と講和となったことにふれ、「御見参にて申したく候」＝一度、会いたいものです、と親愛の情を語っていた。そういいつつも信繁らしいのは、「明日には変《か》はり候はんは知らず候へども」といい、このまま終わりそうもない再戦の予感、自らの覚悟を吐露している点にあった。

おそらく彼は姉に、無用の心配をさせたくなかったのであろう。「ここもと、とりこみ」と忙しくしているので、之知との面会も難しい、とだけ述べていた。

手紙の差し出し人が女ではなく、長女すへの嫁いだ先＝娘婿の石合道定（道相の二男）となると、文面は一変する。二月十日付の書状には、はっきりと、

「我等籠城の上は、必死に相極《あいきわ》まり候間、この世にては面談はこれあるまじく候」

と断じていた。一方で信繁は、

「何事もすへこと、心に叶わず候共、お見捨てこれなきように頼《たの》み入り候」

ここでいう「すへ」は、信繁の長女でありながら侍女が産んだことから、父や兄に遠慮があったようで、生まれながらにして養女に出されている。信繁はほとんど会ったことはなかったかと思われるが、それでもいよいよ己れの最期のときが迫ると、不憫な娘の身上を案ずる親心が現われたのであろう（いずれも長井彦助氏所蔵文書・筆者、読み下す）。彼の、偽らざる本心であったろう。

ついでながら、冬の陣から夏の陣へ向かう信繁について『名将言行録』には、旧友で越前少将・松平忠直の使番をつとめる、原隼人佐（助）貞胤を招いて、休戦中に饗応した話が出ていた。互いに盃を交わしながら、信繁は子の大助にも曲舞《くせま》いを二、三番舞わせたが、このおりは自らが小鼓を打っている。彼にしては、大サービスであったろう。その後は、茶を点《た》て懇ろに語り合ったようだが、書院を出て信繁が、貞胤にいうには、

「このたび（冬の陣）は某《それがし》も討ち死にすべき身であったが、思いもかけぬ和睦によって今日まで生き永らえ、再び貴公と会えたことは喜びにたえない。某は不肖の身なれど、一方の大将を命じられたこ

とは、今生の名誉である。死後の思い出となろう。だが、この和睦も一時のことであろうから、またもや合戦になるであろう。ゆえに、われわれ父子もおそらくは一両年のうちには、討ち死にすると覚悟を決めている。最後の晴れの場である。あれをご覧あれ、床に飾ってある鹿の抱き角を打った冑は、真田家伝来のもので父・安房守（昌幸）から譲られし冑。これを着用して、討ち死にする所存だ。もし、この冑首をご覧になることがあれば、某の首と思って、なにとぞ一片の回向《えこう》を賜わりたい。君（秀頼）のため、義のために討ち死にするのは武士の習いなれども、倅の大助はこれぞと思う事もないまま、一生を牢人として十五、六歳で、某と同じ戦場の苔《こけ》に埋もれるかと思うと、それだけが誠に不憫《ふびん》でなりませぬ」（現代文に筆者、読み下す）

涙にくれる信繁に、貞胤ももらい泣きして、

「われら武士ほど哀れで儚いものはない、戦場に赴く身にとって、どちらが先に死ぬかは判らぬもの。しかしながら、かならず冥途《めいど》でお会いしましょう」

と、返答している。

真田家の別れ

そのあと信繁は貞胤に、白河原毛の太く逞しい馬に、六文銭を金色に擢《す》り出した白鞍を置いて引き出し、それに自らゆらりと乗ると、五、六度静かに周囲を巡った。

「もし、再び合戦ともなれば、城は堀という堀を破却されているため、平場での合戦となるであろう。某《それがし》は天王寺表へ乗り出し、東方の大軍に向かい、この馬の息のつづくかぎり戦い、討ち死にするつ

もりゆえ、これまでこの馬を秘蔵しておいたのだ」

といい、愛馬から降りると、これが今生の暇乞《いとまご》い、と再び、二人は盃を重ねて、夜中に静かに別れた。はたせるかな信繁はこのおりの冑をかぶり、彼《か》の馬に乗って夏の陣に現われた（『武林雑話』『旧伝集』にも）。

甲州流軍学の祖といわれながら、冬の陣のおりには大坂城内に入っていたとされる小幡景憲《かげのり》が、高弟の小早川能久《よしひさ》に語って聞かせた＝聞書き『翁物語』には、和睦の成立後に信繁が、兄・信之（関ヶ原以前は信幸）の嫡男・信吉の陣を訪ねた話が載っていた。

冬の陣の時点で、真田信之は自らが拝領していた沼田領に加え、父・昌幸が領していた小県《ちいさがた》郡も、家康より安堵してもらっていた。九万五千石の大名である。信之の正室・小松殿は徳川四天王の一・本多忠勝の娘で、家康の養女として信之に嫁いでいた。が、それにしてもこれらは厚遇といってよい。よほどに信之自身が、優秀であったのだろう。

信之は「幸村」として名を高めた虚名の弟のために、少し損をしたようにも思われる。

もし、この人物が真田昌幸の嗣子として、真田家の当主となっていなければ、おそらくこの家は存続できなかったのではあるまいか。少なくとも、加増はされなかったであろう。

大坂冬の陣に際して、真田家にも出陣命令が出たが、このとき信之は病みあがりで、とても戦場での戦《いくさ》働きはかなわず、代わりに嫡子信吉と二男信政らを参陣させた。加えて信之も、自ら病身をおして江戸に赴こうとしている。徳川家への人質のつもりであったろう。

大坂城に入城した弟のことで、あらぬ嫌疑を家康にかけられまい、との配慮であった。

のみならず信之は、家康が駿府を出発したとき、前述の信尹や真田一族とは何かにつけて縁のある信濃の名族・小笠原忠脩《ただなが》（秀政の長男）などへも、助言の配慮を忘れていない。

とくに信之は、息子二人のことを心配したようだが、信吉・信政兄弟は無事に、冬の陣を終えることができた。その和睦の、まだ大坂在陣のときである。信繁が真田の陣を訪ねたというのである。

おそらく、衆人環視の中でのことであったろう。信繁には、目付が同道していたかと思われる。戦《いくさ》は終わったとはいえ、敵味方がすぐさま打ち解けられるはずもなかった。家康は、そのすぐには解けない対立の感情に、つけ込んだともいえる。

そうしたことも承知のうえで、あえて信繁は今生の別れに訪れたのであろう。

彼にすれば、甥の信吉に会うのは、信吉が八歳（生年、諸説あり）のおり――関ヶ原前夜の犬伏の謀議の直後、沼田城へ寄り、城下の正覚寺で対面――以来であったろう。それが今では二十二歳、真田家の惣領である。

一方で当然のことながら、信繁を知らない世代の真田家家臣も増えていた。

先方にすれば、はて、〝真田丸〟で大活躍を演じた信繁とは、どのような風貌の人か、彼らは大いに関心をもっていたであろうし、敵ながら信繁を誇りにも思っていたであろう。幸い真田家は、戦場で信繁とは直接、相まみえることはなかった。

人々が見守る中、現われた信繁は、いかにも信吉の叔父という雰囲気で、自然とその場の上座にすわり、人々へなつかしそうに語りかける。

「御辺（信吉）四歳《ママ》の時、対面してのち、今夜初めての対面であるが、思いの外の成人ぶり、器量・

骨柄とも人に優れてりっぱなものだ。伊豆守殿（信之）が年をとられても、これなら心配あるまい」

そういいながら、満足そうに信吉をみて、

「——長らくお会いしていないが、兄上もさぞかしお年を召されたであろうな」

ぜひにも、お会いしたかった、と言葉をつづけた。おそらく信繁は、目前の信吉に、兄の面影を探していたに相違ない。本当は信之にこそ、今生の暇乞《いとまご》いをしたかったのではないか。思えば一歳違いの兄弟は、実に仲が良かった。そして兄は、「表裏比興《ひょうりひきょう》の者」といわれた父に仕え、いつも難しい役割を背負わされてきた。信之でなければ、真田家はとっくにつぶれていたかもしれない。

二人が話をしていると、そこに二男の信政が姿をあらわしたが、信繁は幼くして別れたこの甥には、特段、話しかけることをしていない。信繁が信政に愛着がわかなかったのではなく、やはり目的は〝兄〟その人にあったのだろう。嗣子だからこそ、信吉に意味があったのかもしれない。

そのあと二人の甥は、目を輝かせて真田丸について尋ねたが、このときばかりは信繁も、一武将の顔に戻り、死に物狂いで攻めてこなければ、あの出丸は落ちはしないぞ、と語ったとか。

さらに信繁は老臣四人とも盃を交わして、城中へ戻っていったという。

この信繁のように、城方の諸将も各々、身内の人々への手紙や遺言も含め、この時期、今生の別れを告げていたことであろう。この静かな時の流れの中でも、再度の東西手切れは深く静かに進行していたのだから。

宣教師のレポートでは、大坂夏の陣のはじまる頃、大坂方は十七万人が入城していた、というが、これはいかにも多すぎる。もはや大坂城はダメだ、と見切りをつけて、多くの将士が城を出ている。

一方で、「惣構」を崩したおりに、そこらじゅうの人家を無差別に堀へ投げ込んだため、家屋を失った人々が数多《あまた》出現した。彼らはとりあえず近々の田畑に屯《たむろ》したが、なかには知るべを頼って大坂城内に入り込む人々も、決して少なくはなかった。裸城になったとはいえ、近くからみあげれば、大坂城はとことこにいたっても巨城にみえた。

そのため、退城する人間がいる一方で、改めて入城してくる者も少なくなかった。

終章　大坂夏の陣

——裸城と乾坤一擲《けんこんいってき》の赤備《あかぞな》え

夏の陣開戦

家康は最終通牒——秀頼に大坂城を出るか、牢人を解雇するか、の二者択一を問い、ともに拒否されたことを確認し、そのうえで四月四日、名古屋でおこなわれる九男義直の婚礼に臨席する、との口実で駿府を出発している。

が、同じ日には、夏の陣に参陣する諸侯に対して、軍法と道中条目をも頒布していた。六日、諸侯に大坂再征が厳命されている。十日に家康は名古屋入りしているが、ここには、大坂方の使者が待ちかまえていた。淀殿の使者である常高院、二位局、大蔵卿局に、秀頼の使者である七手組の青木一重が付き添っていた。

彼女らは家康に面会をのぞみ、義直の婚儀に対する祝意を表向きに、できるかぎりのいいわけを並べて、とにかくわけもなく時間稼ぎをしようとしたのだが、それに乗ってやるだけの時間が家康にはなかった。己れの寿命との戦いが、彼を開戦へと駆り立てていたのだから。

京都所司代の板倉勝重からは、大坂方が京都に放火しようとしている、との情報がもたらされ、京都の二条城を焼打ちして、家康—秀忠父子を亡き者にしようと企てている、との話や、大坂への途中、待ち伏せして父子を暗殺する謀議がある、などと通報が相次いだ。既成事実が、一気に積みあげられていく。

このきわどいタイミングで四月九日、大坂城では講和推進派の中心人物であった大野治長が、大坂城内で何者かに襲われ、重傷を負うという事件が起きている。下手人は治長の弟・治房の従者とか、片桐且元の仕業《しわざ》であろう、などといったうわさが立ったが、フランスの外交官で日本史家でもあるレオン・パジェスは、著書『日本切支丹宗門史』の中で、この暗殺計画は家康が張本人だと名指ししていた。筆者は反対派（反主流派）だと考えているが、真相はいまだ藪の中である。

ただ、この事件のあと、大坂城は再戦に大きく舵を切っている。

治長に反対する党派が実権を握ったのか、あるいは彼らの独断か、四月十二日、大坂城では金銀を牢人たちの分限に応じて分配し、戦争準備が活発化した。『高野春秋』には、高野山の宗徒や地侍なども多数、大坂城に入城したとある。

翌十三日、大坂城内では軍議——夏の陣について——が召集された。

大野治長・治房兄弟、木村重成、渡辺糺、薄田隼人正、明石全登、真田信繁、後藤又兵衛、長宗我部盛親、毛利勝永、塙団右衛門——云々。

この席で牢将たちは、裸城となった大坂城を捨てての作戦を各々、進言したようだ。

伏見城を制圧して、ここを新たな本拠地となし、朝廷に参内して豊臣家の軍勢を官軍となすべく働きかけ、急ぎ全国に檄を飛ばせるように工作すること。宇治・瀬田の橋を破却して、野戦で積極的に徳川連合軍と戦い、雌雄を決する案など。

しかし、ことここにいたっても、大坂城の首脳部は裸城の大坂城に固執した。この城塞としては、すでに機能していない裸城を、彼らは出ようとはしなかった。城を出なければ、家康が考え直してくれる、とでも本気で思っていたのだろうか。それとも、同じ死ぬならここで、との思いが強くなっていたのだろうか。

だからといって武門は、無条件に殺されるのを待つわけにはいかない。城内に充満する牢人たちが、それを許すはずもなかった。では、どうするのか。大坂城を本拠としつつ、周辺に打って出る。一戦一戦で勝利を重ねることにより、活路は開けるだろう、というのが首脳部の描く、これまた都合のいい希望的観測であった。

おそらく後藤又兵衛や真田信繁ら牢将たちの大半は、すでに心を決していたはずである。あとは、己れの死に場所を美しく、華々しく定めるだけだ、と。加えて大坂方は、徳川方に攻めかかる以外に方策がなかった。ここでかろうじての、城内の意思疎通がはたされた、といえようか。

四月二十五日、京都に集結していた徳川方の先鋒が、ついに動いた。河内口の先鋒・藤堂高虎が淀へ、井伊直孝は伏見へ進発。松平忠直、榊原康勝、本多忠朝、酒井家次らがそれにつづいた。

藤堂高虎に比べ、もう一方の先鋒・井伊直孝はいささか知名度が低かった。

だが、彼の従える〝赤備え〟は、大坂方の真田信繁の〝赤備《あかぞな》え〟と、そもそもの源は同じであった。

天正十年（一五八二）、戦国最強と一世を風靡した武田家が滅亡した。

このとき徳川家康は、武田家の遺臣七十四騎と、名のある坂東武者四十三騎を徳川家に組み込んだ。併せて、武田二十四将の一《いつ》で武名つとに高かった山県昌景《やまがたまさかげ》の〝赤備え〟をもひきとっている。具足《ぐそく》、旗、指物《さしもの》、鞍《くら》、鐙《あぶみ》、鞭《むち》にいたるまで、武装を朱一色に染めた軍団＝〝赤備え〟がこの時、再編された。

問題はこの武田家最強の軍団を誰にまかせるか、であった。まかされた者は、この赤備えを継承したということで、徳川家の最強軍団――軍役でいえば、先鋒をつとめる宿命を担うことになる。家康はその長に、井伊直政を選んだ。生涯、生疵《なまきず》の絶えなかった、先陣駆けの直政にとっては、大変な役目ではあったが、一面、またとない褒美となったろう。

〝徳川四天王〟の一・井伊直政の井伊氏は、代々にわたって遠江《とおとうみ》国井伊谷《いいのや》（現・静岡県浜松市北区）を本拠としていた、守護大名今川氏の被官《ひかん》であった。井伊家の二十三世と伝えられる直親《なおちか》が、敵対関係となっていた当時の徳川家に通謀したとの疑いをかけられ、今川家に討ち取られた。このとき、その子の虎松、のち万千代とも称した直政にも殺害の手がのびたが、助命を嘆願する者もあって、ひとまず虎松は寺に預けられることになった。やがて今川家が滅び、生母（奥山親朝の娘）が再嫁《さいか》したことにより、虎松の運が開ける。

天正三年の冬、鷹狩りを浜松で催した家康は、当時十五歳の虎松を見出し、一目でその器量が凡庸《ぼんよう》でないことを見抜いた。たちまち召し出して、二千石が与えられる。あるいは家康は、自身の幼少期と重ねて直政を憐んだのかもしれない。

家康自身、三歳で生母の再婚により、生き別れを余儀なくされ、六歳からは人質生活を送り、八歳のおりには父に死別するという、直政と相似た境遇で育っていた。家康の寵童《ちょうどう》となり、近習となった直政は、翌年の初陣《ういじん》から目にみえて頭角を現わした。それも直政の武功は、常に生命《いのち》懸けの、まさに捨て身のものであった。

家康は三河中心主義を生涯、貫いた男である。それがたった一人、家臣では新参といってもよい直政を、破格に取り立てた。よほどの奉公ぶり、直政の知略と武辺が他に際立っていたのだろう。

女城主・井伊直虎の実力

余談ながら、直政に〝赤備え〟をまかせたのには、もう一つの理由が取り沙汰されていた。井伊家の女主人、女城主でもある井伊直虎の存在であった。

戦国の世では、女性が男性と対等であることはすでに述べた。食事・洗濯・繕《つくろ》いをもっぱらとして、夫の留守をあずかるという女性は、きわめて少なかった。むしろ、夫に代わって鎧兜《よろいかぶと》に身をつつみ、馬上指揮をとる頼もしい妻もいたし、女だてらに城主として、将兵を采配する者も、決して珍しくなかった。

くり返すようだが、女性が相続権を失い、父や兄、夫に傅《かしず》く存在となるのは、徳川家康が天下を取り、男子の嗣子単独相続制が定められて以降のことである。先に少しふれた立花誾千代《ぎんちよ》（宗茂の妻）しかり、大坂城の女城主・淀殿も、その例といえるだろう。

実は井伊直政にも、義母に女城主がいた。もとより井伊家も男子が代々、当主であったが、直政の父は系譜直系の人ではなかった。

永禄三年（一五六〇）五月の、桶狭間の戦いに出陣した井伊家の当主は、直盛《なおもり》（直宗《なおむね》の嗣子）であり、彼は今川軍の先鋒をつとめたが、織田信長のまさかの奇襲によって、戦死してしまった。

困ったことに、直盛には男の子がおらず、生前、彼と伯父である直満《なおみつ》の間で交わされた約定《やくじょう》どおり、直満の子・直親が改めて井伊家の家督相続者とされた。ところがそれ以前に、直満は直盛の家臣たちによる讒言《ざんげん》で、天文十三年（一五四四）に主君義元に殺されてしまう。

さらには、天文五年生まれの後継者・直親は、先にもふれたように当時の松平元康《もとやす》（のち徳川家康）との内通を疑われ、謀叛の風説がたった。

それを義元の跡を継いだ息子の氏真《うじざね》に、弁明におもむく途中、氏真の差し金で永禄五年十二月十四日、掛川で今川家の重臣・朝比奈泰朝《あさひなやすとも》に討たれてしまう。直親の享年は、二十七。

　直親には、永禄四年二月十九日生まれの男の子虎松《とらまつ》（万千代・のちの直政）があったが、その身があやうい、ということで、虎松は井伊谷を脱出。その亡命のあとで彼は家康の小姓となるのだが、その間、井伊家には当主が不在となる。

　このままでは、国人経営が滞ってしまう。井伊家では、先代の直盛の娘が家督を継いだ。

『井伊家伝記』に拠れば、

「次郎法師は女にこそあれ、井伊家惣領に生候《うまれそうろう》間《あいだ》、僧俗の名を兼《かね》て次郎法師とは是非無《ぜひな》し」

とあり、名前こそ男のようではあるが、直系の女当主がここに誕生した。

　興味深いのは、この次郎法師――女性でありながら、乱世の国人経営にむいていたのであろう。署名と黒印《こくいん》（花押《かおう》の代りとなる墨の印判）を捺《お》すだけで、当初は表に出なかったものが、やがて「次郎直虎」と男性の名前を堂々と名乗り、成年男子しか使えない花押をも自ら据えるようになる。

　無論、乱世は実力主義である。腕力で男性に劣る女性は、その意味で蔑視されたが、世は下剋上の真っ最中。非力な女性でも、男性に勝る智謀・才覚があれば、十二分に人々の上に立つことは可能であった。直虎はみごと、直政不在の井伊家を守り抜き、天正十年（一五八二）八月二十六日、この世を去っている。

　井伊家の〝赤備え〟がその勇名を馳せるのは、天正十二年の小牧・長久手の戦いにおいて、直政が先鋒をつとめたことによる。わずか二十四歳の、鬼神も避けるような凄まじい奮戦ぶりは、敵の羽柴（のち豊臣）秀吉方の諸将をして、のちに、〝赤鬼〟といわしめたほどであった。

直政の決して後退することのない突撃は、その後も家康の先鋒として繰り返しもちいられた。

その武功により、直政は小田原征伐ののちに、上野国箕輪（現・群馬県高崎市）十二万石を与えられ、若輩《じゃくはい》にして新参ながら、並いる譜代直臣《ふだいじきしん》のなかにあって、堂々たる徳川家の重鎮の座におさまった。

関ヶ原の戦いで直政は、家康の四男・松平忠吉《ただよし》の介添えを命じられ、併せて本多忠勝とともに、東海道を先発する東軍の軍監《ぐんかん》を命ぜられている。

決戦の当日は、忠吉をつれて〝物見〟と偽り、先鋒の福島正則の軍勢の側をすり抜けるようにして、東軍の最前線へ出ると、正面の敵である宇喜多秀家《ひでいえ》の隊へ鉄砲を撃ちかけた。この銃声が、まさに戦闘開始の合図となった。戦後、直政は敵将・石田三成の居城・佐和山において十八万石を与えられる。

慶長七年（一六〇二）二月一日、この一代の武勲の将は、関ヶ原での戦傷がもとでこの世を去った。享年四十二、まさに厄年であった（忠吉は慶長十二年〈一六〇七〉三月に病没、享年二十八）。

しかし、直政の〝赤備え〟は、後継者の井伊直孝《なおたか》に受け継がれ、大坂夏の陣では先鋒をつとめることとなる。

大坂方、緒戦を落とす

いまひとつの大和方面は、先方がすでにふれた水野勝成《かつなり》、本多忠政、松平忠明、伊達政宗、松平忠輝らが陸続と従っている。

これらに呼応するように、四月二十六日未明、大野治房、後藤又兵衛ら三千の兵が大和国へ入った。

徳川方に属していた大和郡山の筒井定慶《じょうけい》（正次。順慶《じゅんけい》の養子）を攻め、定慶が城を放棄して逃げ出したため、拾いものの郡山城を得ての、思わぬ勝利となった。

さらに大坂方は、次の南都（奈良）に向かおうとしたが、ここに水野勝成が接近してきたことを知ると、戦わずして大坂城へ撤退している。理解に苦しむ用兵だが、根本には兵力の不足があったのだろう。後詰がない。なにしろ徳川方は、この度は十五万五千人を動員。対する大坂方は五万五千（実数不明）しか兵力がなかった。

限りある兵力を有効に使わなければ、とても勝利はかなわない。筆者はアジア・太平洋戦争における日本軍――ミッドウェイ海戦で大敗したあと――と、夏の陣の大坂方がダブってならない。いずれの戦いも場当たり的で、しかも散発的につづいた。

――ここに、興味深い書状がある。

吉川広家が一族の吉川広正へ宛てた四月十二日付のものだが、徳川方の先方が近々入京するという注進を伝え、それに加えて、次のような再戦に関する私見を開陳していた。

大坂方には何とて御催《もよおし》の体《てい》もこれなき由に候。駿府下々沙汰は、関東より仰せ出され候儀を、大坂にあまり御同心も御座なき候由、あまねく申し候由に候事。

大坂方はそもそも何の準備もしておらず、駿府やその下の下々のものがうわさしていることはすべて徳川方から流されたものだ、と広家はいう。大坂城の行く末を考えることなく、潰すつもりでひろくうわさを流し、口実をつくっているのだ、と。

その口吻《こうふん》には、関ヶ原の戦いを思い起こしてのものが感じられてならない。百二十万五千石が三十六万九千石となり、いま毛利家も自分も、家康の走狗となって大坂城攻めに荷担している。しかも兵糧米に困惑し、とても戦《いくさ》どころではない、ともグチってはいるが、いまの広家にも毛利家にも、徳川幕府に抗える力などなかった。

家康の巧妙な手口に、心底怒りを覚えても、いまさらどうすることもできない。

「好機はあの、関ヶ原の戦いのあと、一度だけだった」

と広家が思ったかどうか。立花宗茂たちにいわれた、大坂城を出ずに籠城していたならば……。あるいは、歴史は大きくかわったに違いない。少なくとも領土を四分の一に削られるような、間の抜けたことにはならなかったであろう。毛利家の人々のみならず、諸侯は茫然自失の思いで各々の役割分担につき、そして戦国最後の合戦に臨もうとしていた。

二十八日、大坂方は城から兵三万余を出し、途中で二手にわけ、一隊は堺を焼き、残りは岸和田城主・小出吉英《よしひで》（よしひさ、とも）を攻めた。

堺が焼かれたのは、食料を略奪する目的と、この貿易都市の二股膏薬《ふたまたごうやく》のような行動が、大坂方の怒りをかったからにほかならなかった。鉄砲の芝辻家をはじめ、商人たちは太閤秀吉に多大な恩があるにもかかわらず、家康に寝返っていた。その裏切りへの報復の方が、ウエイトは大きかったかもしれない。

また、約三千の兵が大野治房、塙団右衛門らに率いられて大坂城を南下、紀伊の浅野長晟《ながあきら》を狙い、吉野や熊野の一揆勢力に働きかけて味方に誘い、和歌山を落とそうとしたのだが、〝夜討ちの大将〟

で名をあげた団右衛門は、あろうことか先鋒の岡部則綱《のりつな》と先駆《さきがけ》争いを演じ、突出して前に出たところを討ち取られてしまう。この一戦、豊臣方の大きな緒戦の敗北となった。

〝実録〟の世界では英雄となるが、筆者にはこの単純な行動をした男に、無邪気《ばか》に称賛を送る人々が情けない。物語はどこまでも、荒唐無稽なものだ。

団右衛門の戦死で、大坂方は緒戦から戦う意思をすぼめてしまう。

五月五日、二条城を出陣した家康は、この時、

「米五升、干鯛一枚、ならびに糒《ほしい》樽《だる》、其《そ》の外、味噌、鰹節、香ノ物、右の通り相応にもたせ参《まい》るべし。此《こ》の外は少しも持参つかまつる間敷《まじく》」（『武辺咄聞書』）

と賄《まかな》いを担当する松下浄慶《じょうけい》（台所奉行）に、厳命している。

『大坂御陣覚書《おおさかごじんおぼえがき》』（紀州藩士・宇佐美定祐《うさみさだすけ》編、延宝五年〈一六七七〉成立）では、

「今度は手間もいるまじく候間、惣軍小荷駄《こにだ》も無用につかまつり、三日の腰兵粮《こしびょうろう》ばかりにて罷《まか》り出《い》づべし」

と家康は豪語したという。

この「三日」というのは徳川方のみならず、大坂方の認識でもあった。結果、兵力の後詰なく、士気下がる大坂方では、好むと好まざるとにかかわらず、一発逆転の策に出る。主力の展開を五月六日と決し、道明寺（現・大阪府藤井寺市道明寺）に徳川軍を待ち構え、これを迎え撃つ作戦を策定した。

どのように考えても、この一戦が大坂方最後の決戦に思われた。おそらく参加する武将たちは、こぞってそのつもりでいたのであったろう。

八尾・若江の諸将

ところが、きてれつなのは戦時下の群集心理であった。城内では五万の将兵が集うと、三倍強の徳川方に勝てるとの思いが、人々に込みあげてきたというのだ。敵がどれほどの大軍であろうとも、すべてと一度に相対して戦《いくさ》をするわけではない。関ヶ原の戦いも、西軍の圧倒的不利をいわれながら、西軍はそれでも半日近く、東軍をもちこたえている。

大坂方の先鋒軍約六千四百――これを後藤又兵衛、薄田隼人正らが率い、そのあとに一万二千の兵力をもって真田信繁や毛利勝永、渡辺糺らがつづく予定であった。

又兵衛らは、意気衝天《いきしょうてん》で出撃している。さすが、といわねばならない。勝敗は天にあずけた清々しさ、潔さを感じる。

だが、途中で濃霧が発生し、大坂方の前線は視界不良に陥る。同じことは、又兵衛らにつづく後発の軍にもいえた。そのため後続軍の到着が、予定より大幅に遅れた。こういう場合、どうするのか。事前の申し合わせはあったろう。後続を待たねば、いくらなんでも兵数が違いすぎて、勝負にならない。

なにしろ又兵衛指揮下の直接兵力は二千八百、徳川方の大和方面軍は約二万三千である。

「明日の一番鶏」＝払暁を期して、の待ち合わせ時点が、大坂城の東南約二十キロの道明寺であった。大坂方はここで合流し、国分《こくぶ》（現・柏原《かしわら》市）辺りで徳川方を迎撃したい、と考えていたのだが……。

又兵衛は信繁たちを待ったが、目前を行く敵を見守っているうちに、焦《じ》れた。もはや待てぬ、と攻撃を開始する。しかし、多勢に無勢であった。又兵衛は「源平以来」といわれる賛辞とともに、ついに戦死を遂げる。享年、五十六。伊達政宗の先手・片倉小十郎重長《しげなが》の軍勢に、鉄砲で撃たれて討ち死にしたという。

この頃、又兵衛の後詰であった薄田隼人正の軍勢が、遅れて到着した。彼は冬の陣での自らのおかした不覚＝「橙武者」の汚名返上のために、敗走する又兵衛の残兵につられて逃げる自軍を叱咤激励しつつ、最後まで戦域にとどまり、戦いつづけた。

講談本の世界では、長身で大力の隼人正は、十文字の槍をもって軍勢の先頭を駆け、その目立った姿に敵が殺到してくると、これを次々といとも簡単になぎ倒していく。しかし虚構も実際も、多勢に無勢はかわらない。最後は、水野勝成の家臣・川村新八に御首級《みしるし》をあげられた。こちらは享年不詳である。

後藤又兵衛の軍勢を撃退したのは、徳川方の伊達軍であり、政宗は後日、家康よりその武功を賞されたが、この日の戦いで、彼らはとんでもないことをやっていた。味方である神保出羽守相茂《すけしげ》（家康に仕えて七千石）の軍勢を、同志討ちで全滅させていたのである。

あわれ相茂は、三十四歳であった。伊達家のいい分は、神保の軍勢が敗走し、そのため全軍が崩れそうになったので、それを防ぐために神保勢全員を射殺した、というものであったが、別の説には、少数ながら善戦して功名をあげる神保の兵に、政宗が深く嫉妬して、同士討ちをしかけた、というのもあった。もし、事実なら狂気の沙汰としかいいようがない。

伊達殿は今度、味方討ち申され候事。然《しか》りと雖《いえど》も、（将軍家の）御前は能《よ》く候へ共《ども》、諸大名衆、笑い物にて、比興《ひきょう》（卑怯）者の由、御取沙汰の由に候。（『薩藩旧記増補《さっぱんきゅうきぞうほ》』）

この日、別方向の若江《わかえ》（現・東大阪市）に向かった、大坂方の木村重成も戦死している。

若江は大坂城から東南八キロの地点にあり、長瀬川・玉櫛《たまぐし》川（現在の玉串《たまくし》川の旧流路にあたる）の流れにはさまれ、低湿地帯であるために大軍の戦闘にはむかない地形であった。

だからこそ、大坂方の狙い目ともいえた。彼らは、この足もとの悪い湿地へ、徳川方の河内方面軍を誘い込み、できれば家康—秀忠父子の首を狙ったのだが、兵力が四千八百しかなかった（『難波戦記』）。陸軍参謀本部編の『日本戦史　大阪役』では四千七百とある。

対する徳川方は、五万四千九百余（本軍を合わせると、十二万八百余だと『日本戦史　大阪役』はいう）。

加えて、八尾（現・八尾市）から出撃した長宗我部盛親の軍勢五千が、重成の軍勢とうまくかみあわなかった。盛親は藤堂勢を窮地に陥れたものの、兵力がつづかず、決定的勝利をおさめることができない。そこへ木村重成の戦死の報が知らされ、敵中に孤立してはまずい、と盛親は戦線を離脱し、大坂城に退却した。のちのことを思えば、ここが彼の死に場所であったかもしれない。

この八尾と若江の戦闘で、藤堂勢は五百八十余の首をあげたが、部将六人を含む三百余人を失っている。ともに戦った井伊勢も、三百余の首をあげたが、百余名の将兵を戦死させていた。そのための藤堂家と井伊家が、翌日の先鋒をともに免ぜられ、二家にかわって前田利常、松平忠直が先鋒に直った。

いずれにせよ史実の重成は、井伊直孝の軍勢と当たり、その雲霞《うんか》の如く迫りくる敵の、怒濤のような攻勢にのみこまれ、この世を去ったようだ。享年は二十一であった（二十四とも）。

長宗我部盛親はどこまでも、〝運〟にめぐまれなかった。大坂冬の陣に見せ場は得られず、夏の陣でも八尾で善戦しつつも、持ち場を死守できずに、ここぞという死に場所が与えられなかった。大坂落城後のことである。山城八幡《やましろやわた》（現・京都府八幡市）に潜居していた彼は捕らえられ、慶長二十年（一六一五）五月十五日、六条河原で首を刎《は》ねられてしまう。享年は四十一であった。

かくて父が勇名をはせた、武門長宗我部氏の本流はここに絶えた。盛親を笑うまい。人間、生命《いのち》を懸けての覚悟とは、これほどに難しいものであったのだ。

もう一つの〝赤備え〟、戦場に現わる

そのことを、自らの生命《いのち》で証明したのが真田信繁であった。

彼の軍勢がようやく、事前に示し合わせた道明寺に姿を現わしたのは、後藤又兵衛が戦死してしばらく後のことであった。信繁は緋縅《ひおどし》（緋に染めた革や組糸を用いたもの）の鎧を着用し、おなじ鹿の角を前立てにした白熊《はぐま》（ヤクの尾の毛）付の兜をかぶっていた。

すでに述べたごとく、この日のために秘蔵していた白河原毛の馬に金覆輪《きんぷくりん》の鞍を置いて、その鞍には六連銭の紋が打たれ、紅の厚総《あつぶさ》（馬の頭や胸や尻にかける組紐）が掛けられていた（『幸村君伝記』ほか）。なお、『烈祖成蹟』では、信繁の乗馬は白馬黒甲であったが。

このとき、信繁の一子・大助は、敵に槍でつかれて股に怪我をしながらも、その首をあげている。

さすがは、真田家の男子である。

こちらの信繁の、直属の将兵もすべて、武田信玄以来の〝赤備え〟であった。赤一色の軍装、のぼり指物も、すべて朱である。この〝赤備え〟に出会って、ようやく生きかえったように思ったのが、又兵衛の戦死後、絶望的な抗戦と退却戦を指揮していた、大坂方の渡辺糺《ただす》であった。

糺についても、すでにわずかながら触れている。槍の名手。宮内少輔昌《まさ》（もと足利義昭の家臣で、のちに豊臣秀吉に従ったとされる人物）の子にして、槍の名手。槍術の腕前をもって、秀頼に仕えたというが、いかに糺が槍の名人であっても、後藤又兵衛の戦死した局面を、挽回することはできなかったであろう。

伝令に信繁到着を聞いた糺は、あなたの軍配の邪魔になるといけないからと、自軍を傍らによせるように、〝赤備え〟を迎え入れた。この赤の軍団は、信頼に値する軍団であったといえる。

ひたひたと馬の列が、弛《ゆる》みなく、それこそ将士のみならず、馬までが気負っているかのようであった。

騎乗の士はいずれも姿が凛々《りり》しく、徒士や足軽も歩武が揃っていた。

彼らは信繁の采配一下、大坂方を追撃してきた伊達政宗の、軍勢の真正面に立ちはだかった。

この時、伊達軍はすかさず、八百の騎兵隊に馬上からの鉄砲を撃たせている。伊達家自慢の、独特の馬上銃撃法であったというが、受けて立つ馬上の信繁は、まったく慌てた様子がない。武田家初代で〝甲山《こうざん》の猛虎〟と異名をとった飯富《おぶ》兵部《ひょうぶの》少輔《しょう》虎昌《とらまさ》以来、歴代甲州軍団の〝赤備え〟隊長たちと同じことを口にした。

「退《しりぞ》くな、前に出ろ」

なまじ下がろうとすれば、伊達軍の騎馬の馬蹄に踏みにじられ、皆殺しにされる可能性があった。

〝赤備え〟は冷静沈着に前進を開始する。彼らは素早く地に伏し、わずかばかり盛りあがった土や木の根を楯に、まずは伊達勢の馬上からの銃撃に耐えた。

武田家の飯富《おぶ》虎昌《とらまさ》が、その弟の山県《やまがた》三郎兵衛尉昌景《まさかげ》が、手塩にかけて育てた戦国最強の親衛隊――信繁の〝赤備え〟は、確かにその遺伝子を受け継いでいた。

わずかに、伊達の攻撃が止まった。その瞬間である。信繁は再び大音声をあげて、赤い旗を振らせた。〝赤〟の歩卒が一斉に、槍を揃えて伊達の騎兵に突入する。それに合わせて〝赤〟の騎兵も、横合いから襲いかかった。

伊達家の先鋒の将・片倉小十郎は、これを迎え討って大いに奮戦したが、それでも一気に〝赤備え〟に押し返されてしまう。

「まさか、このようなことが……」

小十郎には目の前の様が、信じられなかったようだ。

凛然とした軍律は厳しく、無駄のない動きで〝赤備え〟は、伊達軍を押した。これこそがあの、名に負う最強武田家の甲州軍団であったか、と彼はおぞけをふるった。これは双方玉砕を覚悟するしかあるまいな、と観念した、その時であった。ふいに信繁が〝赤備え〟を退《ひ》いた。

この日の午後二時――大坂城から黄母衣《きほろ》の使者が来て、信繁のみならず、大坂方のすべての軍兵に、退却命令を伝えたのだ。決戦は明日に持ち越された。おかげで生命《いのち》びろいをした、と小十郎は思ったという。

意気揚々と引きあげていく〝赤備え〟を、それでもなお追撃する余力は、すでに伊達軍には残されていなかった。伊達軍のうしろからあがってきた水野勝成の使者は、急ぎ追撃に移られたし、と前衛の小十郎に申し入れたが、「無理だな」と彼はこれを拒否している。

同様に、後続の松平忠輝（家康の六男・越後高田城主七十五万石）も、部将・花井主水《もんど》を派遣して、伊達軍と交替して追撃戦をやりたい、と申し入れたが、これは政宗自身が応援してことわっている。今日の借りを明日返すのは、われらだ、との思いが政宗にはあったのだろう。

そうした政宗に、大坂方の殿軍をまかされた信繁の、次の嘲笑まじりの言葉はどのように聞こえたであろうか（『北川覚書』）。

「関東勢は百万の大軍というが、男はただの一人もいないではないか」

五月七日、いよいよ大坂夏の陣は、最終決戦の日を迎えた。

前夜、家康は枚岡《ひらおか》に、秀忠は千塚《ちづか》に宿営していたが、決戦当日、家康は現在の午前四時に枚岡を出発、午前十時には平野に到着していた。ここは、大坂城の東南約八キロの地点となる。奈良街道の要地でもあった。一方の将軍秀忠は、父よりも早く午前二時には千塚を立って、昨日の戦場を視察してから平野での、父との合同作戦会議に出席している。

徳川方は日の出とともに、天王寺口と岡山口の二方面から、大坂城に向かって進軍を開始した。

冬の陣と同じく、主戦場と予想される天王寺口は家康が受け持ち、秀忠の持ち場はその東方の岡山口に定められた。三十七歳の秀忠にも〝現役〟としての意地があり、ぜひ、自分を天王寺口へ、大御所は岡山口へ、と願い出たが、七十四歳の家康はついにこの申し出を許さなかった。おそらく戦国最後となる采配を、自らおこなうのは己れの使命だ、との思いがこの老将にはあったのだろう。

しかしながら、もし家康が必勝を予見して、これからの将軍の権威を考え、秀忠の持ち場を天王寺口に変更していたならば、果たして将軍秀忠は真田信繁の猛攻を、しのぎ切ることができたであろうか。家康はどこまでも手を抜かない。彼は何が起きるかわからない、合戦の恐ろしさを熟知していたのだろう。と同時に、長くつづいた戦国の世が終わる、との思いは家康の胸をしめつけていたに違いない。

天王寺口からの陣備《じんぞなえ》は、本多忠朝を先鋒として松平忠直・榊原康勝・水野勝成・酒井家次・本多忠政・松平忠明・松平忠輝と親藩譜代がそろい、これに外様の伊達政宗らが加わった形をとった。

岡山口は前田利常を先鋒として、本多康紀《やすのり》(三河岡崎城主)・井伊直孝・藤堂高虎および旗本衆が、それに冬の陣では江戸に留めおかれた黒田長政と加藤嘉明の二人が、大いに運動して人質を出し、この日の従軍を勝ち取っていた。一人、福島正則だけが、ひきつづき江戸の留守居とされている。

決戦当日

さて、一方の大坂方の、この日の朝はどうであったのだろうか。

後藤又兵衛や木村重成、塙団右衛門らの相次ぐ死で、さぞかし重々しいムードに陥っていたのではないか、と想像されがちだが、事実は小説より奇なりである。彼ら大坂方は意外なほどに明るく、日の出の頃には本日の作戦行動で、頽勢《たいせい》を一挙に挽回できると信じて、各々がその気となっていた。

徳川方は約十五万五千人、対する豊臣方は三分の一ほどの兵力しかなかった。にもかかわらず彼らは驚くほど、明るく、元気でいられた。なぜか、これも群集心理のなせる業《わざ》であったろう。

四方八方、大坂城内は見渡すかぎり、味方の軍勢で埋めつくされていた。昨日一日の損害は、千数百人規模という大変なものであったが、この大きな数字は大坂方の人々にとって、具体的にはイメージできなかった。一方で城内には、まだ五万の兵力があった。それこそ数えきれない多くの人々がいた。これは、実感できた。

主君秀頼のために、守備隊三千を除いても、三万の大軍が一丸となって、家康—秀忠父子の本陣に、決死の突撃を敢行すれば、二人の御首級をあげることは、さほど難しいことではない、と皆が皆、本気で思い込んでいた。

決戦当日、未明のうちに大坂城を出た軍勢は、各々所定の持ち場についた。真田信繁は、冬の陣で家康が本陣を構えた茶臼山に。大野治長、毛利勝永は四天王寺付近へ。これらが、天王寺口に対処する。

岡山口を担当する大野治房は、信繁や勝永とも申し合わせて、茶臼山・岡山より南へは豊臣軍を進出させず、敵の近寄ってくるのを待って、十分に引きつけてから勝負を一挙に決すべし、と伝令を出している。

兵力には限りがあった。予備を万一に、備えてなどいられない。

さらに豊臣家の親衛隊＝七手組は、遊軍として大坂城と天王寺の中間に陣取り、明石全登の軍は特殊任務＝家康本陣の背後を突くべく、別動隊として茶臼山の付近に仮の陣を構えていた。

この日、信繁のしたがえた〝赤備え〟三千余は、敵味方の中で、燦然と輝《かがやき》をはなっていた。

徳川家の本陣は、この〝赤〟に内心、おそれをなしていた。冬の陣の真田丸しかり、昨日の後半戦しかり。考えてみれば真田信繁自身は、父・昌幸と同様、いまだ一度も徳川方に負けていなかった。

その東には毛利勝永が、岡山口の大野治房の指揮下には戦《いくさ》巧者の御宿政友《みしゅくまさとも》がいた。

現役大名の豊臣方参加は、ついに一家もなかったが、歴戦の将のなかには、あえて豊臣方に参加した者は決して少なくなかった。たとえば、北川宣勝《きたがわのぶかつ》もその一人。彼の本名は伝えられていないが、もとは知る人ぞ知る伊達家の家臣で、政宗のもとを出奔後、「北川宣勝」と名を変えて、秀頼の家臣になったという変り種。一面、大坂方にとっては頼もしい存在であった。

朝、諸将への激励と戦地視察に赴いた大野治長に、信繁は二つのことを進言している。

「今日で勝負はつきます。ぜひ、秀頼公のご出馬を仰ぎ、直接、お言葉を賜われば、士卒の意気はこのうえもなく上がりましょう。また、敵の動きをみますに、天満・船場――城の北と西――への攻撃はないようです。それゆえ、明石掃部殿を、今宮を経て瓜生野《うりゅうの》へ進出させていただきたい。明石氏から到着の合図をのろしでもらえれば、某《それがし》は上道から大御所（家康）の本陣を攻めましょう。大御所は旗本を向けてくるでしょうから、その隙に後方から明石氏に、大御所を撃ってもらえれば、われらの勝利は間違いありませぬ」

治長は信繁の言に大いに納得し、彼も本日は心を決していた。確約を誓って城へ戻っている。だが、信繁の二つの注文はいずれも履行されていない。秀頼はついに冬と夏を通じて、信繁のみならず、味方将兵の前に軍装馬上に姿を現わすことはなく、もう一つの作戦――明石全登ののろしも、あがることはなかった。

前者に関して秀頼の代わりに弁明するならば、彼は梨子地《なしじ》の緋縅《ひおどし》の具足を着用し、城兵の士気を鼓舞するため、太閤相伝の切割《きりさき》（縁を切り裂いた幟）を二十本、茜《あかね》の吹貫《ふきぬき》（吹き流し）を十本、さらには玳瑁《たいまい》（鼈甲亀《べっこうがめ》）の千本槍を景気よく押し立てて、自分と同じ梨子地の鞍を置いた太平楽という黒い馬を引き立て、桜門までは出てきたのである。

「よし、真田左衛門佐のもとまで――」

と出陣しかけた途端、城内に潜伏していた裏切り者（間者）が、秀頼の留守を狙って城中で放火をするかもしれない、との注進が飛び込み、淀殿が無理やり秀頼を本丸へつれ戻したのであった。

この知らせはうそではなく、やがて徳川方に内通した台所頭が火を放つのだが……。

後者は、前線と本営の連絡、戦場間の伝令が極めて難しかった事情による。

伝令の難しさについては、徳川方でも変わらなかった。たとえば松平忠直は、前日の八尾・若江の戦いで、家康からの伝令に動くな、といわれてその指示に従って進軍をこらえた。ところが戦《いくさ》の後に、家康から呼びつけられ、

「お前は昼寝でもしておったのか」

と大叱責を受けるありさま。同様に、本営からの軍監（目付）・藤田能登守信吉（別名に重信）の制止を厳守して、前進を止めた小笠原秀政も、なぜ、進まなんだか、「馬鹿者」と家康から大目玉を喰っている。

もっともかわいそうであったのは、

「お前は父にも似ぬ、ふつつかものよ」

とまで、家康に罵倒された本多忠朝であったろう。猛将・本多平八郎忠勝の子であり、義兄が真田信之となる。

なぜ、このような行き違いがおきるのか。生きものの合戦は本来、天候や思わぬアクシデントが突発するもの。戦局はその対応を常に迫られるが、大坂の陣のように現場の指揮官にその裁量権が与えられていなければ、その都度、〝運動〟は止まり、伝令ミス、思わぬ利敵行為や墓穴を掘ることがありえた。

攻城方の総大将たる家康は、味方大名の家臣には極力優しく応接したが、その分、身内には辛く当たった。とくに、夏の陣はひどかった。

なぜ、そのようなことを、あの苦労人の家康がしたのか。すべては徳川方の、将兵の質の低さに問題があったのだが、誰でもない家康本人が、そのことを思い知らされるはめに――。

信繁率いる〝赤備え〟と〝天祐神助〟

決戦の朝、松平忠直は立ちながら湯漬《ゆづけ》を食し、鎧冑をかぶりながら、

「めしは食った。これで餓鬼道に迷い落ちることもあるまい。死出の山を越えるのも、いとたやすかろう」

そう周囲にもらした。

彼はこの日、いかなる軍監や伝令が自軍に来ても、いっさいの命令を拒否するつもりでいた。前進

を決して、止めないというのだ。

忠直だけではなく、小笠原秀政も本多忠朝も、ともに討ち死にを誓いあっていた。

いよいよ攻撃に移る前、真田信繁は一子・大助をかたわらに呼び、

「私の一族には、関東（家康）に仕えている者が多い。それゆえ秀頼公は、私を疑って出馬されなかったのかもしれぬ。疑われたことは恥辱である。こうなったからには、お前が私に二心なきことを秀頼公に伝え、生死を共にせよ」

と命じた。

このわが子に向けた言葉は、解釈が難しい。大助を人質に出そうとしたのか、息子の生き残れる可能性を、わずかでも考えたものであったろうか。それとも、自分にかわって主君秀頼に最期のおり、殉死を期待したのであろうか。

大助は、「父上ととも、討死にを――」とくり返し訴えたが、信繁はついに愛息の言をきかなかった。

単純に、わが子が自分の周囲で、殺されるのをみたくなかったのかもしれない。泣きながら去っていく大助を見送る、信繁の心情はいかばかりであったろうか（『烈祖成蹟』）。

「家康の首を取る」

この信繁の掲げた命題は、これまで混乱の中で迷走してきた大坂方にとって、極めてシンプルでわかりやすく、団結しやすかった。スローガンとしては、豪快で快活であった。が、一面、冷静に考えれば、成功率のきわめて低いものであったことが知れる。徳川方は三倍の兵力で、重層の備えを敷い

ている。

首を取るどころか、現実問題としてどこまで近づけるものか。

しかし、群集心理は最高潮に達していた。なにも十五万五千の軍勢すべてと戦うわけではない。正面の敵は、松平忠直の率いる一万三千の軍勢ではないか。信繁は〝赤備え〟を中心に、全軍を火の玉に変え、突撃前進を命じた。貝を二つ吹いて、下知したとも（『大坂御陣山口休庵咄』）。

〝天祐神助《てんゆうしんじょ》〟という言葉がある。天の助けのことだが、歴史を振り返ってみると、この〝天祐神助〟は結構多く存在した。ただし法則がある。敗北必至の一方が、最初から死ぬ気で集団の力が一つとなり、乱れることなく、死に物狂いでぶつかっていくと、往々にして相手の考えられないミスや欠陥によって、思いがけない勝利を得ることがあった。

一番多い敵失は、常に油断であった。これは質よりも量において、起こりやすいのが原則である。大勝負のとき、得《え》てして数の多い方は、その数が多ければ多いほど、高《たか》を括《くく》り油断が生じた。味方の数に、甘えが出てしまうのだ。

たとえば、大坂夏の陣のいよいよ最後の一戦――家康のまわりに配された、徳川家の旗本たちは誰しも、まさか自分たちのところにまで、大坂方が近づいて来る、などとは思ってもいなかった。なにしろ、彼らの多くは、関ヶ原の戦いの頃の生え抜きに比べて、代替わりした新参者が大半。十五万五千の大軍に囲まれている自分、との安心感は絶大であったろう。

大御所さまの本陣まで、幾重にも防備の固められた諸侯の陣を抜いて、敵がとどくはずがない、と彼らは経験則ではなく、思い込みで慮《おもんぱか》っていた。確かに、数字の上ではその通りであったろう。

しかも、関ヶ原で確立された徳川家の威勢は、以来、向かうところ敵なしである。

大坂の陣に参戦した若手の旗本たちは、自分たちの父祖が三方ヶ原で武田信玄に完膚なきまでにやられたことを知らない。大御所家康も自分の父祖も、完敗したのである。第一次、第二次の上田合戦においても、徳川勢はついに真田氏の城を抜くことはできなかった。その都度、真田氏のゲリラ戦に翻弄された過去を体験していなかった。

自分たちの方が、父や祖父よりも強い、との思い込みでもあったのだろうか。

遠い昔はよい。百歩譲って、この度の夏の陣に参加した旗本たちは、冬の陣においても出征していたはずだ。ならば、真田丸が抜けなかったことは見聞していてしかるべきであったろう。にもかかわらず彼らは、あれは籠城戦、この度は大会戦とシチュエーションを変換して、何の具体的な備えも想定していなかった。豊臣家をみくびるあまり、味方の大軍ゆえに、もう完敗した真田丸のことすら忘却してしまっていたのだ。

真っすぐ、ひたすらに突撃につぐ突撃をくり返して、信繁の〝赤備え〟が家康の本陣まで迫る――などとは、考えてもいなかったろう。あるいは、自分たちが直接、槍や鉄砲を構えて、接近戦をすることになろうとは、想像すらしていなかったのではないか。

ここに〝天祐神助〟がおこり得る奇跡の種があった。


〝戦わざる集団〟

ときに思うのだが、家康が〝三英傑〟として織田信長・豊臣秀吉と並び得たのは、〝三河武士〟と呼ばれる、代々三河の土豪として勢力を培《つちか》ってきた徳川家（その前は松平家）に、忠実に仕えた武士団あればこそではなかったろうか。彼ら徳川家の譜代郎党は、三河犬そのものに似ていた。主人のみが神であり、それ以外は皆敵。そのため、やたらと吠えかかる習性があった。

しかもこの仲間内での一枚岩の結束は、合戦を通じて広がった領土——遠江・駿河・甲斐・信濃にも拡大し、いやらしいばかりの強い紐帯《ちゅうたい》を生み出した。見栄えは今一つぱっとしないが、三河者は質朴で屈強であり、己れはもとより家族をも犠牲にして、主人家康を支えつづけた。

また、この土壌からは〝徳川四天王〟（うち三名）に代表される、歴戦の強者や優れた指揮官を輩出した。

いわば家康は、そうした武士団に担がれて、気がつけば天下人を狙えるところまで辿りつけたようなもの。それだけに家康は、この得がたい直参や譜代を大切に扱った。

その力を温存させるため、振り返ってみれば、徳川家の旗本が戦《いくさ》に参加したのは、小田原北条攻めあたりが最後ではあるまいか。以後、徳川武士団は〝戦わざる集団〟と化した。

一つ前の政権、豊臣氏の直属の〝七手組〟と同じように。気がつけば実戦を知らない者の集まりとなっていた。つまり、豊臣家の轍《わだち》を踏んでしまったのだ。

家康だけが長命で、現役の戦人《いくさびと》でありつづけている。

しかしその彼からみれば、自家の将領クラスも歩兵の槍働きの者も、いずれもがひ弱で、頼もしさのない、外側ばかりの格好を気にする連中にしかみえなくなっていた。

——皮相の、真実といってよい。

実直で骨身を惜しまず、勇敢に闘う三河犬のような野戦の将兵は、もう天下をとった徳川家の中にはいなくなってしまっていたのだ。

家康は狼狽《ろうばい》する思いで、この現実の前に立ち尽くしていたに相違なかった。

しかし、目前に迫る現実＝真田の〝赤備え〟は、こちらが茫然自失の態であっても、容赦なく攻めかかってくる。

遠く激突の人馬の響きを聞いていたのが、気がつけば徳川家の本陣自体が大混乱に陥り、味方の将兵が後方に向かって敗走し、それに巻き込まれた旗本の多くは、逃げるわが身にただ驚いていた。茫然とつき従うばかりであった。

――まさかの〝赤備え〟が、やって来たのだ。

「御陣衆（旗本）追ひちらし、討ち捕り申し候。御陣衆、三里ほどづつ逃げ候衆は、皆々生き残られ候」

薩摩島津家の、実況報告書にはこのように書き残されていた。

旗本たちは反射的に敵に向かうこともせず、抗戦らしきものは何一つしないまま、われ先にと逃げ散る。これでは三河武士が泣く。否、徳川家が散々に馬鹿にしてきた、豊臣家の直属軍の弱体化と何らかわらない。

薩摩レポートによれば、家康は三度、信繁に追い立てられ、馬験《うまじるし》をかくして逃げまどい、気がつけば家康のそばには、金地院崇伝（家康の外交僧）と本多正重（正信の弟）の二人しかいなかったという。

このとき、五十代半ばになっていた大久保彦左衛門忠教《ただたか》は、現役というよりは名誉職に等しい徳川家の槍奉行をつとめていた。

旗本たちの槍を、一括管理している部署の長だが、信繁の強襲につぐ強襲で、一緒にいた徳川家の旗奉行が家康の御旗を倒してしまい、味方からみえなくなる局面に遭遇してしまう。

若き三河のエリートたちは、三河犬よろしく獰猛に敵に吠えかからず、

「大御所様が——」

討たれたのではないか、と動揺し、尻尾を巻いて逃走した。彼らは体が動かないわりには、都合よく頭が回った。敗けたのではないか、本陣は退却するしかないのではないか、と経験則のない旗本たちは半狂乱になり、ただただ立ち騒いだ。

歴戦の強者《つわもの》・彦左衛門は、腹立たしげに胴間声《どうまごえ》をはりあげている。

「わしは槍奉行である。御旗が退《ひ》けば、それを知らないはずはない。慌《す》てるな——」

混乱の収拾にあたったが、戦場は常に疑心暗鬼という心の中の魔物が棲んでいる。四十年余、戦場を駆けまわった彦左衛門はさすがに動転しなかったが、まさかの大御所が、と恐怖心にかられた若手は、彦左衛門の制止を聞かずに走り去った。

大坂の陣が終息してのち、あまりに腑甲斐《ふがい》なかった旗本たちの、責任追及が幕府の名のもとにおこなわれた。誰がいつ逃げたのか、を詳しく検証するという情けないものであったが、当然のことながら旗の崩れも、厳しく追及がおこなわれた。

多くの者が旗はみえなくなった、と証言する中で、たった一人彦左衛門だけは、

「旗は立っておりました」

と答えた。世渡り下手の三河武士気質も、ここまでくれば天晴《あっぱ》れである。

尋問は家康から直接の問いかけもあったのだが、彦左衛門は頑として答えをかえない。

「汝ハ何とて我にハつかざるぞ（手向かうか）」（『三河物語』）

激怒した家康は刀の柄に手をかけたが、それでも彦左衛門は、「旗は立っておりました」と強情に言い張った。のちに、彦左衛門はいっている。

「徳川の旗は、決して倒れてはならんのじゃ」

と。実に見上げた、三河者魂であった。

あと一息、信繁の最期

彦左衛門の目撃談では、茶臼山から崩れてきた旗本たちによって、徳川家の預り槍は踏みにじられ、旗奉行も家康の旗を踏みつぶされるありさま。彦左衛門が家康を探したときには、騎馬で一人、三河武士・小栗忠左衛門久次《ひさつぐ》がそばを守っていただけだったという（『三河物語』）。

家康は豊臣家滅亡の最後に来て、あるいは徳川家の未来をみた思いがしたのではあるまいか。直参の心情とは別に、外様の思いはどうであったのだろうか。

「味方のお歴々の将も、逃げないでふみとどまったものはまれであった。笑止なことである」

と、国許にわざわざ知らせたのは細川忠興であった。

信繁をはじめとする大坂方の突撃は、実に凄まじいものであったようだ。

いささか内容には懸念があるものの、『耶蘇会士日本年報』では、さしもの家康も絶望して、いよいよ切腹しようとした、とその切羽詰まった様子を、本国へ書き送っていた。

先頭には真田（信繁）及び他の一司令官・毛利豊前（勝永）がいて、言いあらわせぬほどの勇気をもって戦い、三、四回激しく攻撃したので、将軍（秀忠）は次第に敗退し、その部下の多くが列を乱して逃げるのを見、自らも退却の準備をなし、敗走者の後を追わんとしたことが幾度かあった。が、常に周囲に引き止められた（そんなことをすれば、全軍が崩壊してしまう）。また内府（家康）もさすがに失望に陥り、日本の風習に従って腹を切ろうとした由、確かなこととして伝えられている。しかし秀頼の軍が少し気を弛《ゆる》めたので（実は予備兵力がなかったため）、戦《いくさ》の運はたちまち転じてしまい、内府は切腹をとりやめた。

『山下秘録』（江戸前期の軍学者・山下義行による軍記物）には、千二、三百の人数で、家康の旗本の中へ一文字に討ち入り、家康の馬印を臥《ふ》せさせたことは、異国は知らないが、日本では類のないことで、それをやった信繁は勇士であり、不思議な弓取りである、と述べていた。

しかも、部下の侍は一人残らず討ち死にをとげている。

「皆一所に討死にしたのである」

と、同書はしめくくっていた。

もし、このような徳川方の大敗――それがたとえ、実際は部分的なものであったとしても――が、夏の陣ではなく、冬の陣の緒戦で、信繁によって仕掛けられた外征であったならば、大坂の陣そのものが大きく様変わりしていたかもしれない。

また、家康の場所に秀忠がいたならば、彼は父のように強襲してきた信繁の軍勢を、しばし持ちこたえることができたであろうか。

——歴史は常に、幾つもの可能性を秘めている。

絶対数でまさる家康は、一時の信繁の攻撃にさえ耐え忍べば、負けることはあり得なかった。向こうには、予備の兵力がない。時間が経過すれば援軍、諸侯の軍勢も集まってくる。一方の戦っている信繁にも、自ずと気力、体力の限界はあるはずであった。

信繁のまわりから、歴戦の部下たちが次々と消えていく。彼自身もかなりの負傷をしており、疲労困憊も著しくなっていた。気がつけば家臣の青柳清庵《せいあん》・真田勘解由《かげゆ》・高梨采女《たかなしうねめ》（内記の子）らとともに、本道から少し入った田の畔に、腰をおろして休息をとっていたという。

そこへ、越前松平家の鉄砲頭・西尾久作《きゅうさく》が、従者をともないながらやって来た。午後二時、大坂方は力のかぎり戦ったものの、いつしか数に押しかえされ、すでに総くずれの状態となっていた。

内通者による、大坂城内の火災も発生している。

西尾久作は信繁の乗っていた馬の尾をつかんで、この闘将を引きとめ、一騎討ちに持ち込むことができたものの、二、三合したとはいえ、すでに十三ヵ所も傷をうけていた信繁は、加えて外《そ》れた矢が股にささったこともあって、ついに馬上から転落してしまう。久作はその首を取ったにすぎない（『真武内伝』）。

外野席の者たちは、信繁への同情を深くしていた。

「さりながら、（信繁は）手負ひ候ひて草臥《くたび》れ伏して居られ候と取り候に付、手柄にも成らず候」と、細川忠興は久作の手柄にケチをつけている。

ときに信繁の享年は、四十九。〝赤備え〟の将士は、隊長の戦死を聞き、みなが争って死出の旅の供をしようと、戦場に散っていった。真田勘解由・大塚清兵衛・高梨主膳（釆女の子か）・海野小平太・望月善太夫・爾津小六・山岡軍平・柏田玄仲・角輪佐吉・利光久兵衛・沼田清次郎・真田権太夫・森川隼人・滝川平太夫・丹生弥二郎・星田勘平・馬淵六郎太夫など、その数、百四十五人と『銕《てつ》醬塵芥抄《しょうじんかいしょう》』はいう。

信繁の同僚・毛利勝永は潔い最期を遂げたとも、大坂城内に戻って自刃したとも伝えられている。

哀れなる秀頼

後日、信繁の首実検が家康臨席のもとでおこなわれたが、『真武内伝』と『慶長見聞記』の二つの記録は、この時の家康の言動を、ほぼ同じ内容で書き止めていた。家康の御前ということもあり、西尾久作は信繁との華々しい一騎討ちの様子を熱心に語ったが、家康は、

「真田は早朝より軍勢を指揮して、戦い疲れていたはずだ。そんなに（一騎討ちが）激しく動けるものか」

と疑問を呈している。家康にいわせれば、

「――真田（信繁）ほどのものが、西尾ていどのものを相手に、斬り合うなどということがあるものか」

となった。家康にすれば、信繁の討ち手はそれに釣り合う、立派な武者でなければならなかった。なぜならば、その討ち取った信繁に追いつめられ、わずかな時間とはいえ、危うい目にあわされたのは、ほかではない家康その人であったのだから。討ち手に剛の者が得られなければ、疲れていたというハンディを信繁に与えねば、徳川家としては都合が悪かった。

大坂城に自らの死に場所を求めて、思い通りに死に花を咲かせた信繁に比べ、その主君の豊臣秀頼は最初から最後まで影の薄い人でありつづけた。

『耶蘇会士日本年報』は、この秀頼を「臆病者」と決めつけているが、先の長宗我部盛親と同様、秀頼には見せ場がなかった。

最近、目にした「読売新聞」の夕刊（平成二十八年九月十六日付）に、オランダ・ハーグ国立文書館での、大坂の陣前後の駐日オランダ人が記した文書（約五百点）が確認されたと報じられ、その中に、ワウテルスという名の東インド会社商務員が、長崎の平戸オランダ商館長に宛てた書簡が述べられていた。

「秀頼の数人の大名（七手組の組頭か――筆者）が赦免が得られると考え、皇帝（徳川家康）側に寝返るために城に火をつけたが、彼らは逃げる前に秀頼によって、その場で（石垣から）落とされて死んだ〈中略〉秀頼と他の大名たちは切腹し〈中略〉兵士やその他の者約一万人が死んだ」（一六一五年六月十一日付）

とあった。とにかく大坂の陣を通じて、秀頼の動静は皆目知れない。歴史上にはそんな秀頼にそっくりな人物がいた。たとえば、織田秀信である。天正八年（一五八〇）生まれのこの人物は、世が世であれば〝天下布武〟を成し遂げた織田信長の嫡孫として、日本六十余州に号令をかける三代目の立場にたったかもしれない。

ところが、本能寺の変で祖父と父・信忠を同時に失い、織田家を羽柴（のち豊臣）秀吉に簒奪《さんだつ》されてしまった。秀信は、このとき三歳でしかない。幼名は三法師《さんぼうし》である。

秀頼に庇護され、元服して岐阜城主となり、十三万三千石の扶持をもらう身の上となったものの、秀信は自らを鍛えることも、人間として高めることも、何一つしないで成長してしまった。

これは明らかに、秀吉の秀信を庸愚化する政策の結果であったろう。英邁な青年に育って、「織田家の天下」を取り返そうなどと考えないように、秀吉はありとあらゆる知恵をしぼったようだ。その成果が、関ヶ原の戦いで出た。西軍に属した秀信であったが、彼は自らが戦場に着ていく服装を選ぶのに悩んで出遅れ、戦機を逸したばかりか、自分の城はとられて、わが身は高野山へ追放となった。出家したものの、慶長十年（一六〇五）五月八日、秀信は同地で二十六歳の生涯を閉じている。

彼はあえて、愚昧に育てられたのだ。秀頼も、この秀信によく似ていた。

なるほど母の淀殿は、将来の関白に成るにふさわしく、と懸命の子育て、教育に励んだ。だが、秀頼には一方で大切な、父権による教育が一切なされていなかった。母親のストレートな愛情とは異なる、父親による厳しくも愛情のこもった教育を、秀頼は誰からも受けることがなかった。

死期の迫った秀吉に後事を託された前田利家は、秀吉を追うように他界し、関ヶ原の戦いで石田三成や大谷吉継がいなくなると、加藤清正や福島正則といった戦場を走りまわっていた武断派大名を、淀殿は毛嫌いして、秀頼に寄せつけることをしなかった。

豊臣家の親衛隊〝七手組〟も、秀頼を鍛えるなど、思いもしなかったであろう。彼らはすでに有名無実化しており、大坂夏の陣で逃げまどった旗本たちと、五十歩百歩の存在であったろう。

彼らは上からの命令を待つのみで、率先して秀頼に軍事を知ってもらおうなどとは考え及ばなかったに違いない。もし仮に、そのようなそぶりをみせれば、おそらく淀殿の逆鱗にふれて、瞬時に大坂城を追放されたであろう。筆者は父権に恵まれず、世の大人たちの思惑の中で沈黙を強いられた秀頼が不憫でならない。

子供同士で遊んだり、父親と水入らずの時間を持つことのなかった秀頼は、おそらく、第三者に対して、自らの意志を上手に伝えることができなかったのではないか。秀頼は信繁をはじめ大坂方諸将の死を、どのような感慨で受け止めたであろうか。

秀頼の心中は定かではないが、信繁には「真田日本一の兵《つわもの》」との評判が、戦死のおりすでに出ていた。先にみた薩摩島津家の大坂夏の陣における観戦レポートに、次のようにあった。

三度めに真田（信繁）も討死にて候。真田日本一の兵、いにしへよりの物語にもこれなき由《よし》、惣《そう》別《べつ》これのみ申す事に候。

まさに、戦国武将に対する最大級の賞讃といえよう。右文中の「惣別これのみ申す」とは、信繁の活躍ばかりが人々の話題となっている、というレポーターの感想である。

あまりに理不尽な家康のやり方に、一矢《いっし》を報いたようにみえた信繁の活躍は、このあと江戸時代を通じて、〝実録〟や講談に受け継がれ、〝真田十勇士〟を生み出すことにつながっていく。

〝実録〟の代表作『真田三代記』では、信繁こと幸村は主君秀頼と薩摩に脱出。翌年、これまでの心労がたたり、幸村は秀頼に看取《みと》られながら死んでゆく。

鹿児島には秀頼や信繁の墓も伝えられており、多くの伝説が今に残っていた。

大坂城、炎上す

すでに、後藤又兵衛基次や木村長門守重成、薄田隼人正などの戦死についてはふれている。

さて、明石掃部頭全登はどうであろう。生死五分五分といったところであろうか。彼は信繁たち純然たる武士とは違う。キリシタンを保護してきた立場で大坂城に入城したわけで、布教を許してくれた大坂方が敗れ、日本でのキリシタン復活の目がないとなれば、大坂城と運命をともにする理由はなかったろう。次なる策を求めて、合戦のどさくさにまぎれて逃亡してしかるべきであったように思われる。

この日、岡山口方面に向かった大野治房ら四千余の軍勢は、前田利常や本多康紀（康重の長男）らの大軍一万五千余を相手に、正午ごろから衝突。治房は交戦派の意地をみせ、信繁同様、しばしば秀忠の本陣に迫ったが、予備の投入兵力を持たず、結局は数の多少で押しかえされ、ついに敗退となった。

この敗走を追いつつ、徳川方は二の丸を陥落させた。

本丸は裏切り者の放火により、現在の午後四時には炎上している。

秀頼は自害しようとしたのだが、〝七手組〟の組頭・速水守久に諫止され、まずは天守下の土倉に身を潜ませた。大坂城はこの日をもって落城といってよい。

まさに、家康の予測した通り、正味三日の戦いで勝敗は決してしまう。

このように述べると、読者諸氏にはいかにも他愛のない、一種の出来レースのような印象をもたれるかもしれないが、この大坂夏の陣では、大坂方だけでも一万八千三百五十人が戦死していた（『長沢聞書』）。数については、一万四千六百二十九人というのもあった（『大坂物語』）。

大軍で数にものをいわせて攻め込んだ徳川方でも、結構な数の人間が戦死していた。ところが、諸侯はその数を〝公〟にすることを嫌い、隠蔽するものが少なくなかったがために、実数が明らかにされていない。

加えて、落城を急いだ徳川方は、城内の人々が死に物狂いで抵抗することを避けるべく、事前にあえて天満口を城方の逃げ口として開けていた。

そのため、ここから逃れた者も少なくない。

が、どう少なく見積もっても筆者は、双方あわせて二万人以上の人々が亡くなったとみている。

ちなみに、明治二十七年（一八九四）から翌年にかけて戦った近代戦＝日清戦争での戦傷病死者の数は、一万三千四百八十八人であった。

威力の桁違いの軍艦や大砲を使用しての近代戦よりも、大坂夏の陣の死者は多かったのである。

その多くは大坂方であったが、敗死したものはその無念を語ることができない。

先にもひいた細川忠興は、豊臣恩顧の大名としての矜持もあったのだろう。

次のように感想を述べている。

「半分は此方、半分は大坂方勝《かち》にて候いつれども、此方の御人数、数段多くこれあるに付、（徳川方の）御勝になる」（『細川家記』）

その通りだ、と筆者も思う。それにしても大坂方は『薩藩旧記』にある、

「今度大坂御城の衆、合戦の様子、さてさて昔にも今にも比類なき手柄、筆紙に尽くしがたく候」

と絶賛される、驚異的な善戦を展開した。結局、最後まで彼らは総大将をもてず、諸将も互いに不信を抱きながら、それでいてこれほど見事な戦いぶりを示し得たのは、なぜであったのだろうか。筆者は乱世がいよいよ終わる――この目の前の現実に対するエネルギーの爆発ではなかったか、と考えてきた。

「まだまだ、戦《いくさ》がしたい」

という心の奥底からの叫び――。

戦国乱世でしか生きられない武辺者、槍一筋の功名を追い求めてきた侍、生と死が隣り合わせにある緊張感が、何ともいえず好きでたまらなかった戦人《いくさびと》。「切り取り強盗は武士の習い」を肯定する戦場泥棒。いずれにせよ、日常の〝生〟は軽く、次の一戦で己れの生命《いのち》を捨てる覚悟の生き方。彼らは大坂落城の向こうに待つ、〝無事泰平〟の世に、我慢がならなかったに違いない。

日々平和で、突然の己れの死と向き合うことをせずにすむ、単調で長い長い歳月――とても正気を保ちつつ生きられそうにない、といった思いを抱く人々の情念を、すべて呑み込んだのが大坂城ではなかったか。

天下一の堅城たる大坂城が落ちて、ようやく戦国は終焉を迎えた。

のち、七月十三日になると、元号は「元和《げんな》」に改められ、世は「元和偃武《えんぶ》」と称されることになる。「偃武」は武器を収めて用いない、の意である。

大坂城は「元和偃武」の生贄《いけにえ》、否、象徴であったといえるだろう。

去り逝く人々

——話を、慶長二十年（一六一五）五月七日の時点に戻そう。

この日は太陽暦でいえば六月三日にあたった。兜をかぶって武装して戦うには、さぞかし暑い一日であったろう。

この日の午後二時には、すでに大坂方は各所で総くずれとなっていた。

だが、徳川方でも本多忠朝、小笠原秀政・同忠脩《ただなが》らが戦死している。

彼らはいずれも家康への抗議から、武将としての己れの意地をかけて死んでいった。

「御人数の軍法、作法もなく、しかじか下知も仰せ付けられず、敵陣（一文字に御乗り込み）」と小笠原秀政―忠脩父子の最後を、『小笠原正伝記』は伝えている。真田家と実によく似た「表裏比興」のこの家系も、ほとんど自殺するように、敵中へ突進して戦死した。

同じように死ぬつもりで猪突猛進しながら、奇跡的に生き残ったのが松平忠直であった。さすがに徳川の連枝（分家）である。周囲の諸侯が懸命に守り、なんとか戦死はまぬがれたといわれているが、そのあげた首級が凄まじい。東軍のあげたとされる前出の一万四千六百二十九のうち、なんと三千七百五十、つまり二十六パーセントを越前松平家があげていた。

これは文句なしの、大坂の陣最大の武功といってよい。真田信繁をしとめたのも、この家の鉄砲頭であった。ところが家康は、どうしたことか、この忠直という孫が性格的に気にいらなかったようだ。戦後の論功行賞になっても、六十八万石は一石たりと加増されなかった。

当然のように忠直は不平・不満を募らせ、のちに乱行が取り沙汰されたあげく、将軍家に対する不遜を理由に、元和九年（一六二三）に改易処分を受けている。その身は豊後萩原（現・大分県大分市萩原）に流され、跡を弟の忠昌《ただまさ》（結城秀康の二男）が五十万石で相続している（のち五十二万五千石）。

忠直は生きている限り、己れの祖父家康を恨みつづけたことだろう。

いよいよ大坂城目指して、徳川方の諸軍が殺到して来る。

落城してしまうと、もうそこでピリオドが打たれたようにも思うのだが、本丸が炎上しても、淀殿—秀頼母子はまだ、生きていた。

母と子はこの間、大野治長や速水守久・真田大助らとともに、土倉から山里曲輪の蔵に、ひっそりと移っていた。落城した今、城内も誰が味方で誰が敵か皆目しれたものではなかった。治長の哀れさは、事ここにいたっても、なんとか淀殿—秀頼母子の生命《いのち》だけは救いたい、と懸命に生命《いのち》乞いを考えているところにも明らかであった。

そのため、秀頼の正室である千姫（家康の孫・秀忠の娘）を大坂城内から脱出させ、家康のもとへ送り届ける算段を考え、実行している。

だが、久しぶりに再会した孫を見ても、家康は母子を助命するとはいわなかった。自分は許したい気持ちはあるが、将軍（秀忠）の意向も聞かねばならず……、と孫にお茶をにごしている。

翌日、そんな家康のもとに、片桐且元から淀殿─秀頼母子の潜伏先をしらせる使者が来る。将軍秀忠からも、秀頼らに切腹を命じたいのですが、とのうかがいが届いた。家康は井伊直孝を呼び、淀殿─秀頼母子に自決をうながすよう指示を出す（『駿府記』）。

八日の午後二時、井伊直孝の自刃を急《せ》かす発砲もあって、母子潜伏の蔵では人々が自刃していく。男女あわせて三十二人が、同じ場所でこの世を去ったという。

徳川方では、この日のうちから、大坂方諸将の逃亡者探しがはじまり、秀頼の遺児・国松（八歳）をはじめ、長宗我部盛親など残党が厳しく探索・処刑されていく（秀頼の一女〈七歳〉は尼として、鎌倉の東慶寺に入れられた。のちの縁切り寺である）。

その過程で、茶人・古田織部が大坂夏の陣における、大坂方と謀議した京都放火未遂事件──二条城の家康─秀忠父子を亡き者にしようという企ての嫌疑をかけられる。

表向きの理由は、首謀者が織部の直臣・木村宗喜《そうき》であったからというのだが、筆者は家康が新しい時代に、織部の茶の湯はそぐわない、むしろ幕藩体制を批判するものとなる、との思いから、その文化的影響力（公卿・大名を含む幅広い人脈）を恐れて、この芸術家を抹消したのだと考えてきた。

織部は申し開き一つせず、七十二歳（七十三歳とも）の生涯を切腹で閉じた。六月十一日のことである。息子の山城守重広（重嗣《しげつぐ》とも）もこの時、父とともに自決している。

不思議なことに、将軍秀忠に仕えていた織部の二男・左近は、御書院番の青山伯耆守忠俊《ただとし》の組に加わって、大坂攻めに参加していたのだが、五月七日、まさに大坂落城の日に討ち死にを遂げていた。

ついでながら、長男重広の正室は仙石秀久の娘であり、彼女は義父と夫を同日に失ってのち、実家に戻り、当主となった仙石兵部少輔忠政の保護を受けたという。

――確かに、時代は急激なうねりをみせていた。

閏六月、一国一城令が発布される。七月には「武家諸法度」「禁中並公家諸法度」「諸宗本山本寺諸法度」が定められ、幕藩体制は一気に強化される。

翌元和二年四月十七日午前十時ごろ、家康は七十五歳の生涯を、駿府城で閉じた。文句のない大往生であったろう。元和三年二月二十一日、朝廷から家康に対して、「東照大権現」の神号が下賜される。

石川丈山の生き方

家康の大坂落城＝幕藩体制の確立がどういうものであったのか、本書の最後に、一人の徳川家の直参の生涯を追ってみたい。

京都の洛北一乗寺に、名所「詩仙堂《しせんどう》」（正しくは凹凸窠《おうとつか》）がある。

詩仙堂は本来、凹凸窠《おうとつか》の四畳半の一室＝〝詩仙の間〟のことであり、中国の漢・晋・唐・宋の詩人三十六人の肖像を狩野守信《かのうもりのぶ》（探幽《たんゆう》）に描かせ、図上にそれら各詩人の詩を、主人《あるじ》が自ら書いて四方の壁に掲げた。この〝詩仙の間〟の三十六詩人は、わが国の〝三十六歌仙〟にならったものであろう。

現在ここは、曹洞宗大本山永平寺の末寺となっている。

四季それぞれに趣きがあるが、なかでも五月下旬の〝さつき〟、紅葉の季節や雪をいただく頃は、その庭の美しさも風情も、一際《ひときわ》映えて観光客が絶えない。

ところが皮肉なもので、観光客の多くは、この名庭に魅了されるあまり、この「詩仙堂」を創った主人を、顧《かえり》みようとはしないようだ。正しくは、石川嘉右衛門《かえもん》（のち左親衛《さしんえい》）重之《しげゆき》という。字《あざな》の丈《じょ》山《うざん》の方が、多少は知られているかもしれない。

天正十一年（一五八三）十月、三河国碧海《へきかい》郡泉郷（現・愛知県安城《あんじょう》市和泉町）に生まれた彼は、生粋の三河武士であった。四歳で往復六里（一里は三十六町、約三・九キロメートル）を歩いた、との挿話もあり、のちに嘉右衛門こと丈山の「墓碑銘」を書くことになる野間三竹《のまさんちく》は、幼少の頃から怜《れい》悧《り》であった、と証言している。加えて、その容貌は卓偉《たくい》（すぐれて立派）していたとのこと。

戦《いくさ》がもとの病で没した父にかわり、十二歳で家督をついだ嘉右衛門は、そのまま家康の近習となり、慶長五年（一六〇〇）の関ヶ原にも十八歳で参陣。このおり家康は嘉右衛門の勇壮篤勤を愛し、己れの寝室の戸外への宿直に抜擢している。殿のボディーガードといってよい。

小さな合戦は慮外として、納戸衆を務め、家康の側近くに仕えていた嘉右衛門は、徳川家でも屈指の武勇に優れながら、一方で大きな武功にめぐまれない己れの境遇を恨んでいた。

なにしろ、敵勢が天下人の家康の本陣＝嘉右衛門のいるところにまで迫るといった事態が、皆目なかったからである。もっとも、日々の武術鍛錬は凄まじいものがあったようだ。

のちに槍術を内海左門に学び、砲術をすでにみた稲富一夢《いなとみいちむ》に、柔術を福野七郎左衛門について修めたが、これらはいずれも三十代後半のこと。それ以前は我流で日々、戦場を想定した工夫に余念がなかった。

併せて、軍略・兵法の書にも親しみ、とくに『孫子』と『呉子』を懸命に修めたという。

今ならさしずめ、社会人の大学院入学、アフターファイブの語学研修のようなものであろうか。

しかし、戦場で功名をあげる出番が、いっこうにめぐってこない。いつしか嘉右衛門も、三十三歳になっていた。そんな彼の前に、慶長二十年（一六一五）、戦国最後の大戦《おおいくさ》・大坂夏の陣が勃発する。

「この戦いで、家康公麾下《きか》の士のうち、三人が敵の御首級《みしるし》をあげたと聞かれたならば、その中の一人はそれがしであると、思って頂きたい。しからざれば、再びお会いいたしますまい」

嘉右衛門は参禅していた説心《せっしん》和尚に、そう語って別れたという。

ところが折り悪く、出陣後、家康に従って京都にあった嘉右衛門は、傷寒（チフス）にかかってしまい、名医・曲直瀬道三《まなせどうさん》の治療をうけはしたものの、その効果のほどはなかなか現われなかった。

そこへ、江戸の母から手紙が届く。

「代々、徳川家に仕えてその幕下に戦功をあげてきた石川家に生まれながら、あなたはその非常の功が今日までない。もし、この合戦で戦功をあげられなければ、母は再びお前には会わぬでしょう」

内容は、極めて厳しいものであった。病中、人にこれを読ませて、床に横たわりつつ聞いていた嘉右衛門は、涙を流し、己れの不甲斐なさを反省した。

（功名あげられずんば、死すべし）

五月五日、家康が大坂へ向けて出陣すると、なお人事不省の状態にあった嘉右衛門は、突然、床を起ち、駕籠《かご》に乗って家康のあとを追った。途中、東寺《とうじ》街道をすぎたあたりで、家康の本陣を追い抜いたが、その駕籠を目撃した家康が不思議に思い、かたわらの田上右京に調べさせたところ、「石川嘉右衛門」と判明。家康は嘉右衛門の決死の覚悟をしってかしらずか、先へ進ませることを押し止《とど》め、本軍への従軍を命じる。

八幡《やわた》（現・京都府八幡市）へようやく着いた頃、嘉右衛門は馬上の人となったが、まだ熱にうなされ、咽喉の渇きに閉口していた。それが、水を三杯飲んだところ、これがたちまち効いたとかで、気分が晴れたという。このあたり、気力の凄まじさ、虚仮《こけ》の一念の恐ろしさを物語ってあまりある。

五月六日、難波に到着した家康は軍令を発す。

「麾下近侍の士は、（大坂城へ）先登することを禁ずる」

先登、すなわち「一番乗り」をするな、というのだ。これでは母の期待に応えられない。嘉右衛門は意を決し、本陣を抜け出して、先鋒軍の加賀金沢藩主・前田利常《としつね》の軍勢にまぎれこんだ。うまい具合に、前田家の先鋒隊長は従兄弟にあたる本多安房守政重（前出・正信の二男）であった。嘉右衛門は官使と偽って、充満する軍兵の間をすり抜けるようにして、前へ、前へと進んだ。

岡山（現・大阪府大阪市生野区）において、ついに大坂方と激突。敵兵とわたりあい、手傷を負いつつも、嘉右衛門はその敵を倒しつつ、本来なら「一番首」であったその相手の首級をあげることもせず、さらに前へ前へと進む。そして平野路をすぎ、ついに大坂城の黒門へ迫った。

このとき、敵将・佐々十左衛門と一騎討ちとなり、この首をあげている。

人生の〝達人〟

――嘉右衛門はついに、大坂城の「一番乗り」をはたしたのであった。

ちなみに、合戦における槍先の功名、最大のものは「一番槍」と「一番首」である。

敵方が槍衾《やりぶすま》を連ねて待ち構える中へ、突撃するのは何よりも恐ろしいことであった。十中八、九は、満身を敵勢に寄ってたかって貫かれ、死ぬ。そこをくぐり抜け、幸運にも敵方へ一番最初に槍をつけることができれば、「一番槍」であるが、その成功率はきわめて低かった。

次いで誰よりも早く、敵の首級をあげる「一番首」も、最前線＝敵地に飛び込む豪勇がなければ、決して狙えるものではなかった。それを嘉右衛門は、みごとにやってのけたのである。大坂夏の陣における、最大の名誉、武功といってよかった。

ところが嘉右衛門はその後、栄達したかといえばさにあらず。抜け駆け＝軍令違反の罪で、蟄居《ちっきょ》を命じられている。叔父にあたる本多正信は取り成そうとしたが、家康が駿河に帰ってのち、嘉右衛門は薙髪《ちはつ》して妙心寺に入ってしまう。

彼の心情は、複雑であったに違いない。先駆け功名こそが戦国乱世の、武士の習いであったはずなのに、大坂の陣では、それは全体の統制を乱す軍令違反に貶《おとし》められていた。鉄砲の発達にともない、合戦の様式が大きくかわったことが、最大の原因であった。一斉射撃の前に、個人の功名などは認められにくくなっていた。

徳川家を去った嘉右衛門は、その後どうしたか。以前から参禅を積んでいた彼は、妙心寺でこれからの行方をひとり熟慮したようだ。嘉右衛門には、病弱の母があった。

当面、母を養うためにも仕官しなければならない。が、

「もはや、武辺の時代ではない」

と、深く自らをも反省した彼は、知己であった幕府の儒学者・林羅山の紹介で、その師の藤原惺窩《せいか》

の門に入り、儒学を改めて修め、なんと学者の道に転身したのである。この時、三十五歳。

大坂夏の陣のあと、病に伏した母を看病しながら、嘉右衛門こと丈山は猛勉強を自らに課した。眠気ざましに座布団を水に浸して坐し、頭巾を水にぬらして被《かぶ》ったという。

武から文への転身。家康の死（元和二年四月）、本多正信の死（元和二年六月）を見送ると、再び京都へ戻った丈山は、鞍馬《くらま》街道《かいどう》の市原《いちはら》（現・京都市左京区）に隠棲していた藤原惺窩に、さらにその学問の深奥を学び、

「武士の道を歩むことのみが、男子最上の選択ではない。儒学に進むのも、王者の師たる道である」

という惺窩のはげましを支えに、短期間で学問を修めた。

元和四年（一六一八）に老母を養うため、津（伊勢安濃津《あのつ》）の藩主となっていた藤堂高虎に仕え、同九年には京都所司代・板倉重宗《しげむね》（勝重の子）のすすめで、安芸（現・広島県西部）広島の浅野家（紀州より移封）に再仕官している。ちなみに嘉右衛門は、三千石を拝領したという（天野信景著『塩尻』）。

寛永十二年（一六三五）に母が病没すると、彼は翌年には早々と広島藩を致仕。京都の相国寺畔に庵居《あんきょ》している。ときに、五十三歳。

以後、度々の学者としての招聘話にも耳を貸さず、五十八歳にして凹凸窠を起工。翌年にはここへ移って、知己十数人のほかは門を閉じ、多くの人々とは交際せず、悠々自適の生活――とはいっても清貧――に入った。聖賢の教えを自らの勤めとし、寝食を忘れて詩や書に親しみ、寛文十二年（一六七二）五月二十三日に九十歳で没している。

隷書、漢詩の大家といわれ、わが国の煎茶（文人茶）の開祖とも称せられる石川丈山——この人物の隠逸《いんいつ》の風は、後世に多大な影響を与えた。文武にすぐれ、なお風雅の心ある武士は、その生き方に憧れ、凹凸窠を訪れる人士はあとをたたなかった。〝武〟は明らかに、〝文〟の後塵《こうじん》を拝する時代になっていた。それにしても丈山は、よくぞ思い切れたものである。

こういう人はいつの時代でも、人生の〝達人〟として、己れの生命《いのち》を謳歌するのであろう。その志と根気に、あやかりたいものである。

本書は『家康の天下取り』（日本経済新聞社版・中公文庫版）から、加筆訂正してロングランを今なおつづけている、『徳川三代記』（ポプラ社）＝関ヶ原の戦いを主題としたものの姉妹編として、構想・執筆したものである。併せてお読みいただければ、くり返される歴史の法則が、より明解にご理解いただけるに違いない。

本書を執筆するにあたっては、多くの先学諸氏の研究をずいぶんと参考にさせていただいた。直接、引用したものは本文のその場に掲げている。この場を借りて、お礼申し上げる次第です。

最後になりましたが、『誰が、なぜ？　加来耕三のまさかの日本史』『名家老たちの危機の戦略戦術』につづいて、本書執筆の機会を賜わった株式会社さくら舎の代表・古屋信吾氏、書籍編集部の戸塚健二氏に、この場を借りてお礼を申し述べます。

著者略歴

一九五八年、大阪市生まれ。歴史家、作家。奈良大学文学部史学科卒業。著作活動のほかに、テレビ・ラジオ番組の時代考証や監修を担当。人気テレビ番組「ザ・今夜はヒストリー」（TBS系）、「BS歴史館」「英雄たちの選択」（以上、NHK BSプレミアム）などに出演。さらに、全国各地での講演活動も精力的に行っている。

著書には『図説「生きる力」は日本史に学べ』（青春文庫）、『刀の日本史』（講談社現代新書）、『歴史に学ぶ自己再生の理論』（論創社）、『誰が、なぜ？ 加来耕三のまさかの日本史』『名家老たちの危機の戦略戦術』（以上、さくら舎）、『日本武術・武道大事典』（監修・勉誠出版）、『コミック版 日本の歴史』シリーズ既刊五十四巻（監修・ポプラ社）などがある。

謀略《ぼうりゃく》！大坂城《おおさかじょう》

――なぜ、難攻不落《なんこうふらく》の巨城《きょじょう》が敗《やぶ》れたのか

二〇一七年一月一五日　第一刷発行

著者　加来耕三《かくこうぞう》

発行者　古屋信吾

発行所　株式会社さくら舎　http://www.sakurasha.com
東京都千代田区富士見一‐二‐一一　〒一〇二‐〇〇七一
電話　営業　〇三‐五二一一‐六五三三　FAX　〇三‐五二一一‐六四八一
編集　〇三‐五二一一‐六四八〇
振替　〇〇一九〇‐八‐四〇二〇六〇

装丁　石間　淳

カバー写真　大阪城天守閣蔵

印刷・製本　中央精版印刷株式会社

ISBN978-4-86581-086-8